大 学 问

始 于 问 而 终 于 明

守望学术的视界

THE
DISCOVERY
OF
"SHEHUI"

"社会"
的发现

晚清民初
"社会"概念研究

*Study on the Concept
of "Shehui" in Late
Qing and Early
Republican Era*

承红磊 - 著

GUANGXI NORMAL UNIVERSITY PRESS
广西师范大学出版社
·桂林·

国家社会科学基金青年项目近代"社会"概念研究（17CZS034）结项成果

"社会"的发现：晚清民初"社会"概念研究
SHEHUI DE FAXIAN：WANQING MINCHU SHEHUI GAINIAN YANJIU

图书在版编目（CIP）数据

"社会"的发现：晚清民初"社会"概念研究 /
承红磊著. --桂林：广西师范大学出版社，2023.10
ISBN 978-7-5598-6310-2

Ⅰ. ①社… Ⅱ. ①承… Ⅲ. ①中国历史－研究－
清后期 Ⅳ. ①K252.07

中国国家版本馆 CIP 数据核字（2023）第 156550 号

广西师范大学出版社出版发行

（广西桂林市五里店路 9 号　邮政编码：541004）
网址：http://www.bbtpress.com
出版人：黄轩庄
全国新华书店经销
广西广大印务有限责任公司印刷
（桂林市临桂区秧塘工业园西城大道北侧广西师范大学出版社
集团有限公司创意产业园内　邮政编码：541199）
开本：880 mm × 1 240 mm　1/32
印张：12.125　字数：272 千
2023 年 10 月第 1 版　　2023 年 10 月第 1 次印刷
定价：88.00 元

如发现印装质量问题，影响阅读，请与出版社发行部门联系调换。

序

承红磊博士的新书《"社会"的发现：晚清民初"社会"概念研究》行将出版，邀我写序，我感到非常荣幸，欣然应允。

承红磊博士现在是武汉华中师范大学历史文化学院副教授。多年来华中师范大学在章开沅教授、马敏教授和朱英教授等的带领下，成为内地中国近现代史研究的重镇，亦培养出许多杰出的年轻学者精英。红磊受到这种良好氛围的滋养，近年来有很大成长。

承红磊是上海复旦大学历史系的毕业生，取得学士和硕士之后，于 2010 年到香港中文大学深造，以近代史为专业，而我是他的博士论文指导老师。他的博士论文，题目是《"社会"的发现——晚清"社会"话语考论》，2014 年完成。其论文在资料、文字、方法、思想和创新各方面皆见功力，是一篇优秀的论文。其后红磊应华中师范大学之聘，担任历史文化学院讲师，深得学院的器重，而他本人也在教学和研究上力争上游，不断努力，先后发表多篇论文，相信未来会有更大的成就。

承红磊的研究兴趣是近代中国思想文化史,对张灏教授所说的"近代中国思想转型时期"尤为措心。所谓转型时期,亦即中国在甲午战争后到民国初期二十年代的那段时候。那是一个由传统过渡到现代、由旧到新的转换时期。当中派系可见各种思想和各种潮流的角力、争持和交替。有保守的势力,有激进的势力,也有温和的言论。这些不同的思潮也都有各自表达的途径和出版的地盘。承红磊所要做的研究,主要是以"社会"这个词语与概念为重心,把这段时期发表的文章做深入详细的分析,尤有进者,对一群作者做追踪式探讨,察看其网络,分析其思想,研究其行径,然后对此段时期的新旧思想交缠、人物晋接及其相互的影响,做出较为客观的评价。论文的角度和研究方法甚为创新,相信本书出版之后,必会引起同人的关注和热烈的讨论。

梁元生

香港中文大学文学院前院长暨历史学讲座教授

现为香港中文大学历史学荣休教授

2023 年 8 月 28 日

目 录

第一部分 晚清"社会"概念的产生

绪　论

　　1895 至 1925 年的 30 年,被张灏称为近代中国的"转型时代"。在这个"转型时代"中,思想、知识的传播媒介和思想的内容都发生了"突破性的巨变"。而思想内容变化的表现之一,即新的思想论域(intellectual discourses)的形成。当然,新的思想论域,又是与使用"新的语言"分不开的。① 章太炎在 1900 年即观察到:"今自与异域互市,械器日更,志念之新者日櫱,犹暖暖以二千名与夫六万言者相角,其寠便既相万,及缘傅以译,而其道大穷。"② 王国维也在 1905 年有感于新词语的大量涌现,论述称:"言语者,思想之代表

① 张灏把这"新的语言"分为词汇和文体两个方面。张灏"转型时代"的论述,见张灏《中国近代思想史的转型时代》,收入张灏《幽暗意识与民主传统》,北京:新星出版社,2006 年,第 134—152 页;丘为君《转型时代——理念的形成、意义与时间定限》,载王汎森等《中国近代思想史的转型时代》,台北:联经出版公司,2007 年,第 507—530 页。
② 章炳麟著、朱维铮编校:《訄书　初刻本　重订本》,香港:生活·读书·新知三联书店,1998 年,第 49 页。

也,故新思想之输入,即新言语输入之意味也。"①在早期的中国近代思想史研究中,研究对象一般是人物、学说或"主义",②近年来新的"概念"和"话语"开始受到比较多的关注。③

第一节　近代中国的新词汇与新话语

新的"概念"和"话语"的基础是新的词汇,而词汇研究并不是近年才开始的。1903 年,汪荣宝、叶澜等所编《新尔雅》即开始试图对当时出现的重要词汇加以总结。④ 商务印书馆耗时 8 年在 1915 年编成的《辞源》则是对新语输入所做的第一次全面总结。此后,各种《新名词辞典》《新术语辞典》,以及《外来词词典》层出不穷。从研究专著上讲,从词汇方面对近代汉语形成所做研究在 1950 年代出现了较大发展。比如孙常叙在 1956 年出版了《汉语词汇》;王

---

① 王国维:《论新学语之输入》,载姚淦铭、王燕编《王国维文集》第 3 卷,北京:中国文史出版社,1997 年,第 40 页。

② 其概况可见曾业英主编《五十年来的中国近代史研究》,上海:上海书店出版社,2000 年,第 133—155 页。

③ 据《辞海》的定义,"观念"指看法、思想等思维活动的结果,或区别于客观实在的非物质实体和"理念"。而"概念"则多指"反映对象的本质属性的思维形式"。本书大致在反映一种较为普遍的认识情况时用"概念",反映个体人物对某种事物的看法时用"观念",反映由于众多人物的使用而形成有影响力的论述内容时用"话语"。在英文中,idea 和 concept 也有大致的区别,在较松散地使用时,二者可以通用,但 concept 可作"an idea of a class of objects, a general notion or idea"。参见《辞海》,上海:上海辞书出版社,1979 年,第 1128、3019 页;J. A. Simpson, E. S. C. Weiner, *The Oxford English Dictionary*, Oxford: Clarendon Press, 1989, pp. 613—614、653。

④ 汪荣宝、叶澜编纂:《新尔雅》,上海:文明书局,1906 年第 3 版(1903 年首版发行)。

力在 1958 年出版的《汉语史稿》中也有相关章节。①

　　另一方面,近代词汇问题也受到了中外文化交流史研究者的关注。如日本学者实藤惠秀在其 1960 年出版的名著《中国人留学日本史》中即有专章讨论"现代汉语与日语词汇的摄取"。② 此后,任达(Douglas R. Reynolds,1944—2020)把 1898—1907 年的大约十年称为近代中日关系中的"黄金十年",认为在此期间,受日本影响,中国发生了被称为"新政革命"的重大转变。③ 任达此书中也有专章讨论"翻译与近代词汇"。在相关专著中,意大利学者马西尼(Federico Masini,1960—)主要研究了中国 19 世纪形成的新词。④ 冯天瑜对汉语演变尤其是明末以来的汉语演变做了全面总结。⑤ 沈国威则以近代中日词汇间的相互影响为主要讨论对象。⑥

　　在英国"观念史"、德国"概念史"、法国"话语研究",以及翻译理论的影响下,词汇史研究从 1990 年代开始获得了新的生命力,代表人物有黄克武、陈建华、金观涛、冯天瑜、黄兴涛、方维规、章可等。

---

① 孙常叙:《汉语词汇》,长春:吉林人民出版社,1956 年;王力《汉语史稿》1956 年初版,后经多次修订。修订后版本见王力《汉语史稿》,北京:中华书局,2004 年。
② 中译本根据 1970 年修订版。见[日]实藤惠秀《中国人留学日本史》,谭汝谦、林启彦译,北京:生活·读书·新知三联书店,1983 年,第七章。
③ 见[美]任达《新政革命与日本:中国,1898—1912》,雷颐译,南京:江苏人民出版社,1998 年。
④ [意]马西尼:《现代汉语词汇的形成——十九世纪汉语外来词研究》,黄河清译,上海:汉语大词典出版社,1997 年。
⑤ 冯天瑜:《新语探源——中西日文化互动与近代汉字术语生成》,北京:中华书局,2004 年。
⑥ 沈在 1994 年即出版了博士论文《近代日中語彙交流史》(東京:笠間書院,1994 年)。在此基础上,沈又出版了中文版《近代中日词汇交流研究》。见沈国威《近代中日词汇交流研究:汉字新词的创制、容受与共享》,北京:中华书局,2010 年。

　　黄克武从1990年代中期开始从翻译的角度通过文本对比讨论严复对密尔(John Mill,1806—1873)思想的理解,尤注重于"自由"观念。① 陈建华以孙中山、梁启超等人为中心讨论了"革命"话语在近代中国的兴起及其意义。② 金观涛等利用香港中文大学中国文化研究所所建"中国近代思想史专业数据库"提出了以数据库为基础的"关键词"研究方法,并重点研究了"公理""权利""个人"和"社会"(后文还将讨论到)等关键词。③ 冯天瑜从"封建"概念的流变探讨了其历史演绎过程及相关的社会—文化因缘。④ 黄兴涛等不仅具体研究了"民族""黄色""中华民族"等概念在近代中国之演变,还对相关研究方法进行了探讨。⑤ 方维规详细考察了德国"概念史"的源流、方法及其与法国话语研究和英国"剑桥学派"之间的区别,并具体研究了"文明""文化""民族""经济"等概

---

① 这显然受到史华兹(Benjamin Schwartz)对严复研究的影响。黄在《惟适之安》中也讨论到严复译语与和制汉语之间的竞赛。见黄克武《自由的所以然:严复对约翰弥尔自由主义思想的认识与批判》,上海:上海书店出版社,2000年;黄克武《惟适之安:严复与近代中国的文化转型》,台北:联经出版事业公司,2010年。

② 陈建华:《"革命"的现代性:中国革命话语考论》,上海:上海古籍出版社,2000年。

③ 金观涛、刘青峰:《观念史研究:中国现代重要政治术语的形成》,香港:香港中文大学出版社,2008年。

④ 冯天瑜:《"封建"考论》,武汉:武汉大学出版社,2006年。

⑤ 黄兴涛、王峰:《民国时期"中华民族复兴"观念之历史考察》,《中国人民大学学报》2006年第3期;黄兴涛:《晚清民初现代"文明"和"文化"概念的形成及其历史实践》,《近代史研究》2006年第6期;黄兴涛:《"话语"分析与中国近代思想文化史研究》,《历史研究》2007年第2期;黄兴涛、陈鹏:《近代中国"黄色"词义变异考析》,《历史研究》2010年第6期;黄兴涛:《重塑中华:近代中国"中华民族"观念研究》,北京:北京师范大学出版社,2017年。

念。① 章可对"人文主义"概念进行了集中研究。②

近年来,南京大学学衡研究院孙江等学者大力推动概念史研究,编辑《亚洲概念史研究》集刊(自 2013 年起已出 10 卷)并推出了"学衡尔雅文库",大大提高了概念史研究在中国的关注度③。

从 20 世纪 80 年代开始,国外及中国大陆的近代史研究中,对各种学说、主义、思潮的研究逐渐兴起。④ 其代表作有熊月之的《中国近代民主思想史》,冯契主编的"中国近代社会思潮研究丛书",以及吴雁南等主编的《中国近代社会思潮》。⑤ 不管是以单一思潮还是以众多思潮为研究对象,这些著作的研究方式多是先对某种

① 方维规:《概念的历史分量》,北京:北京大学出版社,2018 年;方维规:《什么是概念史》,北京:生活·读书·新知三联书店,2020 年。

② 章可:《中国"人文主义"概念史(1901—1932)》,上海:复旦大学出版社,2015 年。

③ "学衡尔雅文库"目前已出版者有《人种》(孙江)、《封建》(冯天瑜)、《法治》(李晓东)、《国语》(王东杰)、《国民性》(李冬木)、《科学》(沈国威)、《功利主义》(李青),仍在陆续推出中。其他学者的研究成果尚多,不再一一列举。

④ 大陆思想史研究在 20 世纪八九十年代从人物研究到思潮研究的转换,可见曾业英主编《五十年来的中国近代史研究》,第 133—155 页。国外对社会思潮的研究开始比较早,也基本在这一时期开始翻译到大陆。如[美]郭颖颐(Daniel Kwok)《中国现代思想中的唯科学主义(1900—1950)》,雷颐译,南京:江苏人民出版社,1989 年;[美]格里德(Jerome Grieder)《胡适与中国的文艺复兴——中国革命中的自由主义(1917—1950)》,鲁奇译,南京:江苏人民出版社,1989 年。

⑤ 熊月之:《中国近代民主思想史》,上海:上海社会科学院出版社,2002 年(此为增订版,初版出版于 1986 年);吴雁南、冯祖贻、苏中立等主编:《中国近代社会思潮(1840—1949)》,长沙:湖南教育出版社,1998 年;"中国近代社会思潮研究丛书"包括高瑞泉《天命的没落——中国近代唯意志论思潮研究》,杨奎松、董士伟《海市蜃楼与大漠绿洲——中国近代社会主义思潮研究》,胡伟希、高瑞泉、张利民《十字街头与塔——中国近代自由主义思潮研究》,唐文权《觉醒与迷误——中国近代民族主义思潮研究》,李向平《救世与救心——中国近代佛教复兴思潮研究》,陈少峰《生命的尊严:中国近代人道主义思潮研究》)。

思潮的内涵做一界定,然后再从历史上寻找相关的思想和学说,并据以判断该思潮发展的程度及其变异。虽然这种研究方法发掘了不少史料,增加了我们对相关问题的认识,但其缺陷也是明显的,即所提问题多是后设的,由此便出现某种历史人物的思想到底属不属于要研究的思潮的问题。

先不论研究者在方法上的差异,就积极的方面而言,新的概念史/观念史研究①确可摆脱之前思想史研究的弊端,可看作对之前研究方法的反动。它不把某一概念的含义当作固定的,而是通过对其产生、流变的探讨来展示思想发展的动态;它也不单纯关注"概念",而是在概念的具体使用中,通过具体的历史情境来探讨该概念在当时思想史上的意义及其所产生的作用;新的概念史/观念史也特别注重翻译过程的探讨,从而可以更精确地了解思想在翻译过程中所产生的差异。

但特别要提出的是,也不能把近年来兴起的"概念""话语"或"观念"史与传统思想史截然分开。其他不论,专就中国近代思想史研究领域而言,王尔敏早在 1976 年就称自己所注意把握及追寻者,"在于一个观念创生的契机","治思想史的学者有一个重要的基本责任,就是澄清一个时代一切思想理念的意义,追究各个理念的根源与其时代的关联性,以及评估他们对于后世的影响"②。王不仅关注代表时代特征之新观念,如"夷务""利权""商战""自强"

---

① 以德国传统而言,常称"概念史",以英国"剑桥学派"思路而言,常称"观念史",其区别与共同性,可参见方维规《什么是概念史》,第 217—250 页。

② 王尔敏:《中国近代思想史论·自序》,北京:社会科学文献出版社,2003 年,第 2—3 页。

"富强""富民""变法""群学"等,还尤其注意各个观念之含义变迁及其与时代的关联。① 他自述研究方法称:"我自己的研究和写作方式,是以单一的概念为中心题旨,再确定其定义和内容;注意这个概念发生的时代,了解其本身所代表的时代意义;分析此一概念本身的渊源;探讨其发展与影响;最终的目标,注重在整个时代思想的演变。但却以最微细的单一的概念作了解的基础,由单一而至多数而至繁复。"②

在对中国近代无政府主义的研究中,德里克(Arif Dirlik,1940—2017)区分了"作为阶级利益或其他社会利益表达方式的意识形态"和"作为一个宽泛的权力体系的表达方式的意识形态"(话语),并强调"我们能否认识到无政府主义在中国革命进程中的持久性意义主要取决于我们能否认识到社会思想在革命话语中的重要性"③。在反思对"五四"运动的研究成果时,杨念群也提出,其

---

① 可见王尔敏《十九世纪中国士大夫对中西关系理解及衍生之新观念》,王尔敏《中国近代思想史论》,第1—79页;王尔敏《商战观念与重商思想》,王尔敏《中国近代思想史论》,第198—322页;王尔敏《晚清政治思想及其演化的原质》,王尔敏《晚清思想史论》,台北:学生书局,1969年,第1—30页。

② 王曾把近代观念史研究的开创者归功于全汉昇和赵丰田。如果说全作与王氏研究还比较相似的话,赵作则与王氏研究有很大不同。不管怎样,都可以认为王氏是近代观念史研究的集大成者。见王尔敏《〈晚清思想史论〉叙录》,载王尔敏《晚清思想史论》,第292—293页;全汉昇《清末的"西学源出中国"说》,《岭南学报》第4卷第2期,1935年;赵丰田《晚清五十年经济思想史》,北平:哈佛燕京学社,1939年。

③ [美]阿里夫·德里克:《中国革命中的无政府主义》,孙宜学译,桂林:广西师范大学出版社,2006年,第35、30页。德里克直接受到日本思想史研究者 Harootunian 影响,间接受到福柯等的影响。见 H. D. Harootunian, *Things Seen and Unseen: Discourse and Ideology in Tokugawa Nativism*, Chicago and London: The University of Chicago Press, 1989, p.5。

中一个重要方面就是"要关注'五四'前后'社会'作为一个论域的产生以及如何替代其他主题的历史"①。

在谈到人物研究和概念研究的关系时,王尔敏说:"事实上,人物与概念的研究方法是相辅相成,离则两伤,合则双美的。撇开概念只从人物着手固然很难反映时代流风,但没有集合无数个人的言论,也不能厘清某概念在时代中共喻之定义。打个譬喻,概念研究就像筑房屋的钢筋骨架,人物研究则像房屋的水泥砖块,二者在建构中国近代思想史上缺一不可。"②这些提示都对本书有重要参考价值。

第二节 "社会"与"社会"概念研究

今天中文中通用的"社会"一词是个外来词。1902年,一位读者致函《新民丛报》,针对第四号"独至获麟以后,迄于秦始,实为中国社会变动最剧之时代"一句,认为"中国当时未有社会,而贵报云'最剧之时代'"。这位读者实际是把"社会"理解为"民间团体"。《新民丛报》的编者在回答时说:"社会者,日人翻译英文 society 之语,中国或译之为群,此处所谓社会,即人群之义耳。此字近日译日本书者多用之,已几数见不鲜矣。本报或用群字,或用社会字,

---

① 杨念群:《"五四"九十周年祭——一个"问题史"的回溯与反思》,北京:世界图书出版公司,2009年,第15页。

② 王尔敏、郑宗义:《中国近代思想史研究的回顾》,载"中研院"近代史研究所编《六十年来的中国近代史研究》上,台北:"中研院"近代史研究所,1988年,第24页。

随笔所之,不能划一,致淆耳目……然社会二字,他日亦必通行于中国无疑矣。"①《新民丛报》编者的预言在后来得到了证实。

虽然说近代意义的"社会"一词是个外来词,但"社会"一词在传统语汇中即已存在。"社"本义为土地神,《周礼》以二十五家为"社",引申为居住单位;②"会"指聚集。"社会"合用则首先用来表达节日集会,如《东京梦华录》云:"八月秋社……市学先生预敛诸生钱作社会……春社、重午、重九亦如此。"③《近思录》中讲道:"(明道——引者)择子弟之秀者,聚而教之。乡民为社会,为立科条。旌别善恶,使有劝有耻。"④"社会"有时也作团体讲,在宋、明时期,并不少见。⑤ 如全祖望述黄宗羲曰:"惟是先生之不免余议者则有二。其一则党人之习气未尽,盖少年即入社会,门户之见深入

---

① 《通信》,《新民丛报》第 11 号,1902 年 7 月,第 2 页。

② 许慎著,徐铉校订:《说文解字》,北京:中华书局,2003 年,第 9 页。

③ 孟元老:《东京梦华录》,上海:商务印书馆,1936 年,第 164 页。

④ 陈荣捷:《近思录详注集评》,台北:学生书局,1992 年,第 418 页。对于这句话中"社会"的含义,不同学者看法有所不同。如金观涛、刘青峰和冯天瑜认为此处"社会"作"团体"讲,而陈力卫、李恭忠认为此处的"社会"仍为"聚会"之意,李明认为此处"社会"反映了某种程度的基层组织。笔者认为,联系上下文,此处"社会"含义模糊,尚不能判断为"团体"。见金观涛、刘青峰《从"群"到"社会""社会主义"》,《"中央研究院"近代史研究所集刊》2001 年第 35 期;冯天瑜《新语探源——中西日文化互动与近代汉字术语生成》,北京:中华书局,2004 年,第 561 页;陈力卫《词源(二则)》,《亚洲概念史研究》第 1 辑,2013 年 4 月;李恭忠《Society 与"社会"的早期相遇:一项概念史的考察》,《近代史研究》2020 年第 3 期;李明《"社会"一词的语义流动与新陈代谢》,《中国社会历史评论》第 17 卷(下),2016 年。

⑤ 李明:《"社会"一词的语义流动与新陈代谢》,《中国社会历史评论》第 17 卷(下),2016 年。

而不可猝去,便非无我之学。"①这里"社会"指"复社",即指团体。②

值得注意的是,society 在幕府末期、明治初年传入日本时也不是译为"社会"的。"社会"一词在兰学译作中已有使用,用来译"修道院""教团""会派"等,这显然与"社"的本义相关。英文 society 最初传入日本时多被译为"公会""会社""仲间会社""众民相合""仲间""交际""人间交际"等,在 1874—1875 年间方有人用"社会"来译 society(含义仍有多重)。"社会"一词自此逐渐流行,并在与"交际""世态"等的竞争中逐渐胜出和固定下来。此外,需注意"社会"也并非只作为 society 的对应译语,community、association、public 等有时也被译为"社会"。③

鉴于"社会"概念在近代中国的重要性,将"社会"概念的产生及知识分子对它的使用、理解作为窗口,来考察近代中国的思想变迁,将会是一个很好的视角。既往研究已经提供了一些可供参考的成果。

---

① 全祖望:《鲒埼亭集外编》,上海:上海世纪出版集团、上海古籍出版社,2010 年(据嘉庆十六年刻本),第 492—493 页。

② 关于"社会"的传统用法,除上引各论外,还可参考黄兴涛《清末民初新名词新概念的"现代性"问题——兼论"思想现代性"与现代性"社会"概念的中国认同》,《天津社会科学》2005 年第 4 期;李恭忠《近代中国"社会"概念的早期生成》,《亚洲概念史研究》第 7 卷,2021 年 6 月。韩承桦《当"社会"变为一门"知识":近代中国社会学的形成及发展(1890—1949)》(台湾大学博士学位论文,2017 年),第二章亦从语源上专门论及"社会"一词在晚清的出现。

③ [日]齋藤毅:《明治のことば一東から西への架け橋》,東京:講談社,1977 年,第五章"社会という語の成立",第 175—228 頁。被认为是日本最早用"社会"来译 society 的福地源一郎(樱痴)正是以《近思录》中的用法为据将 society 翻译为"社会"的。见[日]宫永孝《社会学伝来考一明治・大正・昭和の日本社会学史》,東京:株式会社角川学芸出版,2011 年,第 55 頁。

学界对这一问题的关注主要集中在两点上。第一是戊戌维新前后的"群学"。陈旭麓较早详尽叙述了群学之产生及群学与学会、进化的关系。① 继陈之后，王宏斌对维新人士的"合群立会"之学进行了集中探讨，并讨论了"群学"在 20 世纪初期产生的变化。② 陈树德着重指出，严复译《群学肄言》时期的"群学"，实际上不只包括社会学，而是指"社会科学"。③ 姚纯安则主要辨析了严复之"群学"与康、梁之"群学"在内涵上的不同。④

第二点是五四时期的"社会改造"思想。王汎森通过对傅斯年"造社会"思想的考察，追述了清末"群""社会"思想的传入及其转变的过程。⑤ 其他如胡汉民、李大钊、罗家伦、毛泽东及一些刊物如《新社会》的社会改造思想也都曾有学者讨论。⑥ 虽然有这些关于"社会改造"问题的零星关注，但在杨念群看来，"五四"研究受"自由主义"思想影响太深。他在近年提出了"五四"研究应当"社会史化"，其方法是"一是要关注'五四'前后'社会'作为一个论域的产

① 陈旭麓：《戊戌时期维新派的社会观——群学》，《近代史研究》1984 年第 2 期。

② 王宏斌：《戊戌维新时期的"群学"》，《近代史研究》1985 年第 2 期；王宏斌：《二十世纪初年的"群学"》，《史学月刊》1985 年第 5 期。

③ 陈树德：《"群学"译名考析》，《社会学研究》1988 年第 6 期。陈定闳亦持相似观点，见陈定闳《严复群学述评》，《重庆师范大学学报（哲学社会科学版）》1990 年第 3 期。

④ 姚纯安：《清末群学辨证——以康有为、梁启超、严复为中心》，《历史研究》2003 年第 5 期。

⑤ 王汎森：《傅斯年早期的"造社会"论——从两份未刊残稿谈起》，《中国文化》1996 年第 14 期。

⑥ 东方朔：《毛泽东早期社会改造思想的逻辑发展》，《齐鲁学刊》1995 年第 4 期；王先俊：《"五四"先进知识分子由"文化革命"到"社会改造"的转变》，《中共党史研究》2009 年第 6 期。

生以及如何替代其他主题的历史;二是要更多地关注'五四'发生的社会环境及其演化意义,特别是要着力研究'五四'不同群体的行为差异及其后果"。①

　　细观以往研究会发现,关注点大多集中在 1900 年前后几年和五四运动前后,而对在这段时间之内的演变过程考虑不足。能够在研究中较为深入地讨论"社会"这一论域的产生及概念演变的,主要有前引王汎森文,黄碧云硕士论文,金观涛、刘青峰文及崔应令文。② 王文旨在讨论傅斯年的"造社会"思想,有其局限性。黄碧云对近代中国的"社会"观念做了较详细的梳理,她把近代中国的"社会"观念分为萌芽时期(清末)、重新发现并开始重视时期(民初)、观念的普遍化时期("五四"前后)和观念的再确定时期("五四"后)四个阶段,并分阶段探讨了其主要特点。黄文内容丰富,对本书很有参考价值,但一因写作较早,材料运用和研究成果基础上都难免有所不足。二因受 1990 年代"市民社会"(civil society,或称"民间社会")的讨论影响过深,似乎总是试图从近代中国发掘"国家"与"社会"对立的观念,影响了其对相关问题的理解。③

　　金观涛、刘青峰文(以下简称金文)则比较详细地探讨了从

────────────────

① 杨念群:《"五四"九十周年祭——一个"问题史"的回溯与反思》,北京:世界图书出版公司,2009 年,第 15 页。作为身体力行,杨后来出版了《五四的另一面:"社会"观念的形成与新型组织的诞生》(上海:上海人民出版社,2019 年)。

② 此外,黄兴涛在一篇文章中也提到了研究"社会"这一概念在中国的流传、接受对认识中国"现代化道路的曲折性及某些因缘"的作用。见黄兴涛《清末民初新名词新概念的"现代性"问题——兼论"思想现代性"与现代性"社会"概念的中国认同》,《天津社会科学》2005 年第 4 期。

③ 黄碧云:《清末民初知识分子的"社会"观念》,硕士学位论文,台湾清华大学历史研究所,1996 年。

"群"到"社会"再到"社会主义"的演变过程及其原因。金文最有特色的地方是利用几种数据库对"群""社会""社会主义"等词语的用法做了量化统计。① 量化统计的最大用处在于描述，而在提供解释上却显得薄弱。比如金文根据张枬、王忍之所编的《辛亥革命前十年间时论选集》做了统计，发现 1901—1904 年为"群"与"社会"共存的时期，到 1905 年以后，"社会"一词已经很普遍，"群"已经很少用。金文提供了两种原因作为解释。第一个原因是当时"革命"压倒"维新"的状况。金文认为："当推动中国社会变迁的主体一旦从君王、官僚士大夫变为革命党和下层百姓的秘密结社，用于指涉'会党'和秘密结社的'社会'也就获得了指涉 society 的正当性。"②其实，并不能说"社会"原来在中文中主要用来指涉"会党"。金文只举了一个例子作为"社会"指涉民间秘密结社的证明，即《宋会要辑稿》中"近又有奸猾，改易名称，结集社会"③。且不说这里的"社会"意为团体，跟"秘密社会"的含义有一定距离；即使它有秘密社会的意思，也不足以说明"在晚清知识分子心目中'社会'这个词差不多等同于下层百姓秘密结社"。④ 况且，在金文所举

---

① 量化统计的方法在以前的思想史研究或观念史研究中也较常用，如王尔敏即曾统计清末言"变局"者不下 81 人。金文的特色在于限定范围而能按年代梳理其趋势。见王尔敏《近代中国知识分子应变之自觉》，载王尔敏《中国近代思想史论》，第 325 页。

② 金观涛、刘青峰：《从"群"到"社会"、"社会主义"——中国近代公共领域变迁的思想史研究》，《"中央研究院"近代史研究所集刊》2001 年第 35 期。

③ 金观涛、刘青峰：《从"群"到"社会"、"社会主义"——中国近代公共领域变迁的思想史研究》，《"中央研究院"近代史研究所集刊》2001 年第 35 期。

④ 金观涛、刘青峰：《从"群"到"社会"、"社会主义"——中国近代公共领域变迁的思想史研究》，《"中央研究院"近代史研究所集刊》2001 年第 35 期。

《辛亥革命前十年间时论选集》中,除了欧榘甲一文,用"秘密社会"这个词的文章也并不多见。金文提供的第二个原因是清末"绅士的公共空间"的形成。所举例证是一条上谕:"近来京外庶僚从政之余,多有合群讲习之事。此次修订结社集会律,拟请嗣后现任职官于其职务外,有亲莅各社会研究政治学术者,亦为律之所许……"这里的"社会"其实可解释为所结之社、所集之会。即使"人们把结社集会简称为'社会'",此一条证据也不足以说明在"清廷官方和绅士心目中,'社会'一词的意义显然不同于秘密社会,不是官方的,而是指绅士公共空间"。①

此外,崔应令把近代中国"社会"概念的生成分为三个阶段,认为"社会"观念的再造是近代中国知识分子"积极参与社会和理想重建的一种表现",②对本文也有启示意义。

那么"社会"何以能取代"群"成为清末的流行语呢?笔者认为还当以具体人物的使用和话语的产生相结合来探讨这一问题。

第三节 本书内容与结构安排

本书借鉴了德国"概念史"传统、斯金纳所代表的英国"观念史"传统及法国的"话语"研究,但不固守门户。在具体的研究方法上,将采用具体人物与话语产生相结合的方式。当然,以几位具体

---

① 金观涛、刘青峰:《从"群"到"社会"、"社会主义"——中国近代公共领域变迁的思想史研究》,《"中央研究院"近代史研究所集刊》2001 年第 35 期。
② 崔应令:《中国近代"社会"观念的生成》,《社会》第 35 卷,2015 年第 2 期。

人物为重点,并不代表会像哲学式的思想史一样把目光局限在他们的经典著作上,而是以他们为重心,注重其与时代背景的关联,同时兼顾其他众多"小人物"的思想。不可否认,在历史的某一时代,某些人物(如严复、梁启超)对于一种话语的形成具有无可比拟的重要性。另一方面,近代媒体的兴起,为我们提供了这种结合的便利。各种各样的报刊,从根本上来讲,都是公众性的。① 而知识分子参与创办刊物,是近代中国的普遍现象,本文所涉及的这些人物也不例外。如严复曾为《直报》《国闻报》《外交报》等供稿,梁启超则参与了《时务报》《清议报》《新民丛报》《国风报》《庸言》《大中华》等一系列刊物的创办和编辑。这些刊物是一个个平台,相关人物的思想与其同伴的思想是通过这些平台作为一个整体来呈现的。而正因为这些刊物的公众性,我们能便利地了解这些人物与同时代的其他人及其所处社会的关系。

在结构安排上,本书将以"社会"概念在晚清民初生成并产生影响的历史过程为线索来展开论述,但无意把它写为"社会"一词使用的编年史。本书主体内容可大致分为三个部分。前三章为第一部分,主要讨论 society 一词的翻译及"社会"概念的逐渐形成。笔者认为,society 的翻译可分为三个阶段:从 19 世纪早期到甲午战争前可被称为第一阶段,这一阶段 society 多被翻译为"会"或"国";从甲午战争到戊戌政变为第二阶段,这一时间 society 多被译为"群";自戊戌政变后到 1904 年前后为第三阶段,这一阶段,society 逐渐被译为"社会"。当然,本书不仅描述了 society 分别被

① 此处是在一种宽泛的意义上用"公众性"这个词的。

译为不同词语的过程,更重要的是要讨论在使用不同词语之时所牵涉的思想与时代之间的关联。

第四、五、六章为第二部分。这一部分不仅继续讨论晚清"社会"概念的使用方式,更重在讨论"社会"概念的形成所带来的人们认识和思维方式的变化。这三章内容分别讨论了"社会"概念形成后晚清士人对中国"社会"分期及"社会性质"的判定,伦理关系上个人—社会—国家关系的逐渐形成及其内涵,政治思想上"社会主义"及"社会革命"论的提出,以及人们对"正当社会"的想象。

第七章为第三部分,主要讨论民国建立初期"社会"如何进入时人论述的中心,以及"五四"前后"社会"内涵的转变。

结论部分,将首先对全书内容做一回顾,然后再将中国"社会"概念的生成放到全球视野下予以考察。

第一部分

晚清"社会"概念的产生

第一章 Society 的诞生及其在华早期翻译

　　正如《社会科学百科全书》的编者之一阿瑟·布里坦(Arthur Brittan)所言:"社会是那类既意味着一切但又什么都不是的概念之一。"①依笔者理解,"意味着一切",表明"社会"的地位重要;"什么都不是",表示"社会"的内涵及用法过于复杂。虽然"社会"的用法极其复杂,但并不代表其在某一具体时期没有特定指向。考虑"社会"概念在近代中国的生成,首先应该了解当相关概念传入时它在西方的大致状况,这就需要对 society 概念在西方的诞生及其含义演变做一大致梳理。

---

① ［英］亚当·库珀(Adam Kuper)、［英］杰西卡·库珀(Jessica Kuper)主编:《社会科学百科全书》,上海:上海译文出版社,1989 年,第 732 页。

第一节　Society 的诞生及其含义演变

英语中的 society 来源于拉丁文 societas，拉丁文的 societas 又是从 socius 来的。socius 意为"同伴"(companion)。① Society 一词 14 世纪开始出现在英文里，它的含义经历了从"情谊"到"群聚的客人"的演变。到 16 世纪中叶，society 才逐渐有了更抽象的含义，即作为"集合"的概念。②

因其作品被洛克(John Locke, 1632—1704)引用而广为人知的胡克尔(Richard Hooker, 1554—1600)③在其《宗教政治原理》中已多次使用"politic societies""public societies""civil society"等语词，用于论证王权统治的合理性。④ 在当时英国激烈的宗教争端中，胡克尔持一种中间立场。⑤ 从胡克尔对世俗权力的论述中已经可以

① http://oxforddictionaries.com/definition/society? q=society, Aug. 1, 2013.
② ［英］雷蒙·威廉斯(Raymond Williams)：《关键词：文化与社会的词汇》，刘建基译，北京：生活·读书·新知三联书店，2005 年，第 446—452 页。
③ 洛克虽然引用了胡克尔的作品，并不代表其与胡克尔的政治和"社会"观是相同的。参见 Peter Munz, *The Place of Hooker in the History of Thought*, London: Routledge & Kegan Paul Ltd., 1952, pp. 205—208。
④ 见 Richard Hooker, *Of the Laws of Ecclesiastical Polity*, London: J. M. Dent & Co., 1907, pp. 188—191。
⑤ 详情参见 F. J. Shirley, *Richard Hooker and Contemporary Political Ideas*, London: S. P. C. K., 1949, pp. 106—112。

看到契约论的雏形,虽然还不完备。① 比如他在论述政府的起源时曾说道:"为了避免这种相互间的不幸、伤害和错误,人们除了达成一致从而组建某种政府并使自己服从这一政府,没有其他办法;他们授权某人来统治,并由此获得和平、安宁与幸福。"②值得注意的是,胡克尔也把教会称作 society,认为教会起源于基督和使徒,是一个存在的实体,为维持善的生活而存在。③

16 世纪的英国以王权和教权的冲突为标志,17 世纪的英国则以国王与议会的权力冲突为特征。霍布斯(Thomas Hobbes,1588—1679)论述的重心在国家(commonwealth),只是偶尔提到过"society",与文艺、文学等并列,大概作团体讲。④

在比霍布斯稍后的洛克那里,"社会"(society)是一个关键词。洛克有时用"政治社会"(political society),有时用"公民社会"(civil society),有时用"社会"(society),有时用"国家"(commonwealth),内涵基本相同,都是指人们通过立约放弃依据自然法所拥有的权利而建立的组织。⑤ 不过洛克也曾将家庭称为最初的社会

---

① 有契约论倾向的,胡克尔不是唯一的一位。早于他的马西略(Marsiglio of Padua,1270—1342)及与他同时代的托马斯·史密斯爵士(Sir Thomas Smith,1513—1577)、乔治·布坎南(George Buchanan,1496—1582)都有类似看法。参见 F. J. Shirley, *Richard Hooker and Contemporary Political Ideas*, p. 96。

② Richard Hooker, *Of the Laws of Ecclesiastical Polity*, p.190.

③ F. J. Shirley, *Richard Hooker and Contemporary Political Ideas*, p.107, 112.

④ Thomas Hobbes, *Leviathan, or the Matter, Forme and Power of a Commonwealth, Ecclesiasticall and Civil*, Oxford: Basil Blackwell, no publication date, p.82.

⑤ John Locke, *Two Treatises of Civil Government*, London: J. M. Dent & Sons Ltd, 1962, p. 126, 160, 159.

(the first society) 或夫妻社会(conjugal society) 。① 这说明在洛克的笔下,"社会"不止一种。不过,"政治社会"(或国家)显然是洛克论述的重心。虽然洛克自己并没有这么做,但是有学者认为洛克实际上已在"国家"(state)和"社会"(society)之间做了区分,因为即使在相约产生政府之后,社会也始终保留着一种最高权力。② 针对契约问题,法学家阿尔色休斯(Johannes Althusius,1563—1638)和普芬道夫(Samuel Pufendorf, 1632—1694)认为应当有两种契约,一种是个人之间的契约,导致社会的产生,另一种则是社会同政府间的契约。③

进入 18 世纪,欧洲大陆的法国也产生了巨大的社会变动,其特征是经济发展和社会分工扩大。伴随着这种变动而起的,是思想的变化。专制王权的建立带来了秩序与繁荣。繁荣的背后,产生了新的商业和工业阶层,他们逐渐希望获得更多的独立性,新的经济理论也与此相关。④ 在 18 世纪中期,"社会"(société)概念逐渐在法国流行开来。

"社会"在法国的流行,首先表示区别于神学以宗教的观点来解释人类社群。其次,"社会"也表示与传统政治—法律视角下着

① John Locke, *Two Treatises of Civil Government*, p.49.
② [英]洛克:《政府论》下,叶启芳、瞿菊农译,北京:商务印书馆,1996 年,第 91—92 页。
③ [美]乔治·萨拜因(George Sabine):《政治学说史》下,盛葵阳、崔妙因译,北京:商务印书馆,1986 年,第 597 页。
④ Johan Heilbron, *The Rise of Social Theory*, Sheila Gogol trans., Cambridge:Polity Press, 1995,p.6.

重由国家的角度来论述人类群体有所不同。① "社会"既不同于"国家",也不同于"家庭";"社会"可以广泛指称所有社会单位;"社会"同时还暗含了一种自由联合和个人权利应得到尊重的意味。②

　　不过在孟德斯鸠(Montesquieu, 1689—1755)和伏尔泰(Voltaire, 1694—1778)那里,"社会"(société)与"国家"(nation、country)的区别还不明显。到了卢梭(Jean-Jacques Rousseau, 1712—1778),"社会"才成为一个核心词语。卢梭在其作品中对"社会"的看法差异是极大的。在《论人类不平等的起源和基础》中,卢梭描述了一种人类无欲寡求、孤独却享有天然自由与平等的原始状态(这些人连自己的子女都不认识)。随着私有制的建立,这一切发生了改变。正如卢梭所说:"谁第一个把一块土地圈起来并想到说:这是我的,而且找到一些头脑十分简单的人居然相信了他的话,谁就是文明社会的真正奠基者。"③与私有制的确立相伴随的是"社会"的建立。这种"社会"最小的是家庭。一个"社会"的建立使"其他一切社会的建立成为必要","社会很快就增多了或扩大了,不久就布满了整个地面"。④ 在这里,"社会"并不是一个积极的因素,而是"痛苦"的根源。因为"社会"和法律"给弱者以新的桎梏,给富者以新的力量";"消灭了天赋的自由,使自由再也不

---

① Johan Heilbron, *The Rise of Social Theory*, p.5.

② Johan Heilbron, *The Rise of Social Theory*, p.87.

③ [法]卢梭:《论人类不平等的起源和基础》,李常山译,北京:商务印书馆,1996 年,第 106、111 页。

④ [法]卢梭:《论人类不平等的起源和基础》,李常山译,第 129 页。

能恢复";"把保障私有财产和承认不平等的法律永远确定下来,把
巧取豪夺变成不可取消的权利"。从此以后,"便为少数野心家的
利益,驱使整个人类忍受劳苦、奴役和贫困"。①

《论人类不平等的起源和基础》本为应第戎学院的征文而作,
可能不免有些故意立异的成分。② 在后来的《社会契约论》中,卢
梭表示,因为"自然状态中不利于人类生存的种种障碍,在阻力上
已超过了每个个人在那种状态中为了自存所能运用的力量",所以
人类有立约形成"社会"的必要。通过由自然状态进入社会状态,
"人类便产生了一场最堪瞩目的变化",他们的行为中"正义就取代
了本能",其行动也被"赋予了前所未有的道德性"。人们通过这一
行为所丧失的,"乃是他的天然的自由以及对于他所企图的和所能
得到的一切东西的那种无限的权利";所获得的,"乃是社会的自由
以及对于他所享有的一切东西的所有权"。③ 这里对"社会"的看
法显然比在《论人类不平等的起源和基础》当中积极多了。

卢梭在《论人类不平等的起源和基础》中的"社会"观是法国启
蒙时代的异类。同时代雷纳尔(Guillaume Thomas Raynal,1713—
1796)对"社会"的看法可能要比卢梭更有代表性:

> 社会起源于人们的需要,政府起源于人们的缺陷;社会总
> 是向善,政府却是用来制止邪恶;社会首先产生,在起源上即

① [法]卢梭:《论人类不平等的起源和基础》,李常山译,第129页。
② 卢梭后来曾评价说:"这篇作品虽然热情洋溢,气魄雄伟,却完全缺乏逻辑与层次。
在出自我的手笔的一切作品之中,要数它最弱于推理,最缺乏匀称与谐和了。"见
[法]卢梭《忏悔录》,黎星译,北京:商务印书馆,1986年,第435页。
③ [法]卢梭:《社会契约论》,何兆武译,北京:商务印书馆,2008年,第18、25—26页。

是独立和自由的;政府由社会产生,并仅仅是社会的工具;一个发号施令,一个服从命令。社会行使民众权力,政府依照这种权力完成指定的任务。最后,社会在本质上是善的,政府却可能是恶的,并且像我们所知的那样,经常是恶的。①

18 世纪的苏格兰,是启蒙运动的另一个中心。同是处在资本主义上升期,亚当·斯密(Adam Smith,1723—1790)眼中的景象却与卢梭完全不同。卢梭看到了社会上的枷锁、奴役和不平等,斯密虽然也注意到"在文明繁荣的民族间""有许多人全然不从事劳动",但却认为"由于社会全部劳动生产物非常之多,往往一切人都有充足的供给,就连最下等最贫穷的劳动者,只要勤勉节俭,也比野蛮人享受更多的生活必需品和便利品",这种社会完全可以造就"社会各阶级普遍富裕"的境况。②

斯密最引人注目的,是对自由竞争的强调。如其所称:"一种事业若对社会有益,就应当任其自由,广其竞争。竞争愈自由,愈普遍,那事业亦就愈有利于社会。"③有学者评论称"自发形成的社

---

① G. T. Raynal,"Histore Philosophique et Politique des Establissements et du Commerce des Euiropeens dans les Deux Indes," 1781,cited from Johan Heilbron, *The Rise of Social Theory*,p.92.

② [英]亚当·斯密:《国民财富的性质和原因的研究》上,郭大力、王亚南译,北京:商务印书馆,2020 年,第 1—2、13 页。

③ [英]亚当·斯密:《国民财富的性质和原因的研究》上,郭大力、王亚南译,第 315 页。

会秩序"理论可称作苏格兰启蒙运动最重要的社会学贡献。① 不过斯密强调自由竞争并不代表他绝对反对国家，他只是认为国家干涉应尽可能地少。比如他在论述什么情况下可以对国外产业施加限制(增税或禁止输入)时表示，有两种场合是有利的：(1)特定产业，为国防所必需；(2)对国内同样的生产物课税。鉴于此，他认为英国颁布的航海法是英国各种通商条例中"最明智的一种"。②

苏格兰启蒙哲学家们对社会学理论的另一贡献是关于社会发展四阶段的划分。斯密在1762至1763年于格拉斯哥所做的讲座中即已谈到，后来在《国富论》(《国民财富的性质和原因的研究》)中也有明确表述：狩猎社会、游牧(畜牧)社会、农业(农耕)社会、商业社会。划分的依据是财产权的呈现。③

从18世纪末到19世纪，把"社会"当作"个人的集合"这一观念(像霍布斯、洛克和卢梭那样，主要依据契约论)开始淡去，"社会"开始被作为一个整体来理解。如孔德(August Comte，1798—1857)认为任何一个社会的形成都预设了独特的关于自然和人的观点。在谈到"社会"时，孔德所强调的是文化传统。④ 黑格尔

---

① Ronald Hamowy, *The Scottish Enlightenment and the Theory of Spontaneous Order*, Carbondale and Edwardsville：Southern Illinois University Press，1987，p. 3. ［英］克里斯托弗·贝瑞(Christopher J. Berry)：《苏格兰启蒙运动的社会理论》，马庆译，杭州：浙江大学出版社，2013年，第52页。

② ［英］亚当·斯密：《国民财富的性质和原因的研究》下，郭大力、王亚南译，第37—39页。

③ ［英］克里斯托弗·贝瑞(Christopher J. Berry)：《苏格兰启蒙运动的社会理论》，马庆译，第108页。

④ *International Encyclopedia of the Social Sciences*，1968. http：//www. encyclopedia. com/topic/Society.aspx，Aug. 1，2013.

（G.W. F.Hegel,1770—1831）也在国家和社会（市民社会）之间做出区分。黑格尔认为,在市民社会中,个人需要得到满足,通过司法体系,所有权也得到保护。但这个社会因为以契约为基础,是以任性为前提的,而国家则是"伦理理念的现实"。① 在黑格尔之后,马克思（Karl Marx,1818—1883）把社会的基础放在"人与人之间的经济关系"上,而其他制度性建构则是"上层建筑"。② 马克思也特别强调社会阶级的对抗,尤其是资本主义社会下无产阶级和资产阶级的对抗。③

在 19 世纪下半期,随着达尔文的生物进化论在社会科学领域的传播,"社会"逐渐被看作一群有机体与环境斗争的工具。针对这一情况,一些自由主义者（如斯宾塞[Herbert Spencer,1820—1903]）一方面坚持有机体说,另一方面又重新确认了"社会"乃是个人以实现个人利益为目的的集合这种观点。当然,对于要维持社会学（sociology）合法性的涂尔干（Émile Durkheim,1858—1917）来说,这种观点是无法接受的。对于涂尔干来说,社会是一种外在的约束性力量,比经济秩序所要包含的内容更广,外在于国家并且独立于个人的总和。④

① ［德］黑格尔:《法哲学原理——或自然法和国家学纲要》,范扬、张企泰译,北京:商务印书馆,1961 年,第 203、253 页。
② *International Encyclopedia of the Social Sciences*, 1968. http://www. encyclopedia. com/topic/Society.aspx,Aug. 1,2013.
③ 中共中央马克思恩格斯列宁斯大林著作编译局:《共产党宣言》,载《马克思恩格斯选集》第 1 卷,北京:人民出版社,2021 年,第 400—401 页。
④ *International Encyclopedia of the Social Sciences*, 1968. http://www. encyclopedia. com/topic/Society.aspx,Aug. 1,2013. 关于社会学中的"社会"概念,参阅 Reiner Grundmann and Nico Stehr eds., *Society*: *Critical Concepts in Sociology*, London: Routledge, 2009, "General Introduction"。

以上对 20 世纪之前"社会"(society)这一概念在西方世界的简单梳理(无疑既不全面也不系统),不只是要增加对这一问题的了解,还意在表明当西方的知识与观念传入中国时,这个"西方"绝不是一个统一的整体。就对"社会"概念的接受来说,近代中国知识分子所面对的也不只是西方某一种有影响的理论,而是产生于不同国家和时代背景下的种种理论。何况,近代中国知识分子在对西学的接受过程中还受到了众多日本因素的影响,其中就包括"社会"这一词语的使用。

Society 的含义的复杂性,可以从《牛津字典》对它的描述看出来:(1)居住在一个或多或少有秩序的共同体中的人的聚集(主要包含两种含义,一是指居住在同一个国家或区域并且拥有共同的习俗、法律和组织的人所组成的共同体,二是指这样一个共同体中的某个特殊部分);(2)一种植物或动物群体;(3)一个为特定目的或活动而组成的组织或俱乐部;(4)有他人陪伴的状态。①

第二节 "国"与"众":《万国公法》中的 society 翻译

1.《万国公法》的译刊

西学传入中国,并不始于 19 世纪。早在明朝末期,从利玛窦(Matteo Ricci,1552—1610)开始,西方传教士即把西洋近代天文、历法、数学、物理、医学、哲学、地理、水利等学问,建筑、音乐、绘画

① http://oxforddictionaries.com/definition/society? q＝society,Aug. 1,2013.

等艺术,传入中国。① 不过此一时期传入的社会科学作品极少,翻译作品原文中应很少会用到 society 或 societas 一词。②

19 世纪初期,英法美等国贸易扩展,传教事业也随之兴旺。英国伦敦会(London Missionary Society)指派马礼逊(Robert Morrison, 1782—1834)为到中国开辟新教区的传教士,拉开新一轮西学传入中国的序幕。③ 继马礼逊之后,传教士们在马六甲、巴达维亚、新加坡等地出版了多种中文报刊,如《察世俗每月统记传》《特选撮要每月纪传》《天下新闻》《东西洋考每月统记传》,编成了多种中文书籍,其中重要的如地理类的《地理便童略传》(麦都思,1819 年),《全地万国纪略》(米怜,1822 年),《西游地球闻见略传》(马礼逊,1819 年);历史类的《古今万国纲鉴》(郭实腊,1838 年),《大英国人事略说》(马礼逊译,1832 年),《大英国统志》(郭实腊,1834 年),《美理哥合省国志略》(裨治文,1838 年);政治、经济方面的

---

① 艾儒略(Giulio Aleni,1582—1649)曾分西学为“六科”,即文科(勒铎理加)、理科(斐录所费亚)、医科(默第济纳)、法科(勒义斯)、教科(加诺搦斯)、道科(陡录日亚),包罗至广。杨廷筠称传教士携带书籍有七千余部。若杨说属实,西书似未尽译。[意]艾儒略:《西学凡》,载《四库全书存目丛书·子部九三》,台南:庄严文化事业有限公司,1995 年,第 630 页;杨廷筠:《刻西学凡序》,见[意]艾儒略《西学凡》,第 627 页;方豪《中西交通史》,台北:中华文化出版事业委员会,1954 年,第 1—3 页。

② 明末以来西学传入对中国学术的影响不可低估。除方豪等所举外,梁启超即已注意到清学“启蒙期”所受西学研究方法上的影响,朱维铮则详举了清代汉学与西学的各相关方面。见梁启超《清代学术概论》,上海:上海古籍出版社,2005 年,第 23 页;朱维铮《十八世纪的汉学与西学》,收于朱维铮《走出中世纪(增订本)》,上海:复旦大学出版社,2009 年,第 136—162 页。

③ 马氏 1807 年 1 月 31 日启程赴纽约,1807 年 9 月 4 日抵澳门,9 月 7 日抵广州。见李志刚《基督教早期在华传教史》,台北:商务印书馆,1985 年,第 64—82 页。

《制国之用大略》(郭实腊,出版时间应为 1839 年),《贸易通志》(郭实腊,1840 年)等。① 这些书刊②内容丰富,对增加当时中国人对世界的认识,起了重要作用。这些书刊之中,当也不乏译作。但其来源多不清楚,故对于这一时期 society 的翻译情况,尚无法确知。不过从马礼逊所编《华英字典》(第三部分包括了《英华字典》)、卫三畏(Samuel Williams,1812—1884)审定的《英华韵府历阶》来看,society 在这一时期大概多翻译为"会"。③

笔者所见英译汉作品中比较早又比较多涉及 society 一词翻译的是丁韪良(William Martin,1827—1916)所译《万国公法》。此处就《万国公法》对 society 一词的翻译情况做一考察。

---

① 其内容介绍,参见熊月之《西学东渐与晚清社会》,北京:中国人民大学出版社,2011 年,第 69—97 页。

② 详目见李志刚《早期基督教士中文著述编年目录表》(1811—1864),载李志刚《基督教早期在华传教史》,台北:商务印书馆,1985 年,第 185—198 页;熊月之《早期基督教传教士出版中文书刊目录(1811—1842)》,载熊月之《西学东渐与晚清社会》,第 105—109 页。

③ 广州外国侨民于 1833 年倡议组织了"中国益智会",英商马地臣(James Matheson)任会长,裨治文、郭实腊、马儒翰为秘书,其英文名即为"the Society for the Diffusion of Useful Knowledge in China"。《华英字典》译 society 为"联名签题会"。《英华韵府历阶》译 society 为"签题会",明显是受了《华英字典》影响。韩承桦及李恭忠讨论到了几部早期英华字典对 society 的翻译。参见熊月之《西学东渐与晚清社会》,第 74—75 页;马礼逊《华英字典》(A Dictionary of the Chinese Language)第 6 卷,郑州:大象出版社,2008 年(初版于 1815—1822 年),第 398 页;卫三畏鉴定《英华韵府历阶》(An English and Chinese Vocabulary, in the Court Dialect),澳门:香山书院,1844 年,第 265 页;韩承桦《当"社会"变为一门"知识":近代中国社会学的形成及发展(1890—1949)》,台湾大学博士学位论文,2017 年,第 44—48 页;李恭忠《Society 与"社会"的早期相遇:一项概念史的考察》,《近代史研究》2020 年第 3 期。《英华韵府历阶》与《华英字典》的关系,可参见元青《晚清汉英、英汉双语词典编纂出版的兴起与发展》,《近代史研究》2013 年第 1 期。

　　《万国公法》的翻译出版有深刻的历史背景。早在鸦片战争前后,林则徐主政广东时,即已派人翻译外文报刊及地理著作,以加强对外人的了解。① 其中根据英国慕瑞(Hugh Murray,1779—1846)《世界地理大全》(*The Encyclopedia of Geography*)摘译的《四洲志》,对世界各国情况多有介绍,后来分类辑入了《海国图志》。② 林还请美国传教医师伯驾(Peter Parker,1804—1888)和自己的随员袁德辉摘译了瑞士国际法学家瓦泰尔(Emmerich de Vattel,1714—1767)的《万国法》。③《海国图志》1842 年 50 卷本未收录伯驾和袁德辉的译文,1847 年增至 60 卷时则将其辑入第 52 卷。④

　　第二次鸦片战争后,清政府设立了总理衙门,负责对外交涉和洋务事业。在这种交涉过程中,负责交涉的大臣便日渐感觉到国际法的重要性。1863 年夏,总理衙门大臣文祥请美国驻华公使蒲安臣(Anson Burlingame,1820—1870)介绍西方国家公认的权威性国际法著作,蒲推荐了惠顿(Henry Wheaton,1785—1848)的《国际法原理》(*Elements of International Law*),并答应翻译其中一部分。在此之前,1859 年 6 月至 8 月,美国长老会(American Presbyterian Church)传教士丁韪良担任美国驻华公使华若翰(John Ward,

---

① 由林则徐而始的对世界地理学研究的兴盛,见郭双林《西潮激荡下的晚清地理学》,北京:北京大学出版社,2000 年,第 98—103 页。

② 熊月之:《西学东渐与晚清社会》,第 177—178 页。

③ 详情参见王维俭《林则徐翻译西方国际法著作考略》,《中山大学学报(社会科学版)》1985 年第 1 期。

④ 林学忠:《从万国公法到公法外交——晚清国际法的传入、诠释与应用》,上海:上海古籍出版社,2009 年,第 47 页。

1814—1902)的翻译,并随使团北上交换《中美天津条约》的批准文件。丁在此前后即有意翻译瓦泰尔的国际法著作,以输入中国,不过在华若翰的建议下决定翻译惠顿的著作。丁翻译此著,大概有教导清政府遵守西方国际规范的目的。① 蒲安臣在听说丁韪良正在翻译惠顿著作后,对丁的想法表达了支持之意,并答应向总理衙门推荐。②

1863 年 9 月 10 日,蒲安臣带丁韪良前往总理衙门拜会文祥等四位大臣,讨论该书的翻译情况,并请文祥派人协助润色译稿。后来恭亲王奕䜣派总理衙门章京陈钦、李常华、方濬师、毛鸿图润色译稿,诸人于 1864 年 4 月完成润色。总理衙门于 1864 年 8 月拨款 500 两交给丁韪良作刊行之用,于是 1865 年初《万国公法》在北京于丁韪良创办的崇实馆刊行。由以上的叙述可知,《万国公法》的译刊,是中西双方共同努力的结果。

2.《万国公法》中的 society 翻译

惠顿的《国际法原理》首次出版于 1836 年,不过丁韪良使用的并不是 1836 年的版本,而是 1855 年波士顿出版的版本。③ 惠顿《国际法原理》中多次使用 society 一词,不过多与国家同义,《万国公法》也翻译为"国"。如该著在谈到一国内与诸国间之区别时说:

---

① 林学忠:《从万国公法到公法外交——晚清国际法的传入、诠释与应用》,第 50 页。有学者也谈到丁所怀有的个人方面的考虑及传教上的动机。见傅德元《丁韪良〈万国公法〉翻译蓝本及意图新探》,《安徽史学》2008 年第 1 期。
② 林学忠:《从万国公法到公法外交——晚清国际法的传入、诠释与应用》,第 49 页。
③ 各版本之间较详细的比较,见傅德元《丁韪良〈万国公法〉翻译蓝本及意图新探》,《安徽史学》2008 年第 1 期。

"在每一个公民社会（civil society）或国家（state）中都会有一个立法权力通过明确公布来建立国内法，有一个司法权力来解释国内法，并把它适用于每个个案。但在国际社会就不存在这样的立法权力，也就因此没有明确的法律，除了那些国家间相互订立的条约。"①在谈到瓦泰尔对国际法的看法时，该著称："规范个人行为的法律在适用于人们组成的被称作国族或国家的集体社会时应该被修正。"②这里用国族（nations）或国家（states）来解释"集体社会"（collective societies），说明"国族"或"国家"从属于"集体社会"。原文提到，普芬道夫学派试图将适用于众人的自然法应用到被称作"国家"的"独立社会"（independent societies of men）中。③ 原文也称："被称作国家（states）的独立社会（independent societies），除了那些被特殊条约规定的以外，不承认共同的裁断者。"④在这些例子中，civil society、collective societies、independent societies 均与"国家"共同使用，说明其含义相同，而在中文中它们也被直接翻译为

---

① While in every civil society or state there is always a legislative power which establishes, by express declaration, the civil law of that State, and a judicial power, which interprets that law, and applies it to individual cases, in the great society of nations there is no legislative power, and consequently there no express laws, except those which result from the conventions which States may make with one another. Henry Wheaton, *Elements of International Law*, Boston: Little Brown and Company, 1855, p.1.

② The law which regulates the conduct of individuals must necessarily be modified in its application to the collective societies of men called nations or states. Henry Wheaton, *Elements of International Law*, p.12.

③ Henry Wheaton, *Elements of International Law*, p.10.

④ The independent societies of men, called States, acknowledge no common arbiter of judge, except such as are constituted by special compact. Henry Wheaton, *Elements of International Law*, p.361.

"国""诸国交际""自主之国"。①

其实在惠顿原文中,实有拿"公民社会"(civil society)或"政治社会"(political society)与国际社会(society of nations)相对比之意,前者有固定的法律和执法者,后者则无固定的法律和执法者,但却有源于自然法和基于同意或默许的基本规则。② 如原文称:"国际社会(society of nations)的每一个成员都完全彼此独立⋯⋯公民社会(civil society)的法律有外在的约束来推动,而这些约束对于国际间的法律却是无效的。"③"每一个独立社会都被它所自由采用的独特法律所规范,国际社会也被其成员自由采用的适宜法律所规范。"④原文在讨论到国家主权时也称,国家主权对外相对于其他政治社会(political societies)而独立;但若在进入国际社会(society of nations)时,即需其他国家(states)的承认。⑤ 在这些用法中,civil society、political society、independent society 多被翻译成"各国""一国",society of nations 则被翻译成"诸国"。其作为"社会"的共同性(有规范性规则)在译文中没有表现出来。

————————————

① 见[美]惠顿《万国公法》,丁韪良译,上海:上海书店出版社,2002 年,第 1、6、4、72 页。

② 林学忠:《从万国公法到公法外交——晚清国际法的传入、诠释与应用》,第 53 页。

③ Each member of the great society of nations being entirely independent of every other⋯ the law which prevails between nations being deficient in those external sanctions by which the laws of civil society are enforced among individuals. Henry Wheaton, *Elements of International Law*, pp.89-91.

④ Henry Wheaton, *Elements of International Law*, p.10. 此句中文本译为:"夫各国自制律法而甘服之,诸国亦有律法为各国所甘服者。"([美]惠顿:《万国公法》,丁韪良译,第 5 页。)

⑤ Henry Wheaton, *Elements of International Law*, p.29.

不过中文译文也有不把 society 翻译成国的例子。如原文在对国际法下定义时称：“文明国家所理解的国际法，可以被定义为或从独立国家的社会本性演绎而来的正义原则而来，或从国家间的普遍同意而来。”①这句话被译为：“服化之国，所遵公法条例，分为二类。以人伦之当然，诸国之自主，揆情度理，与公义相合者一也。诸国所商定辨明，随时改革而共许者，二也。”②“社会本性”（nature of the society）被译为“人伦之当然”。又如原文述赫夫特（August Wilhelm Heffter，1796—1880）之观点曰：“无论在哪里，若有一个社会，便有规范其成员的一种法律；因此在最大的国际社会，也必然存在相似的法律。”③这句话丁韪良译为：“盖人之相处，必有法制以维持其间。各国之交际亦然。”④“社会”（society）一词在这里被翻译为“人之相处”和“交际”。原文在论述国家主权之成因时说：“国家获得主权，或因组成它的公民社会，或因脱离它之前所隶属和依附的共同体。”⑤此句中文本译为：“一国之得有主权，或由众

---

① International law, as understood among civilized nations, may be defined as consisting of those rules of conduct which reason deduces, as consonant to justice, from the nature of the society, existing among independent nations; with such definitions and modifications as may be established by general consent. Henry Wheaton, *Elements of International Law*, p.22.

② ［美］惠顿：《万国公法》，丁韪良译，第 9 页。

③ He places the foundation of this law on the incontestable principle that wherever there is a society, there must be a law obligatory on all its members; and he thence deduces the consequence that there must likewise be for the great society of nations an analogous law. Henry Wheaton, *Elements of International Law*, p.15.

④ ［美］惠顿：《万国公法》，丁韪良译，第 7 页。

⑤ Sovereignty is acquired by a State, either at the origin of the civil society of which it is composed, or when it separates itself from the community of which it previously formed a part, and on which it was dependent. Henry Wheaton, *Elements of International Law*, p.30.

民相合立国,或分裂于他国而自立者,其主权即可行于内外。"①此处"公民社会"(civil society)被翻译为"众民相合"。原文有论道:"国际法的特殊主体是国族和被称作国家的政治社会"。② 这句话中文译为:"人成群立国,而邦国交际有事。此公法之所论也。"③"被称作国家的政治社会"(those political societies of men called States)译作"成群立国",societies 应是被译为"群"。原文也有一处谈到"国际间的大社会"(great society of nations),中文本译为"诸国之大宗"。④ 原文甚至论述到国家与社会的区别,如称:"就其成员而言,国家是一个流动的实体;但是与社会相比,它又是同一个实体,通过吸收新成员而永久保存。直到因剧变而影响到国家的生存为止。"⑤这句话中文本译为:"一国之人有亡而逝者,惟其民尚存,而其国无异焉。若无大变以灭之,则其国历代永存。"⑥此句中的"社会"与前面国家成员之含义综合起来被翻译为"一国之人",没有表达出原文把国家与社会对举的含义。

因并非逐字逐句的直译,society 一词在中文本《万国公法》中

① [美]惠顿:《万国公法》,丁韪良译,第 13 页。

② The peculiar subjects of international law are Nations, and those political societies of men called States. Henry Wheaton, *Elements of International Law*, p.27.

③ [美]惠顿:《万国公法》,丁韪良译,第 11 页。

④ Henry Wheaton, *Elements of International Law*, p.31;[美]惠顿:《万国公法》,丁韪良译,第 13 页。

⑤ A State, as to the individual members of which it is composed, is a fluctuating body; but in respect to the society, it is one and the same body, of which the existence is perpetually kept up by a constant succession of new members. This existence continues until it is interrupted by some change affecting the being of the State. Henry Wheaton, *Elements of International Law*, p.31.

⑥ [美]惠顿:《万国公法》,丁韪良译,第 14 页。

有多处并未被翻译。① 在有对应译文的场合中,society 一词多被译为"国",②这是与《国际法原理》主要讨论国家行为的主题及对 society 一词的使用有关的。在个人所组成的社会(国家)和国家所组成的社会(国际社会)的对比与类比下,原文能比较清楚地说明其相似及不同之点。但在中文译本中,只能翻译为一国、各国和诸国,没有翻译出来原文所表达的国家之间所组成的集体这一概念。society 在单独使用时,也有被翻译成"众民相合"或"人之相处"的情况,而并非全部翻译成"国",说明中文译者也明白二者的不同。

其实在这一时期的其他地方,society 也有翻译成"会"的例子。如罗存德(Lobscheid)在其 1866—1868 年编成的《英华字典》中译 society 为"会""结社",并举了三合会、白莲会、福音会等例子。Social 则被翻译为"五伦的""交友的"。③ 邝其照 1868 年所编《字

① Henry Wheaton, *Elements of International Law*, p.4,248,259,361,365,404,464,465. 丁韪良在《凡例》中称:"译者惟精义是求,未敢傍参己意。原书所有条例,无不尽录。但引证繁冗之处,少有删减耳。"有所删减,这是译者本人即已指出的。除此之外,丁韪良确实还是尽量使译文符合原意的。不过因自身倾向和当时翻译条件(比如中文译词的缺乏、严格的对等翻译规则尚未建立等),译文与原作仍不能说没有差异。本文所举对 society 之翻译可为一例。见丁韪良《凡例》,载[美]惠顿《万国公法》,丁韪良译,第 4 页;傅德元《丁韪良〈万国公法〉翻译蓝本及意图新探》,《安徽史学》2008 年第 1 期。

② 除以上所举外,society 被译为"国"的例子参见 Henry Wheaton, *Elements of International Law*, p.18,28,52,53;[美]惠顿《万国公法》,丁韪良译,第 8、12、21 页。

③ 罗存德所编词典根据韦氏英语词典选择词条,对之前出版的几部英汉词典条目译名做了较大修改。见 Lobscheid, *English and Chinese Dictionary*, *with the Punti and Mandarin Pronunciation*(《英华字典》),Hong Kong:Daily Press Office,1866-1868,p.1628;元青《晚清汉英、英汉双语词典编纂出版的兴起与发展》,《近代史研究》2013 年第 1 期。

典集成》中,与society相对应的译文也为"会、结社、签题会",①与前面所举《华英字典》和《英华韵府历阶》相比,多了"结社"等含义。从上面对《万国公法》的讨论来看,丁韪良所接触的作品和马礼逊、卫三畏、罗存德、邝其照等所接触的作品,其侧重点是有所不同的。

第三节 "会"或"国"——《佐治刍言》对 society 的翻译

1.治民思考的兴起

从鸦片战争以后,特别是第二次鸦片战争以后,西方势力的侵入给部分中国官员和知识分子带来了极大的震撼,能感受到一个几千年未有之变局时代到来的知识分子已不在少数。② 在这种危机意识下,由曾国藩、李鸿章等人和总理衙门主导的自强运动(或称洋务运动)逐渐展开。总理衙门在 1864 年的奏折中称:"查治国之道,在乎自强。而审时度势,则自强以练兵为要,练兵又以制器为先。"③这场自强运动以制造船炮为起点,但绝不局限于制造船

---

① 邝其照所编《字典集成》同样参照了马礼逊、麦都思和卫三畏的作品。见邝其照《字典集成》(1868),见[日]内田庆市、沈国威编《邝其照〈字典集成〉影印与解题》,大阪:关西大学东亚文化交涉学会,2013 年,第 88 页;元青《晚清汉英、英汉双语词典编纂出版的兴起与发展》,《近代史研究》2013 年第 1 期。
② 据王尔敏统计,当时提出变局言论者不下 81 人。见王尔敏《中国近代思想史论》,北京:社会科学文献出版社,2003 年,第 325 页。
③ 刘广京:《经世、自强、新兴企业——中国现代化的开始》,载刘广京《经世思想与新兴企业》,台北:联经出版事业公司,1990 年,第 5 页。

炮。如吕实强、刘广京均注意到曾国藩、左宗棠、丁日昌等人都很强调属于内政方面的吏治。①

此外,随着地理学的不断进步,中国知识分子对西方的了解不断深入。如由林则徐主持编撰的《四洲志》即对美国"公举"的政治制度有初步介绍。② 徐继畬1848年初版的《瀛寰志略》不仅介绍了英国政治制度中的公会所(爵房和乡绅房)、司法制度中的陪审员制(徐称"会同讯问"),还对美国开国人物华盛顿表达了由衷的赞叹。③

另一方面,自1807年英国伦敦会传教士马礼逊来华,传教士连续不断地在马六甲、新加坡、巴达维亚等地,以及后来的中国通商口岸出版介绍西方国情、制度和风俗的书籍和期刊,其中不乏对西方政治制度的介绍。如郭实腊(Karl Friedrich August Gützlaff, 1803—1851)1834年出版的《大英国统志》提到英国"置两公会,一曰爵公会,二曰缙绅公会",还称"据大英国家之法度,人不能治国,止是其法律而已"。④ 慕维廉(William Muirhead, 1822—1900)翻译、蒋敦复润色并由上海墨海书馆于1856年出版的《大英国志》不仅介绍了英国历史,还对英国社会(当然原文并未用到此词)、政

---

① 吕实强:《丁日昌与自强运动》,台北:"中研院"近代史研究所,1987年再版,第2—4页;刘广京:《经世、自强、新兴企业——中国现代化的开始》,刘广京:《经世思想与新兴企业》,第7—8页。
② 熊月之:《西学东渐与晚清社会》,第178页。
③ 徐继畬:《瀛寰志略》,上海:上海书店出版社,2001年,第277页。这段话在1844年《瀛环考略》手稿本中已经写就,后来只是稍作修改。见熊月之《西学东渐与晚清社会》,第193—194页。
④ 熊月之:《西学东渐与晚清社会》,第87—88页。

治、文化等各方面的情况做了介绍。①

空前的危机和西学的传入促使中国知识分子对富强之道做了深入思考,冯桂芬所提出的从"法后王"到"鉴诸国"的变化,可以说是时代新潮流的直接反映。他的《校邠庐抗议》也可以被称作因应变局的集大成之作。在这部著作内,冯不仅提出要"制洋器""采西学",还认为要公黜陟、免回避、复乡职、变科举、广取士等,不啻对中国内政的一次全面改革。② 随着自强运动的展开,知识分子对其仅集中于船炮枪械越来越不满。如丁日昌在 1867 年所作《上曾侯自强变法条陈》中说:"夫欲靖外必先治内,治内之道,莫如整顿吏治。"③

郑观应于 1875 年即已完成的《易言》(三十六篇本)继冯桂芬之后同样表达了对中国全面变革的要求。在《易言》中,郑观应不仅提出了要兴办火车、电报、机器、船政,还提出要兴议院而通上下之情,兴学校、变科举以培选有用之才,改革吏治以收民心,并提出了要保海外华商以兴商务,改革刑律以劝善犯人,收养流民、劝止缠足以整顿风俗。④ 郑所提出的是一项全面改革方案。

1876 年,奉命出使英国的郭嵩焘在出使途中感慨道:"西洋立国自有本末,诚得其道,则相辅以致富强,由此而保国千年可也。

---

① 熊月之:《西学东渐与晚清社会》,第 155—156 页。
② 冯桂芬:《校邠庐抗议》,上海:上海书店出版社,2002 年。
③ 丁日昌:《上曾侯自强变法条陈》(1867 年),见赵春晨编《丁日昌集》下,上海:上海古籍出版社,2010 年,第 1068 页。
④ 郑观应:《易言》,见夏东元编《郑观应集》,上海:上海人民出版社,1982 年,第 61—169 页。

不得其道,其祸亦反是。"①早在此前的 1875 年,郭即在《条议海防事宜》中,针对总理衙门练兵、制器、造船、用人、理财、持久之条议,提出:"西洋立国有本有末,其本在朝廷政教,其末在商贾、造船、制器,相辅以益其强。"②在英期间,郭嵩焘曾与英国驻中国公使威妥玛(Thomas Wade,1818—1895)交谈,威妥玛向郭分析中国政情时说道:"中国地利尽丰,人力尽足,要须从国政上实力考求,而后地利人才乃能为我用,以收其利益。购买西洋几尊大炮、几支小枪,修造几处炮台,请问有何益处? 近年稍知讲求交接矣,而于百姓身上仍是一切不管,西洋以此知其不能自立。土耳其可为殷鉴。"③

王韬也在《弢园文录外编》中提出了全面的变法纲领。他认为:"今日我国之急务,其先在治民,其次在治兵,而总其纲领则在储才。"④在此书中,王韬认为水师、火器、铁甲战舰等皆为末,而"至内焉者,仍当由我中国之政治,所谓本也"。⑤ 王韬屡次谈到"治民"的重要性。他在《纪英国政治》中谈到英国"治民"有道,"英不独长于治兵,亦长于治民,其政治之美,骎骎乎可与中国上古比隆焉",认定"英国之所恃者,在上下之情通,君民之分亲,本固邦宁,虽久不变。"⑥王韬也点出了"治民"的要点:"治民之大者,在上

---

① 郭嵩焘:《使西纪程》,见湖南人民出版社点校《郭嵩焘日记》第 3 册,长沙:湖南人民出版社,1982 年,第 137 页。
② 郭嵩焘:《条议海防事宜》(1875 年),见杨坚校补《郭嵩焘奏稿》,长沙:岳麓书社,1983 年,第 346 页。
③ 湖南人民出版社点校:《郭嵩焘日记》第 3 册,第 337 页。
④ 王韬:《变法下》,见王韬《弢园文录外编》,上海:上海书店出版社,2002 年,第 13 页。
⑤ 王韬:《洋务下》,见王韬《弢园文录外编》,第 27 页。
⑥ 王韬:《纪英国政治》,见王韬《弢园文录外编》,第 89—90 页。

下之交不至于隔阂。此外,首有以厚其生,次有以恒其业。"①

不仅士大夫的私下议论而已,1883 年,翰林院庶吉士崔国因即因应边境危机向清廷提出了储才、兴利、练兵等十项自强之道,其中第九项是"设议院"。② 其后一年,曾任江苏巡抚、两广总督的张树声在病逝前,口授遗折,以边患频起,呼吁清政府变法当以立宪为本。③

由此可见,到 19 世纪七八十年代,中国欲图富强,不应局限于船坚炮利,而应仿效西方,改革政治("治民"之道)已成为中外部分有识之士的共同看法。

2.傅兰雅与《佐治刍言》的翻译

作为晚清自强运动的标志之一,江南制造局是由曾国藩、李鸿章在 1865 年主持创办的。此前丁日昌任苏松太道,他在曾、李的领导下于上海虹口建立了一个小型制造厂,这是制造局的雏形。1867 年制造局迁到黄浦江左岸的高昌庙,规模扩大,曾国藩下令建立造船厂、开辟船坞,并调曾在安庆、金陵试制轮船成功的徐寿、徐建寅到制造局襄办局务。徐寿到制造局的主要任务是协助造船,但他认为不应倚赖洋匠,便于到任后不久向曾国藩条陈四事:一、开煤炼铁,二、自造大炮,三、操练轮船水师,四、翻译西书。曾国藩

---

① 王韬:《重民中》,见王韬《弢园文录外编》,第 18 页。
② 崔国因:《奏为国体不立后患方深请鉴前车速筹布置恭折》,《泉实子存稿》,转引自熊月之《中国近代民主思想史》,上海:上海社会科学院出版社,2002 年,第 133—134 页。
③ 熊月之:《中国近代民主思想史》,第 135 页。

起初对翻译之事并不热心,后在制造局总办冯焌光、沈保靖的劝说下同意此事。这样,江南制造局翻译馆便于 1868 年正式开办。①

1867 年冬,上海道兼制造局总办冯焌光邀请当时的英华书馆校长兼《上海新报》编辑傅兰雅(John Fryer, 1839—1928)商谈,请他在制造局内教授蒸汽机原理,被傅兰雅拒绝。但同时,傅兰雅接受了制造局的译书聘任。因此,1868 年可谓傅兰雅在制造局翻译馆译书之始。江南制造局的翻译起初是由负责笔述的华人到负责口译的西人住处翻译而成的,后因感觉不便,便在制造局内设立翻译馆。傅兰雅也因此搬进制造局,负责译书事务,时间在 1868 年 5 月 20 日。②

傅兰雅 1839 年 8 月生于英国,在伦敦海伯利学院(Highbury College)完成师范教育后,响应维多利亚主教(Bishop of Victoria)的号召,于 1861 年 8 月抵达香港,就任圣保罗书院(St. Paul's College)校长。两年后,他受总理衙门委托,担任京师同文馆英文教习。1865 年,他来到上海,任职于由圣公会(London Church Missionary Society)资助的英华书馆并教授英语。③ 傅兰雅的主要目的当然是传教,但教授英文和翻译西文书籍是他吸引中国人关注基督教的重要方式,甚至越来越成为主要方式。如同前文所指出的,

---

① 王扬宗:《江南制造局翻译馆史略》,《中国科技史料》1988 年第 3 期;王红霞:《傅兰雅的西书中译事业》,复旦大学博士学位论文,2006 年,第 25 页。王红霞认为 1867 年制造局翻译馆已设立,所指应该是翻译事业。

② 王扬宗曾推测傅兰雅在 1868 年 6 月正式到翻译馆任职,王红霞认为是 5 月,王红霞说似更为可信。王扬宗:《江南制造局翻译馆史略》,《中国科技史料》1988 年第 3 期,第 66 页;王红霞:《傅兰雅的西书中译事业》,第 22 页。

③ 王红霞:《傅兰雅的西书中译事业》,第 1 页。

江南制造局的主要目的是制造机器,而制造局翻译馆是为制造局服务的,因此制造局翻译馆在 1880 年以前所翻译的主要是应用技术类书籍。① 因妻子身体状况欠佳,傅兰雅在 1878 年 5 月启程送妻子回英国,②此时郭嵩焘正以驻英公使的身份在英国,严复也方留学英国。

傅兰雅回英期间,与郭嵩焘时相过从。1878 年重阳节,郭嵩焘还邀傅兰雅、李凤苞、严复等人作登高之会。③ 1879 年 2 月,郭嵩焘离英返国,邀傅兰雅同行。④ 在归国途中,郭、傅二人经常就中西政教之别交换看法。傅兰雅曾对郭嵩焘讲:

> 在上海目睹两事:同治十三年日本兴师台湾,沿海戒严,因派一轮船驻扎吴淞江口,以备不虞,凡共管驾兵弁三百余人。令甫下,以病告者六七十人。迟久乃开行,而告退者半,逃逸者亦半。比至吴淞,存者二十余人而已。乃更募乡民补之,其官弁亦多另补。此一事也。一日至铸枪厂,见用开通内膛机器,一童子司之(……),惟用车口机器长二寸许,轮转不息。因诘童子:"此当开通内膛。舍长用短,是不求通也。"童子窘不能对,因曰:"吾每月工食三元,仅够用此机器。"问何

---

① Adrian Arthur Bennett, *John Fryer: The Introduction of Western Science and Technology into Nineteenth-Century China*, Cambridge: East Asian Research Center, 1967, p.35.

② 王红霞:《傅兰雅的西书中译事业》,第 68 页。

③ 湖南人民出版社点校:《郭嵩焘日记》第 3 册,第 645 页。

④ 傅兰雅称此行郭嵩焘聘他为"秘书和翻译"。见湖南人民出版社点校《郭嵩焘日记》第 3 册,第 775—790 页;John Fryer, "Letter to an unidentified 'Unitarian' Association", 1885,[美]戴吉礼(Ferdinand Dagenais)、周欣平、赵亚静编《傅兰雅档案》第 2 卷,桂林:广西师范大学出版社,2010 年,第 579 页。

意,曰:"不过挨延岁月而已,横直总办不能知,莫吾诘也。"此
又一事也。①

郭嵩焘评傅兰雅之言曰:"其言可谓沉痛。"郭并感叹:"泰西制
造机器所应取效者,岂值〔止〕②枪炮而已哉?人心风俗,偷敝至于
此极,即有枪炮,亦资寇兵而赍盗粮而已。然且相为欺诬浮滥,处
之泰然。"③还值得注意的是,在 1878 年 10 月 17 日,李丹崖即已见
过傅兰雅所译《万国交涉公法论》(此书初由傅兰雅在中国驻德使
署译),当时尚未译成,而迟至 1895 年才刊出。④ 贝奈特(Adrian
Bennett)认为 1880 年可称傅兰雅译书事业的一个转折点,此前傅
所译书籍主要在应用科学(技术)方面,此后则自然科学书籍比重
增加,并在 1885 年以后陆续译出 10 部历史和社会科学类书
籍。⑤ 傅兰雅所译第一部社会科学类书籍,便是《佐治刍言》,于
1885 年在江南制造局刊出。

本来在江南制造局翻译馆内,存在着大致的分工,即傅兰雅主
要承担科学和工艺技术类著作的翻译,金楷理(Carl Kreyer,1839—
1914)主要负责航海和军工方面,而林乐知(Young Allen,1836—
1907)则主要翻译各国史地、时事类书籍。19 世纪 70 年代末,制造
局逐渐放弃了制造轮船的计划,这使得技术类书籍不再像以前那

---

① 湖南人民出版社点校:《郭嵩焘日记》第 3 卷,第 789-790 页。
② 本书以〔〕表误字,〔〕前为误字,〔〕中为正字;以［］表衍字;以〈〉表增补。下同。
③ 湖南人民出版社点校:《郭嵩焘日记》第 3 卷,第 790 页。
④ 湖南人民出版社点校:《郭嵩焘日记》第 3 卷,第 790 页;王扬宗:《江南制造局翻译
　书目新考》,《中国科技史料》1995 年第 2 期。
⑤ Adrian Bennett, *John Fryer*, pp.35-39.

么重要。同时,1881 年林乐知辞去翻译馆职务。① 这都可以看作傅兰雅转向自然科学和社会科学书籍的原因。

《佐治刍言》可分为两部分,前半部分是"社会经济学"(social economy),后半部分为"政治经济学"(political economy)。照译者的话说,前半部分是"治民",后半部分是"节用"。② 在政治经济学方面,同文馆于 1880 年出版了该馆学生汪凤藻译、丁韪良鉴定的《富国策》。③《佐治刍言》的后半部分也未译完,因此其重心无疑在前半部分。

如前所述,傅兰雅与郑观应、王韬、郭嵩焘等人均有交往,他对这些中国知识分子对时局的看法无疑是了解的。④ 虽然他翻译《佐治刍言》一书是否受到了这种影响目前尚不得而知,但可以肯定地说,《佐治刍言》所强调的"治民"和"节用"两方面正是新的时代潮流的反映。⑤ 只不过,此书不仅讲"治民"的具体措施,更讲了其所以然的道理所在。

---

① 王扬宗:《江南制造局翻译馆史略》,第 68—69 页。
② 傅兰雅口译,应祖锡笔述:《佐治刍言》,上海:上海书店出版社,2002 年,第 56 页。
③ 熊月之:《西学东渐与晚清社会》,第 252—253 页。
④ 郑观应曾在傅兰雅主办的英华书馆夜班学英文两年。王韬于 1884 年回上海定居,并于 1885 年被傅兰雅、唐廷枢、丹文联合邀请任上海格致书院山长。见夏东元《郑观应传》,上海:华东师范大学出版社,1985 年,第 6 页;张海林《王韬评传》,南京:南京大学出版社,1993 年,第 353—354 页。
⑤ 当然,我们不应对这种新潮流在中国的接受状况过分夸大。从郭嵩焘《使西纪程》被毁版及其个人遭遇,以及郑观应在后出《易言》(二十篇本)中基本删去了论议院、吏治甚至收容流民、劝止缠足方面的内容即可看出,这种新思潮还只是为少部分人所有。

3.《佐治刍言》及其主要内容

《佐治刍言》是傅兰雅和应祖锡合作对英国人钱伯斯兄弟（William & Robert Chambers）所编《政治经济学》（*Political Economy, for Use in Schools, and for Private Instruction*）[①]一书的翻译。该书为钱伯斯兄弟所编教育丛书的一种，原书未署作者名。经学者考证，原作者为英国作家、历史学家伯顿（John Hill Burton，1809—1881）。[②] 伯顿此书出版于 1852 年。在此之前，他有另外一部关于政治经济学的作品《政治与社会经济学》（*Political and Social Economy: Its Practical Applications*）于 1849 年问世，同样由钱伯斯兄弟出版，两者可称得上是姊妹篇。但奇怪的是，两者的内容不尽相符，甚至有自相矛盾之处。[③]

以今天的观点来看，伯顿《政治经济学》的第二部分才是经济学或政治经济学的应有内容，而第一部分虽被称为"社会经济学"，却是政治学所应讨论的内容。虽然《佐治刍言》不是《政治经济学》的完整译本，共译了 418 节，第二部分有 58 节未译。但是，称《佐治刍言》为近代中国所翻译的第一部有较系统政治学内容的书，应不为过。本节所讨论的主要是其第一部分。

---

① *Political Economy, for Use in Schools, and for Private Instruction*, Edinburgh: William and Robert Chambers, 1852.

② 克雷格（Albert M. Craig）对此有比较详细的考证。见 Albert M. Craig, "John Hill Burton and Fukuzawa Yukichi",《近代日本研究》1984 年第 1 卷。

③ 对于伯顿观点转变的原因，虽然 Craig 给出了一些尝试性的解释，但仍不够有说服力，可以说仍是一个谜。见 Albert M. Craig, "John Hill Burton and Fukuzawa Yukichi",《近代日本研究》1984 年第 1 卷。

值得说明的是,伯顿并非经济学家或政治学家,克雷格(Albert M. Craig,1927—2021)曾分析认为他的早期作品其实只不过是为了赚取稿费。① 他在《政治经济学》一书中所表现的政治思想十分混杂,大体上是天赋人权观、英国古典自由主义思想和基督教的混合体。伯顿受到天赋人权观的影响,可从他书中所称的"人生而自由"和自然平等的观点中得到体现。② 他受的英国古典自由主义思想影响,可从他对国家和社会加以稍显模糊的区分,并主张限制政府权力的观点中得到体现,这在第九章"政府"(Government,傅译为"论国政之根源")和第十二章"政府功能与行政"(Government Functions and Measures,傅译为"论国家职分并所行法度")中表现得最为明显。伯顿受到基督教思想影响,可以从书中频繁地使用上帝(God)一词(中译本中多被译为"天")看出。③

伯顿曾对前十三章内容进行总结道:"以上所讲,更多是社会经济学而非政治经济学的内容。"④伯顿还进一步解释说:"社会经济学与促进秩序、正义以及任何可以减少人们相互之间敌意的事情有关。"⑤这句话在《佐治刍言》中被译为:"前各章只论百姓皆宜守分,免至良莠不齐,作祸乱以为国害。"⑥这种翻译显然无法概括原文的意思,也与之前的概括相矛盾。因为《佐治刍言》虽然由人

---

① Albert M. Craig,"John Hill Burton and Fukuzawa Yukichi",《近代日本研究》1984 年第 1 卷。

② (John Burton,) *Political Economy*,p.3,8.

③ (John Burton,) *Political Economy*,pp.2-3.

④ (John Burton,) *Political Economy*,p.49.

⑤ Social economy is connected with the advance of order,justice,and everything that makes man less an enemy to his neighbor.(John Burton,) *Political Economy*,p.49.

⑥ 傅兰雅口译,应祖锡笔述:《佐治刍言》,第 56 页。

与人相处之道讲起,但重心则在于国家如何"治民"。

伯顿《政治经济学》对个人权利与义务,以及政府起源和国家职责都做了论述。在论述个人自由时,伯顿说:"因此,依照自然法,无论肤色、国籍,每一个人都拥有他自身,他属于他自己。用通俗的话讲,人生而自由。"①在《佐治刍言》中,这段话被翻译为:"故无论何国、何类、何色之人,各有身体,必各能自主,而不能稍让于人。"②

伯顿并由自由观论述到平等观:"确实,人们因为其天赋和机遇的不同,会自然地分化为不同的阶层,有些人会对其他人施加很大的影响力。但这一点也不妨碍每个人的生命、自由、自尊和财产应受到同等的尊重。"③这段话在《佐治刍言》中被译为:"虽天之生人,其才智与遭际不能一概而论,或为富贵,或为贫贱,或有权柄而治人,或无权柄而受治于人,然其所以治人与受治于人者,仍是君民一体之理,其于人之生命,与夫自主、自重,及所管产业等事,均无妨碍也。"④在这里,"同等尊重"(平等)被译为"君民一体",未能传达原意。生命、自由、自尊及财产应被尊重,被翻译成"均无妨碍",权利观念也没有得到清晰表达。

---

① Accordingly, every human being, of whatever colour or country, has, by a law of nature, the property of his own person. He belongs to himself. In ordinary language, man is born free. (John Burton,) *Political Economy*, p.3.

② 傅兰雅口译,应祖锡笔述:《佐治刍言》,第 5 页。

③ Men, indeed, by reason of their very diverse endowments and opportunities, naturally fall into grades, some attaining to a great influence over others. But this does not in the least interfere with that equality of consideration which is due to the life, liberty, self-respect, and tangible possessions of all. (John Burton,) *Political Economy*, p.4.

④ 傅兰雅口译,应祖锡笔述:《佐治刍言》,第 5—6 页。

但是,在对政府起源和其职责的翻译上,《佐治刍言》并无大的问题。如伯顿论政府起源道:"为了制定并执行法律,以及其他有益的目的,政府成为必要。也就是说,政府是集中国民意志,并给予它力量和指导的权力。"①傅译为:"夫欲设立律法,并执掌律法,以办理一国公事,必有若干人出为维持,统众人所托付之权,代众人管理一国内外各事,此即国政之根源也。"②

在论述政府的职责时,伯顿说:"政府的最主要功能在于保持和平、确保法律被遵守,以及与他国交涉。"③傅译为:"国家职分应为之事,大概有三:一令国中平安,一令国人遵守律法,一料理本国与各国交涉之事。"④

虽然伯顿认为政府应兴办教育、卫生及其他社会管理事宜,但他认为诸如个人生活方式、职业选择、工人薪资,以及民间贸易等,国家皆不应干涉,这在《佐治刍言》中都基本表达了出来。伯顿最后得出结论说:"盖国家立法,烦苛与简略同病,能于烦简之中斟酌至当,国中方受其福。"⑤

---

① To frame and execute laws, as well as for other useful ends, a government becomes necessary; that is to say, a power concentrating the national will, and calculated to give it force and direction. (John Burton,) *Political Economy*, p.22.

② 傅兰雅口译,应祖锡笔述:《佐治刍言》,第 28 页。

③ The express function of government is to preserve the public peace, to secure the inviolability of the laws, and to conduct the intercourse of the state with foreign powers. (John Burton,) *Political Economy*, p.35.

④ 傅兰雅口译,应祖锡笔述:《佐治刍言》,第 42 页。

⑤ 傅兰雅口译,应祖锡笔述:《佐治刍言》,第 51 页。

4.《佐治刍言》对 Society 的翻译

伯顿《政治经济学》中的社会观可以分为社会构成和社会与国家之间的关系两个方面。首先值得提出的是,伯顿在此书中也是在宽泛的意义上使用 society 一词的。他把家庭称为一种社会,把国家作为范围更广的"社会"。① 但正如哈贝马斯(Jürgen Habermas,1929—)所讲,近代西方的主流思想是把家庭和社会分为私人和公共两种不同的领域,其关系模式是大不相同的。②

可以推论,伯顿在家庭和社会之间所做的这种类比和推论会给翻译者理解原意带来障碍,并且会强化中文中原有的家国同构的思想。③ 比如英文本"男人和女人组成被称作家庭的共同体是天性使然,他们组成被称作国族或者国家的范围更广的社会也同样是天性使然"④一句,中译为"夫妇和睦而成家道,似一天然小会,一二人此理,数十人亦此理,推之一族、一邦、一国,尤未尝不同归此理",这就在无意中把中国原有的由家至族至国的概念表达了出来。

伯顿所做的这种类比所带来的理解上的障碍更重要的一层还

---

① (John Burton,) *Political Economy*,p.3.

② [德]尤尔根·哈贝马斯:《公共领域的结构转型》,曹卫东、王晓珏、刘北城等译,上海:学林出版社,1999 年,第 179 页。

③ 当然,中国古代思想中"家""国"并不能说是完全同构的。见[日]尾形勇《中国古代的"家"与国家》,张鹤泉译,北京:中华书局,2009 年。

④ It is not more a dictate of nature that the man and the woman should form the little community called a family,than that numbers of men and women should associate for the forming of more extensive societies under the names of nations or states. (John Burton,) *Political Economy*,p. 3.

在人与人之间的关系——平等观上。比如在第二章"个人权利与义务"(Individual Rights and Duties,傅译为"论人生职分中应得应为之事")中,伯顿强调"人生而自由"(Man is born free),并且在国家之下的这种自由即成为公民自由(civil liberty)——受法律和政府保护的自由权利。在此基础上,伯顿强调人的生命、自由、自尊及财产都应受法律同等保护。但这种"平等"的概念在中译本中却未得到清晰表达。比如伯顿说:"在为共同福利而实施的法律的构成中,所有人应当被平等对待。"①这句话在《佐治刍言》中被翻译为:"凡国内设立律法,欲令众人皆得益处,则必使国内之人上下一体,始能无弊。"②把平等译为上下一体或君民一体,中文中"一体"既有"一个整体"之意,也有"一样"之意,意义较为模糊。③

如果说译者对平等概念的理解与表达存在障碍的话,其对"社会"概念的理解与表达更是困难重重。这一方面当然是因为"社会"(society)一词在原文中使用的混杂,但原因绝不止于此。前述society有四种含义。(1)(3)两种含义在伯顿《政治经济学》中是同时被使用的。如果说第(3)种含义被翻译为"会"尚无太大问题

---

① In the formation of laws for the general good, all men are to be regarded as upon one level. (John Burton,) *Political Economy*, p.4.

② 傅兰雅口译,应祖锡笔述:《佐治刍言》,第 5 页。应指出在后文中伯顿同样明确说明了家庭和家庭之外的不同之处,他说:"家庭中彼此间的无私情感和为彼此牺牲的意愿,在家庭之外的世界中并不存在。在这外部世界中,每个人追求自己的事业,依靠自身的努力,并且尽力达成自己的愿望。"(John Burton,) *Political Economy*, p.10. 这正体现了伯顿此书前后不一。

③ 童伟鹤认为此处中文本"上下一体""君民一体"把人与人之间平等的"横的关系"转换为君民间的"纵的关系",其准确性还值得推敲。[日]童偉鶴(報告),[日]西川俊作補筆:《『西洋事情外編』と『佐治芻言』——バートン『経済学』の翻訳書に関する比較研究》,《福沢諭吉年鑑》26,1999 年,第 53—54 頁。

的话,第(1)种含义则非一般意义上的"会"所能概括。

伯顿原文第五章为"作为竞争系统的社会"(Society A Competi-tive System),在傅译中却被译为"论国人作事宜有争先之意",原有的"社会"概念消失不见。① 在"个人权利和义务"(Individual Rights and Duties,傅译为"论人生职分中应得应为之事")一章中,伯顿描述了何为一"完美的社会":"一个完美的社会应该是自由公民的集合,每个人都遵守为共同利益而制定的法律,为全体的利益而付出自己的劳动,并且获得相应的回报。"②这段话在中译本中为:"今有若干人聚成一会,或成一国,欲其兴利除弊,诸事完善,则必使人人俱能自主,人人俱能工作,方能十分富庶。"③每个人获得与其劳动相应的回报,这是自柏拉图以来西方政治思想中的主流正义观念,中译本中完全没表达出来。把 society 翻译为"一会"或"一国",则表明了无相应词语或概念的尴尬。事实上,society 在《佐治刍言》中被翻译为"会""国"或"一会一国"。这反映了中译者认识到了中文中的"会"无法涵盖 society 的全部内涵,却又苦于无合适的词语表达,因此同时用了"国""一会一国""一会或一国"或"众人"来表达。但是,用"国"的概念表达"社会"的含义(虽然英文本中有时也这样用)对理解原文中对国家和社会的区分造成了困难。④

---

① (John Burton,) *Political Economy*, p.10. 傅兰雅口译,应祖锡笔述:《佐治刍言》,第13 页。

② (John Burton,) *Political Economy*, p.4.

③ 傅兰雅口译,应祖锡笔述:《佐治刍言》,第 6 页。

④ 孙青曾注意到《佐治刍言》对"society"概念的淡化或湮没。见孙青《晚清之"西政"东渐及本土回应》,上海:上海书店出版社,2009 年,第 173—181 页。

在第十二章"论政府功能及行政"中,伯顿认为政府最重要的功能在于保证和平、严持法律及对外交往。① 在中译本中"政府"被翻译为"国家"(应注意此章标题"论政府功能及行政"即被翻译为"论国家职分并所行法度")。这样翻译也不奇怪,因为英文中的 state 本即与政府有密不可分的关系。但如果这样的话,原文对政府与社会所做的区分即很难被表达。如伯顿论述政府权限:"稍微的思考即会表明政府若干涉私人权利与义务,便会导致严重的错误,并损害社会。"②若按照一贯的翻译,则此层含义会被表达为"国家"若干涉私人权利与义务,便会损害"一会或一国",这无法成立。因此,中译者此处用了"众人"一词:"按百姓分所当得、分所当为之事,若俱归国家管理,不特国家有所不逮,且必有害于众人。"③

伯顿在《政治经济学》还论述了英国的地方自治和议院制度。如在第十一章"法律和国家制度"(Laws and National Institutions,中译为"论律法并国内各种章程"),伯顿称英国具有一定自治权的市政府(Municipalities),是其市民社会的重要组成部分,在维护国家稳定和保护人民自由方面发挥了重要作用。此段英文原文为:

> Independent municipal corporations, thus placed in the various provincial towns, form an important element in civil society: they conduct the public business at no cost to the nation,

---

① (John Burton,) *Political Economy*, p.35.

② A little consideration will show that government cannot interfere with private rights and duties, without incurring serious wrong, and damaging society. (John Burton,) *Political Economy*, p.35.

③ 傅兰雅口译,应祖锡笔述:《佐治刍言》,第 42 页。

and each forms a point around which men rally in defense of law and order. In this manner, they act as a protection against any sudden revolution.[1]

这段话在《佐治刍言》中被译为："欧洲国内有此种城，能立自主之会，于国政大有关系，于地方大有裨益。其办理各事经费，俱由本城自备，居民彼此辑睦，断不至猝发祸乱，致与国家为难。"[2] Civil society 被译为了"国政"。

小　结

Society 在西方世界的诞生有深刻的历史背景，其含义也有复杂的演变，本章先对此进行了简单梳理。

随着鸦片战争和第二次鸦片战争的战败，一方面一部分中国知识分子和主政者明显感到所面对的局面是"几千年未有之变局"，战争的失败使中国不得不面对与西方进一步接触的局面。1861 年"总理衙门"的设立可视为一个明显标志。另一方面，为了使中国人接受其宣教或秩序，一部分西方传教士和外交官也愿意把其学理介绍到中国。正是在双方的共同作用下，才有了《万国公法》和《佐治刍言》等作品的翻译。

正因为在鸦片战争前后的中西交涉中，国家交涉的需要大于

---

[1] （John Burton，）*Political Economy*，p.32.
[2] 傅兰雅口译，应祖锡笔述：《佐治刍言》，第 38—39 页。

内部变革的需要,《海国图志》《万国公法》等包含较多对国家进行说明的内容不是偶然的。Society 在西方也并非一个内容固定的词语,它包含了多层的意思。惠顿的《国际法原理》因其主题原因,多把 society 的使用等同于"国家",这也造成《万国公法》多以"国"来译 society。不过 society 一词在单独使用时,已有翻译为"众民相处"或"群"的例子。而在邝其照所编《字典集成》中,与 society 对译的词语为"会、结社、签题会"。

《佐治刍言》的翻译与《万国公法》不同,它反映了 1880 年代中外知识分子所感到的进一步变革的需要,其前半部分"社会经济学"着眼于"治民",后半部分"政治经济学"则着眼于"节用"。伯顿《政治经济学》也是在宽泛的意义上使用"社会"一词,把"家庭"称为一种"社会",把国家称作范围更广的"社会"。不过原文对 society 一词的使用即与《国际法原理》有所不同。傅兰雅和应祖锡多把 society 一词翻译为"会"或"国""一会一国",反映了他们理解社会与国家含义的不同,但又无合适的译词来翻译的困境。这一翻译,对区分国家与社会造成了困难。同样,无论在《万国公法》还是在《佐治刍言》中,"社会"有时被翻译为"众民相处""人之相处""众人",共同体之含义消失不见。

第二章 甲午战后的"群""群学"与"社会" 一词的再使用

甲午战争后的一段时期,英文中的 society 多被翻译为"群",其本身即是这一时期"群"和"群学"流行的一部分。这一词语具有鲜明的时代特色和深刻的历史意义。本章即探讨其内涵、影响及其与"社会"传入的关系。

第一节 严复与晚清"群学"

1.严复与晚清"群学"的提出

严复对晚清"群学"的提出,有重大贡献。在 1895 年 3 月 4—9 日于《直报》发表的《原强》一文中,严复讲道:"而又有锡彭塞者,亦英产也,宗其理而大阐人伦之事,帜其学曰'群学'。"那么"群学"是什么呢? 严复首先引用了荀子的话"人之所以异于禽兽者,以其能群也",然后又解释说"凡民之相生相养,易事通功,推以至于兵刑礼乐之事,皆自能群之性以生,故锡彭塞氏取以名其学焉"。① 严复所称的群学,涵盖至广,他在《西学门径功用》中把政治、刑名、理财、史学都称为"群学之目"。其范围,不是今天所称的社会学所能概括的,大致相当于今天的社会科学。② 在严复看来,"群学治,而后能修齐治平"。③ 他在所译《群学肄言》中透露了主张研究群学的目的:"吾党之治群学,盖欲积前事之师,而以为经世之术也。"④

严复在《原强》一文中提出"群学",主要也是想由"群学"说明致中国于富强的道理。他讲道:"所谓群者,固积人而成者也。不精于其分,则末由见于其全。且一群一国之成之立也,其间体用功能,实无异于生物之一体,大小虽殊,而官治相准。"⑤这就是把"群"与生物个体做了类比。在《原强》修改稿中,他对这一点说得更清楚:"且一群之成,其体用功能,无异生物之一体,小大虽异,官治相准。知吾身之所生,则知群之所以立矣;知寿命之所以弥永,则知国脉之所以灵长矣。一身之内,形神相资;一群之中,力德相

---

① 严复:《原强》,《直报》1895 年 3 月 4—9 日,载王栻主编《严复集》第 1 册,北京:中华书局,1986 年,第 6 页。
② 陈树德:《"群学"译名考析》,《社会学研究》1988 年第 6 期。
③ 严复:《原强》,载王栻主编《严复集》第 1 册,第 7 页。
④ [英]斯宾塞:《群学肄言》,严复译,北京:商务印书馆,1981 年,第 99 页。值得说明的是,这句话为英文原文所无,乃严复在译文中所添加。高凤谦早就发现,"严子所译著,大半言群治"。参见高凤谦《订正〈群学肄言〉序》,载[英]斯宾塞《群学肄言》,严复译。
⑤ 严复:《原强》,载王栻主编《严复集》第 1 册,第 7 页。

备。身贵自由,国贵自主。生之与群,相似如此。此其故无他,二者皆有官之品而已矣。"①此处"有官之品",即 organic 的翻译,后来多译为"有机"。

正因为群乃积人而成,严复认为当日中国之大患不在于战败,而在于人才之匮乏:"夫疆场之事,一彼一此,战败何足以悲。……所可悲者,民智之已下,民德之已衰,与民气之已困耳,虽有圣人用事,非数十百年薄海知亡,上下同德,痛刮除而鼓舞之,终不足以有立。"②以此为基础,严复认为:"夫所谓富强云者,质而言之,不外利民云尔。然政欲利民,必自民各能自利始;民各能自利,又必自皆得自由始;欲听其皆得自由,尤必自其各能自治始;反是且乱。"③严复进而提出了当日中国应该施行的富强之策:"顾彼民之能自治而自由者,皆其力、其智、其德诚优者也。是以今日要政,统于三端:一曰鼓民力,二曰开民智,三曰新民德。"④至于具体的措施,则是"欲开民智,非讲西学不可;欲讲实学,非另立选举之法,别开用人之涂(途),而废八股、试帖、策论诸制科不可"⑤。"欲进吾民之德,于以同力合志,联一气而御外仇,则非有道焉,使各私中国不可也。"如何使民"各私中国"呢? 曰:"设议院于京师,而令天下郡县各公举其守宰。"⑥

严复《原强》一文的学理基础来源于斯宾塞,其中最重要的是

① 严复:《原强》(修改稿),载王栻主编《严复集》第 1 册,第 17—18 页。
② 严复:《原强》,载王栻主编《严复集》第 1 册,第 9 页。
③ 严复:《原强》(修改稿),载王栻主编《严复集》第 1 册,第 27 页。
④ 严复:《原强》(修改稿),载王栻主编《严复集》第 1 册,第 27 页。
⑤ 严复:《原强》(修改稿),载王栻主编《严复集》第 1 册,第 30 页。
⑥ 严复:《原强》(修改稿),载王栻主编《严复集》第 1 册,第 31—32 页。

斯宾塞《社会学研究》(*Study of Sociology*)一书。《社会学研究》曾被严复称为《劝学篇》①《群学肄言》②《群学彪蒙》③等,最后则定名为《群学肄言》。高凤谦曾称:"欲读严子之书,必先读《群学肄言》。"④此为确论。事实上,严复本人对此书也极其重视。他在1881 至 1882 年即读过此书,⑤并在 1897 年底、1898 年初译成此书前两章,在《国闻汇编》发表。⑥ 但因为其难度,⑦全书翻译一直到1903 年初才完成。严复自称:"吾译此书真前无古人,后绝来哲,不以译故损价值也。"⑧其对此书之自负可知。

　　《群学肄言》的重点在于说明群学之必要性与研究准备,但此书也反映了斯宾塞对社会的一些看法,其中很重要的一点,即在说明社会程度决定于组成社会的个人之品质(严复译成《群学肄言》时已较多使用"社会"一词),即严复所称:"大抵万物莫不有总有分,总曰拓都,译言全体;分曰幺匿,译言单位。笔拓都也,毫幺匿也;饭拓都也,粒幺匿也;国拓都也,民幺匿也。社会之变象无穷,而一一基于小己之品质。"⑨

---

① 严复:《原强》,载王栻主编《严复集》第 1 册,第 6 页;严复:《原强》(修改稿),载王栻主编《严复集》第 1 册,第 17 页。
② [英]赫胥黎:《天演论》,严复译,北京:商务印书馆,1981 年,第 5 页。
③ 严复:《与张元济书》(1902 年 2 月 5 日),载王栻主编《严复集》第 3 册,第 546 页;严复:《与张元济书》(1902 年 3 月 9 日),载王栻主编《严复集》第 3 册,第 551 页。
④ 高凤谦:《订正〈群学肄言〉序》,载[英]斯宾塞《群学肄言》,严复译。
⑤ 严复:《译余赘语》,载[英]斯宾塞《群学肄言》,严复译,北京:商务印书馆,1981 年。
⑥ 孙应祥:《严复年谱》,福州:福建人民出版社,2003 年,第 92 页。
⑦ 严复:《与汪康年书》(1898 年 6 月 21 日),载王栻主编《严复集》第 3 册,第 507 页。
⑧ 严复:《译〈群学肄言〉有感》(1903 年 3 月 25 日),载孙应祥、皮后锋编《〈严复集〉补编》,福州:福建人民出版社,2004 年,第 12 页。
⑨ 严复:《译余赘语》,载[英]斯宾塞《群学肄言》,严复译,第 XI 页。

既然认为"群学"为"经世之术",就必然会注意到"群学"研究所提供的结论,这就是严复所称的"公例"。① 公例之一即"群演必由简入繁,由浑入画也"。② 斯宾塞"群学"还提供了郅治之法:"而郅治有可言者,是普通公例,何耶? 曰民托于群以为生,彼之累其群者,不可过其群之累彼,一也。民生所受利于其群,所为皆有以相报,其所报者虽至俭,必如所食于其群,二也。为义务,为乐方,将人人各得其自由,惟不以其人之为义务为乐方,而以阻他人之为义务为乐方,三也。"③斯宾塞这种原则,被严复概括为"人得自由,而以他人之自由为界"。④

2.严复"群学"与保种善群

在《与梁启超书》中,严复透露了写作《原强》的目的所在:"意欲本之格致新理,溯源竟委,发明富强之事,造端于民,以智、德、力三者为之根本,三者诚盛,则富强之效不为而成;三者诚衰,则虽以命世之才,刻意治标,终亦隳废。"⑤

此时的严复,在甲午惨败的刺激之下,着眼于富强之道。他在1895年夏即着手翻译赫胥黎《天演论》。《天演论》的来源是1893年5月18日赫胥黎在牛津大学所作的罗曼尼斯(Romanes)演讲,赫曾在1893年4月28日给罗曼尼斯的信中提到这份讲稿所可能引发的与"一方面是正统观点(指教会方面,否认进化论——引

---

① ［英］斯宾塞:《群学肄言》,严复译,第113页。
② ［英］斯宾塞:《群学肄言》,严复译,第46、60页。
③ ［英］斯宾塞:《群学肄言》,严复译,第271页。引用时标点稍有改动。
④ ［英］赫胥黎:《天演论》,严复译,第34页。
⑤ 严复:《与梁启超书》,载王栻主编《严复集》第3册,第514页。

者),一方面是斯宾塞"的公开冲突。① 在斯宾塞看来,赫胥黎的演讲不啻直接针对自己。在 1893 年 6 月 29 日给斯基尔顿(James Skilton,1829—1904)的信中,斯宾塞认为赫胥黎的演讲"是对进化论在更高的层次上应用的一种投降(surrender),整篇弥漫着这样一种假设,即进化论在有机世界中的应用,只能限于个人之间在其最残酷的方面,而与社会组织的发展或在此过程中所发生的人类心灵的塑造无关。……(赫胥黎的立场)假定在人类中间有不是宇宙进程产物的东西,因此是对原有神学立场的回归,即把人和自然对立"②。

　　不出赫胥黎所料,他的观点果然遭到了两方面的夹击。持所谓"正统观点"的人士一边和赫胥黎一起批判斯宾塞,一边又批评赫胥黎不够彻底。1893 年 7 月 22 日《文艺评论》(the Athenaeum)周刊发表了一篇评论文章,称赫胥黎的演讲虽未提到基督教,但与保罗教义(Pauline Dogma)相似。该文有两处不点名地提到了斯宾塞,一处是批评"我们时代的疯狂的个人主义",另一处则直接提到斯宾塞《伦理学原理》的第四部分"论正义"。③ 同时,该文也指出了赫胥黎的不一致之处。该文称,既然全文基调是伦理进程与自然进程相对,那么,为什么在注 19④ 中却讲到"严格地说,社会生活

---

① Thomas H. Huxley, "To Romanes," April 28, 1893, in Leonard Huxley, ed., *Life and Letters of T.H. Huxley* (London: Macmillan and Co., 1908), V.3, pp.294-295.

② Herbert Spencer, "To James A.Skilton", June 29, 1893, in David Duncan, ed., *The Life and Letters of Herbert Spencer* (New York: D.Appleton and Company, 1908), V.2, p.36.

③ "The Romanes Lecture," *The Athenaeum*, July 22, 1893, pp.119-120.

④ 在后来出版的《演化与伦理》中为注 40。

和伦理进程是(自然)进化过程的一部分,因为他们是从后者而来的"。① 赫胥黎自己也曾开玩笑称自己的演讲就是"给基督教的教义——撒旦是世界的君主—— 一个科学的基础"。②

罗曼尼斯讲演的原则是不牵涉政治和宗教问题,所以赫胥黎在讲演中除了讨论到佛教(在其伦理观上),并未涉足政治和宗教问题。但该演讲以较少的篇幅谈进化论,可能与牛津大学浓厚的神学氛围有关。③ 为了更详细地阐明自己的立场,赫胥黎为自己的讲演作了一篇序言,并和讲稿一起于 1894 年出版。这就是严复所译《天演论》的文本来源。

从严复对斯宾塞思想的接受来看,严复之所以选择《天演论》作为自己的第一部重要译作,其主要原因可能如他在译序中所说:"赫胥黎氏此书之旨,本以救斯宾塞任天为治之末流,其中所论,与吾古人有甚合者,且于自强保种之事,反复三致意焉。"④

赫胥黎与斯宾塞均是进化论的倡导者,只是在其适用范围上看法有所不同。对于斯宾塞社会程度决定于小己品质之说,赫胥黎基本上是赞同的。在严译《天演论》中,有这样的话:"且圣人知治人之人,固赋于治于人者也。凶狡之民,不得廉公之吏,偷懦之众,不兴神武之君,故欲郅治之隆,必于民力、民智、民德三者之中,求其本也。"⑤

---

① "The Romanes Lecture," *The Athenaeum*, July 22, 1893, p.119.

② Huxley, "To Lord Farrer", June 5, 1893, *in Life and Letters of T.H. Huxley*, V.3, p.301.

③ Leonard Huxley, *Life and Letters of T. H. Huxley*, V.3, p. 292, 302.

④ 严复:《译〈天演论〉自序》,载[英]赫胥黎《天演论》,严复译。

⑤ [英]赫胥黎:《天演论》,严复译,第 21 页。

在《原强》修改稿中,严复已提到达尔文的《物种探源》,并点明其物竞、天择之旨:"物竞者,物争自存也;天择者,存其宜种也。"①赫胥黎《演化与伦理》的中心是讲伦理进程与自然进程的不同,其论证则是通过人类社会与自然的冲突来体现的。在残酷的生存斗争中,人群如何方能生存?照严复的译语来讲:"盖惟泯其争于内,而后有以为强,而胜其争于外也。"②

如何"泯其争于内"呢?这即是赫胥黎讲稿的关键所在——自营与克己的关系。在赫胥黎的论述中,二者是既相互冲突又缺一不可的:"自营大行,群道将息,而人种灭矣。"③"然自其群又不能与外物无争,故克己太深,自营尽泯者,其群又未尝不败也。"④赫胥黎解释说:"自营甚者必侈于自由,自由侈则侵,侵则争,争则群涣,群涣则人道所恃以为存者去。故曰自营大行,群道息而人种灭也。然而天地之性,物之最能为群者,又莫人若。如是,则其所受于天必有以制此自营者,夫而后有群之效也。"⑤

正是在论述自营与克己的关系时,严复对赫胥黎提出了批评,他认为"赫胥黎氏之为此言,意欲明保群自存之道,不宜尽去自营也",然"其义隘矣",群学太平公例即是斯宾塞所倡导的"人得自

---

① 严复:《原强》(修改稿),载王栻主编《严复集》第1册,第16、26页。
② [英]赫胥黎:《天演论》,严复译,第28页。值得注意的是,"泯其争于内",在赫胥黎原文中是"the progressive limitation of the struggle for existence between the members of the family",与严复译文在语气上略有不同。Thomas H. Huxley, *Evolution and Ethics and other Essays*, London: Macmillan and Co., 1894, reprinted by Bristol: Thoemmes Press, 2001, p.26.
③ [英]赫胥黎:《天演论》,严复译,第29页。
④ [英]赫胥黎:《天演论》,严复译,第33页。
⑤ [英]赫胥黎:《天演论》,严复译,第30页。

由,而以他人之自由为界"。① 严复在此也引入了亚当·斯密(严译为亚丹斯密)经济学的原则:"大利所存,必其两益:损人利己,非也,损己利人亦非;损下益上,非也,损上益下,亦非。"②

　　自营与克己的问题,在斯宾塞《群学肄言》中也有论述,不过斯宾塞在其中用为己和为人来概括。斯宾塞论述二者的关系说:"群演方将,为己之教,其力常消,为人之教,其力常长,群之高下,即以二者相待之率而第之。"③"故生人之道,求自存以厚生,非私也,天职宜如是也。自存厚生之事无他,爰得我直而已。群为拓都,而民为之幺匿,幺匿之所以乐生,在得其直,故所以善拓都之生,在使之各得其直。夫御强暴,制侵欺,以自保其身命家产者,非徒于理为无失也,欲善其所居之群,道无过此者。"④斯宾塞所谓"爰得我直",即珍视并捍卫个人自由之义,这不仅是个人生活幸福的基础,还是群能够强善的原因。严复在《原强》中即概括西洋"以自由为体,以民主为用"⑤,在《论世变之亟》中也把中西方根本差异归因于"自由不自由异耳"⑥。

---

① [英]赫胥黎:《天演论》,严复译,第34页。
② [英]赫胥黎:《天演论》,严复译,第34页。
③ [英]斯宾塞:《群学肄言》,严复译,第136页。蔡元培在《五十年来中国之哲学》中特举"人各自由,而以他人之自由为界"及"大利所在,必其两利"为严复在《天演论》中所引之格言,可见此说在当时之影响。见蔡元培《五十年来中国之哲学》(节选),载桂勤编《蔡元培学术文化随笔》,北京:中国青年出版社,1996年,第105页。
④ [英]斯宾塞:《群学肄言》,严复译,第140页。
⑤ 严复:《原强》,载王栻主编《严复集》第1册,第12页。
⑥ 严复:《论世变之亟》,载王栻主编《严复集》第1册,第2页。

3."群学"与渐进式改革

正因为盛治不可骤期,"群之变也,视民德之进退,群性与民性,群德与民德,相待为变,其例则群学之所有事也"①,严复反对革命和剧烈式变政,主张渐进式改革,这种观点贯穿他的一生。

在《群学肄言》中,斯宾塞多次表明反对革命的立场,如其称"假令民品与所行之法度,绝不相谋,若革命一时之所立,抑变法更始之所为,宪法固甚高,民品则甚下,将视其政俗相睽之程度,终于回循故辙而后已,立法良固无益也"②。斯宾塞还举法国革命作为例子:"乃至法国,其无往不复之致,尤为深切而著明。数十百年以来,法之政法屡更,其中能者欲图至平之治,至美之制。顾自旁人观之,则见其阳号民主,而旧日专制霸朝之政,实阴行夫其中。所谓自由、平等、仁爱三者,虽揭于通衢公廨之中,而国中之实象,则门户之水火也,排击之不留余地也,议院之愤争也,异己者之穷捕也,禁党人之聚会与报馆之昌言也,其至今称民权者,无异于往日。而党同伐异,倾轧掀陷之风,亦不殊于曩者。"③

严复也早就认识到变法的难度:"已置母本,不可复收,一也;事已成习,不可猝改,二也。故变法之际,无论旧法之何等非计,新政之如何利民,皆其令朝颁,民夕狼顾,其目前之耗失,有万万无可解免者,此变法之所以难,而维新之所以多流血也。悲夫!"④

---

① [英]斯宾塞:《群学肄言》,严复译,第40页。
② [英]斯宾塞:《群学肄言》,严复译,第208页。
③ [英]斯宾塞:《群学肄言》,严复译,第208页。
④ 严复:《译斯氏〈计学〉例言》,载王栻主编《严复集》第1册,第99页。

梁启超曾评价严复道："西洋留学生与本国思想界发生关系者,复其首也。"①严复在甲午战争后所提出的物竞、争存、保种、合群等概念,在当时的思想界影响巨大,对维新风气的形成大有贡献。唐才常回忆读到严复《原强》时油然而生保种之心："余曩者得见侯官严复《原强篇》(见乙未《汉报》中),掩卷而痛曰:今之恤然可忧者,其种类乎? 其种类乎?"②更重要的是,严复给了当时争论的保种、合群、善群等问题以西学的学理基础,丰富了这些争论的深度和内涵。

在 society 一词的翻译上,严复把 society 翻译为"群",把 sociology 翻译为"群学"。这并不是偶然的,因为斯宾塞和赫胥黎也多是在松散的意义上来使用 society 一词。③ 如赫胥黎之《演化与伦理》不仅讲"人类社会"(human society),还讲蜂群和蚁群(society constituted by bees and ants)。④ 同时,也不能认为严复在 society 和群之间建立了对译的关系,他有时也把 polity、social organization、state 等译为群。⑤ 严复之译 society 为"群"字,实有鲜明的时代特色,对戊戌时期的群、群学的流行,有倡导之功。

① 梁启超:《清代学术概论》,上海:上海古籍出版社,2005 年,第 82 页。
② 唐才常:《各国种类考》,载唐才常撰,王佩良校点《唐才常集》,长沙:岳麓书社,2011 年,第 160 页。标点稍有改动。
③ Thomas H. Huxley, *Evolution and Ethics and Other Essays*, p.24,42;[英]赫胥黎:《天演论》,严复译,第 33、52、84 页。
④ Thomas H. Huxley, *Evolution and Ethics and Other Essays*, p.24,42.
⑤ [英]赫胥黎:《天演论》,严复译,第 33、52、84 页;Thomas H. Huxley, *Evolution and Ethics and Other Essays*, p.31,52,75。

第二节　康有为合群立会之学与
"社会"一词的再使用

戊戌时期的"合群立会"之学与"社会"的再使用(中文中原有"社会"一词,与今义不同)有密切关联,本节即以康有为为例来说明这种关联。当然,早有学者注意到康有为对"社会"一词的使用。如沈国威通过阅读《日本书目志》发现,康把"公司"与"社会"完全等同起来,与所列的社会学图书完全无涉,并据此断定康并没有读过这些书。① 沈并称:"即使那些在按语中使用的新词,康有为也未必准确把握了词的意义,大多场合不过望文生义,聊加引申罢了。例如前面已经提到的'社会'等就是如此。"②黄兴涛也注意到康对"社会"一词的使用,并认为虽然康在戊戌时期对"社会"一词的理解还不准确,但现代意义的"社会"一词已经在康的行文中出现。③ 沈和黄的研究很有启发性,但本节所关心的问题,不是康有为是否"正确"地使用了"社会"一词,而是康有为使用这一词语的"意图"及"社会"一词为康提供了怎样的可能性。

1.康有为及其维新之策

对康有为的研究已经很多,此处仅据以往研究述其大略。康

---

① 沈国威:《近代中日词汇交流研究:汉字新词的创制、容受与共享》,北京:中华书局,2010 年,第 260 页。
② 沈国威:《近代中日词汇交流研究》,第 269—270 页。
③ 黄所举的例子是《波兰分灭记》。见黄兴涛《新名词的政治文化史——康有为与日本新名词关系之研究》,《新史学》第 3 卷,2009 年,第 115 页。

很早就留意西学知识,在 1874 年开始接触《瀛环志略》《万国公报》
等书刊,并于 1882、1887 年两游香港。① 在光绪十四年十二月(阳
历 1889 年),康拟定《上清帝第一书》,提出变成法、通下情、慎左右
三条变法之策,重中之重在通下情。② 为了能上书光绪帝及促请朝
廷变法,康曾转托或上书当道诸公,如帝师翁同龢,军机大臣、工部
尚书潘祖荫,吏部尚书徐桐,都察院左都御史祁世长等,不过皆未
能成功。不但如此,康还受到京城士夫的嘲笑,被视为"病
狂"。③ 上书及劝说变法所遇到的挫折,使康对朝局失望,一度以金
石为乐,续包世臣《艺舟双楫》写了《广艺舟双楫》,并使他最终决定
还乡著书授徒。其《自编年谱》中说:"久旅京师,日熟朝局,知其待
亡,决然舍归,专意著述,无复人间世志意矣。"④不过康并未绝意
仕途。

　　在 1895 年 4 月下旬到 5 月初,士林因传闻中的清日和约的惨
酷而群情激愤,各省公车群起上书。康联合多省公车,作《上清帝
第二书》("公车上书"),提出拒和、迁都、变法三项主张。变法部
分是此次上书的重点,康提出富国之法六、养民之法四。康在此书
中还提出了应遍开艺学书院以开民智,改革科举制度,并在之前建
议增设"训议之官"的基础上,提出应设议郎,"皇上开武英殿,广悬
图书,俾轮班入直,以备顾问。并准其随时请对,上驳诏书,下达民
辞。凡内外兴革大政,筹饷事宜,皆令会议于太和门,三占从二,下

---

① 吴天任:《康有为先生年谱》上册,台北:艺文印书馆,1994 年,第 26、29、48 页。
② 康有为:《上清帝第一书》(1888 年 12 月 10 日),载孔祥吉编著《康有为变法奏章
　辑考》,北京:北京图书馆出版社,2008 年,第 7—9 页。
③ 汤志钧:《康有为传》,台北:商务印书馆,1997 年,第 35—38 页。
④ 康有为:《我史》,南京:江苏人民出版社,1999 年,第 17 页。

部施行。所有人员,岁一更换。若民心推服,留者领班,著为定例,宣示天下。"①这就有了西方议院规模。因 5 月 2 日光绪皇帝已批准和约,康没有投递《上清帝第二书》。② 此后,康于 5 月 15 日殿试中进士,获得二甲第四十六名。

5 月 29 日,康对前稿稍作删改,作《为安危大计乞及时变法呈》(《上清帝第三书》),经都察院代奏,于 6 月 3 日上达光绪帝,受到光绪帝重视,并命发抄。③ 7 月 13 日,光绪帝并将胡橘棻、陈炽、康有为等九件折片发与各省督抚妥议。此举大大增加了康的政治声望。④ 也许是受这件事情鼓励,康在 6 月 30 日又上一书,提出要"立科"以励智学、"设议院以通下情",并向光绪帝提出五项变法建议:下诏求言、开门集议、辟馆顾问、设报达听、开府辟士。⑤ 此次上书,康曾托孙家鼐(递工部)、袁世凯(递督办处)及都察院代替,但均未上达。

6 月 30 日上书不达之后,康与梁启超等在京筹议设立报馆与强学会。在康等的努力下,《万国公报》(与广学会《万国公报》同名)于 1895 年 8 月创刊,强学会也于 1895 年 11 月正式成立。⑥ 不

---

① 康有为:《上清帝第二书》(1895 年 5 月 2 日),载孔祥吉编著《康有为变法奏章辑考》,第 19—41 页。

② 孔祥吉:《康有为变法奏议研究》,沈阳:辽宁教育出版社,1988 年,第 86—88 页;茅海建:《从甲午到戊戌:康有为〈我史〉鉴注》,北京:生活·读书·新知三联书店,2009 年,第 64—71 页。

③ 茅海建:《从甲午到戊戌:康有为〈我史〉鉴注》,第 96—99 页。

④ 茅海建:《从甲午到戊戌:康有为〈我史〉鉴注》,第 103—104 页。

⑤ 康有为:《上清帝第四书》(1895 年 6 月 30 日),载孔祥吉编著《康有为变法奏章辑考》,第 75—85 页。

⑥ 汤志钧:《戊戌时期的学会和报刊》,台北:商务印书馆,1993 年,第 27 页。

过在强学会规模初具之时,康听闻大学士徐桐、御史褚成博有劾奏之议,①即于 10 月 17 日离京南下,由天津转赴南京,企图游说张之洞在上海设立强学会。②

强学会虽然得以成立,但寿命不长。1896 年 1 月 20 日,杨崇伊上书弹劾,强学会随之被封禁,上海强学会也停办。③ 1896 至 1897 年,康在万木草堂讲学的同时,支持梁启超在上海与汪康年合办《时务报》,在澳门倡办《知新报》,并于 1897 年在广西倡办圣学会。1897 年 11 月初,康因欲移民巴西事进京,正逢德国借口曹州教案,派军舰强占胶州湾,瓜分之势迫近,遂再次上书光绪帝,提出光绪帝应"因胶警之变,下发愤之诏,先罪己以励人心,次明耻以激士气;集群材咨问以广圣听,求天下上书以通下情;明定国是,与海内更始;自兹国事付国会议行,纡尊降贵,延见臣庶,尽革旧俗,一意维新;大召天下才俊,议筹款变法之方;采择万国律例,定宪法公私之分;大校天下官吏贤否,其疲老不才者,皆令冠带退休;分遣亲王大臣及俊才出洋,其未游历外国者,不得当官任政;统算地产人工,以筹岁计豫算;察阅万国得失,以求进步改良;罢去旧例,以济时宜;大借洋款,以举庶政"④。这是一项全面的变法纲领。但工部不愿为其代奏。

康愤而欲出京,被翁同龢挽留,并于 1898 年 1 月 24 日受总理

---

① 康有为:《我史》,第 28—29 页。

② 汤志钧:《戊戌时期的学会和报刊》,第 117 页。

③ 汤志钧:《康有为传》,第 140—141 页。

④ 康有为:《上清帝第五书》(1898 年 1 月),载孔祥吉编著《康有为变法奏章辑考》,第 111 页,句读稍有改动。

衙门召见。① 1月29日,康再次上书光绪帝,取法日本,提出应"大誓群臣""置制度局""设待诏所""立新政十二局"等建议。② 康此折似被压下,于3月21日才上达光绪帝。③ 此后,康代杨深秀拟《请定国是而明赏罚折》、代徐致靖拟《守旧开新宜定从违由》。此二折上达光绪帝后,光绪帝征得慈禧太后的同意,于6月11日下达了"明定国是"一谕,"百日维新"正式开幕。6月16日,光绪帝召见康有为。④ 此后直至政变发生,康屡有上奏(或代他人上书),对维新多所擘画。

康的政治态度,因其屡次上书光绪帝,且后期以保皇为名,多被认为主张改良或君主立宪。但康有为在甲午至戊戌之间的态度实值得玩味。黄彰健早在1969年即发现康有政治异动的关键证据。在1901年致赵必振书中,康言:

> 当戊戌以前,激于国势之陵夷,当时那拉揽政,圣上无权,故人人不知圣上英明;望在上者而一无可望,度大势必骎骎割鬵至尽而后止,故当时鄙见专以救中国四万万人为主。用是奔走南北,大开强学、圣学、保国之会,欲开议院得民权以救之。……复生(谭嗣同——引者)之过鄂,见洞逆(张之洞——引者),语之曰:"君非倡自立民权乎? 今何赴征?"复生曰:"民权以救国耳。若上有权能变法,岂不更胜?"复生至上海,与诸

---

① 康有为:《我史》,第34页。
② 康有为:《上清帝第六书》,载孔祥吉编著《康有为变法奏章辑考》,第138—140页。
③ 茅海建:《从甲午到戊戌:康有为〈我史〉鉴注》,第305页。
④ 康有为:《我史》,第39页。

同人论。同人不知权变,犹为守旧论。当时《知新（报——引者)》亦然。复生到京师,即令吾晓告《清议（报——引者)》《知新》诸报,①然当时京师之哗谤,文悌攻我保国会,谓吾欲为民主,保中国不保大清,致荣禄得借此以报那拉,于是圣主几弑,而令中国几亡,酿至今八国入京,东三省被割。虽诸贼之罪,而亦吾党当时笔墨不谨,不知相时而妄为之,有一〔以〕致之。……夫圣主之挺出,岂独天下不知,即吾开保国会时亦不知。②

戊戌政变后,两广总督谭钟麟在南海康有为家中抄获一封何树龄写给康的信,其中说:"注意大同国,勿注意大浊国。……以大浊国为开笔衬笔可耳(旁注:知其不可为而为之耶?)。……大浊国必将大乱,为人瓜分。独夫之家产何足惜? 所难堪者,我之亲戚兄弟友生耳。"③诚如黄彰健所说,康著《大同书》,大同是他的主要宗旨,何此处信件,可证实康有着力于"大同国"的打算。④

狄葆贤所撰《梁任公先生事略》说:"任公于丁酉冬月将往湖南任时务学堂时,与同人等商进行之宗旨,一渐进法,二急进法,三以立宪为本位,四以彻底改革,洞开民智,以种族革命为本位。当时

---

① 时《清议报》尚未创刊,康行文有误。
② 康有为:《致赵必振书》,转引自黄彰健《论康有为"保中国不保大清"的政治活动》,收入黄彰健《戊戌变法史研究》,台北:"中研院"历史语言研究所专刊,1970年,第1—2页。
③ 《觉迷要录》卷四,转引自黄彰健《戊戌变法史研究》,第3页。黄推测这封信写于光绪二十一年(1895年)闰五月二十日后,八月二十九日由北京南归前。
④ 黄彰健:《戊戌变法史研究》,第3—4页。

任公极力主张第二第四两种宗旨。其时南海闻任公之将往湘也,亦来沪商教育之方针。南海沉吟数日,对于宗旨亦无异词。所以同行之教员如韩树园、叶湘南、欧榘甲皆一律本此宗旨,其改定之课本,遂不无急进之语。"①梁在时务学堂时,其言论之激烈,有令守旧人士瞠目结舌者,如《翼教丛编》里所存:"屠城、屠邑皆后世民贼之所为,读《扬州十日记》尤令人发指眦裂。故知此杀戮世界非急以公法维之,人类或几乎息矣。""二十四朝,其足当孔子王号者无人焉,间有数霸者生于其间,其余皆民贼也。""要之,王霸之分,只在德力,必如华盛顿乃可谓王矣。"②

梁启超在致陈宝箴书中公然说:"今日非变法万无可以图存之理,而欲以变法之事,望政府诸贤,南山可移,东海可涸,而法终不可得变。……故为今日计,必有腹地一二省可以自立,然后中国有一线之生路。"③梁回忆在时务学堂情景时说:"启超每日在讲堂四小时,夜则批答诸生札记……所言皆当时一派之民权论,又多言清代故实,胪举失政,盛倡革命。……又窃印《明夷待访录》《扬州十日记》等书,加以案语,秘密分布,传播革命思想。"④梁并且总结说:"其后戊戌政变,其最有力之弹章,则撴当时所批札记之言以为罪状。盖当时吾之所以与诸生语者,非徒心醉民权,抑且于种族之感,言之未尝有讳也。"⑤明乎此,可知康有为等在甲午至戊戌年间并不专以利用现存皇权为手段,那么再来谈康有为等人的合群立

① 丁文江、赵丰田编:《梁启超年谱长编》,第57—58页。
② 丁文江、赵丰田编:《梁启超年谱长编》,第59页。
③ 丁文江、赵丰田编:《梁启超年谱长编》,第59页。
④ 梁启超:《清代学术概论》,上海:上海古籍出版社,2005年,第71页。
⑤ 丁文江、赵丰田编:《梁启超年谱长编》,第56页。

会之学,便有了更坚实的基础。

2. 康有为的"合群立会"之学

黄彰健经过缜密的研究,认为康在开强学会时已有"保中国不保大清"的企图,更进一步推测"他(康——引者)之存有此心,现在看来,还应上推至光绪二十一年四月他鼓动公车上书时",并认为康之对清廷存有异志,与清廷割让台湾有关。[①] 黄彰健此说,得到了部分学者的印证。[②] 如孔祥吉虽据所见资料,对黄说多有订正,但在此一问题上,却有相似之处。孔认为康、梁等对清廷持一种矛盾的立场,一方面甚为失望,甚至不惜以革命来推翻它,另一方面却力劝其进行改革。[③] 桑兵也认为,康有为等在戊戌前即有培养青年甚至直接掌握武装的应变准备。[④] 在赵立人看来,康在写作《新学伪经考》时,即有自封教主,通过"教"来改变现行秩序的打算。[⑤]

康写作《新学伪经考》,编订《孔子改制考》,应看作为变政所做的理论准备;在万木草堂授徒讲学,可看作所做的人员准备;而倡导成立各种各样的学会,则是进一步扩大组织基础的重要举措。

---

① 黄彰健:《戊戌变法史研究》,第 28 页。

② 汪荣祖曾对黄说加以反驳,多有中肯之处,但汪说似不足以驳倒黄说。见汪荣祖《评黄著〈戊戌变法史研究〉》,载《晚清变法思想论丛》,台北:联经出版事业公司,1983 年,第 129—134 页;汪荣祖《康有为论》,北京:中华书局,2006 年,第 84—94 页。

③ 孔祥吉:《康有为变法奏议研究》,第 146 页。

④ 桑兵:《庚子勤王与晚清政局》,北京:北京大学出版社,2004 年,第 353 页。

⑤ 赵立人:《康有为》,广州:广东人民出版社,2012 年,第 60 页。

梁启超所称康有为"以群为体,以变为用",可能就是这个意思。① 至于是否推翻清廷,则似在两可之间。如前所述,在1895年6月30日上书不达后,康即与梁启超等在京师倡设强学会。康在所作《京师强学会序》中说:"昔曾文正与倭文端诸贤,讲学于京师,与江忠烈、罗忠节诸公,讲练于湖湘,卒定拨乱之功。普鲁士有强国之会,遂报法仇。日本有尊攘之徒,用成维新。盖学业以讲求而成,人才以摩厉(磨砺)而出,合众人之才力,则图书易庀。合众人之心思,则闻见易通。"②康在此文中引用曾国藩和倭仁等人事迹,是为了说明讲学的重要性;引用普鲁士和日本的例子,则是证明结会的作用。康还引用了《易》"君子以朋友讲习"来说明相互磨砺的重要。③

在康所作《上海强学会章程》中,一个突出的地方即强调"中国"而非大清:"本会专为中国自强而立……今者鉴万国强盛弱亡之故,以求中国自强之学。""此会专为联人心、讲学术,以保卫中国。"④北京强学会于1895年11月中正式开办后,列名会籍或参与会务者达22人,其他"支持学会或与之有关者"14人,颇有影响。⑤ 然而,在结社仍遭禁止的当时,成立学会面临着很大的危险。

① 梁启超:《〈说群〉自序》(1897年5月12日),载汤志钧、汤仁泽编《梁启超全集》第1集,北京:中国人民大学出版社,2018年,第196页。

② 康有为:《京师强学会序》(1895年9月),载姜义华、张荣华编《康有为全集》第2集,北京:中国人民大学出版社,2007年,第89页。

③ 康有为:《京师强学会序》(1895年9月),第89页。

④ 康有为:《上海强学会章程》(1895年11月),载姜义华、张荣华编《康有为全集》第2集,第93、95页。

⑤ 汤志钧:《康有为传》,第124页。

1896 年 1 月 21 日,御史杨崇伊弹劾维新派,弹章中称"乃近来台馆诸臣,自命留心时事,竟敢呼朋引类,于后孙公园赁屋,创立强学书院,专门贩卖西学书籍,并抄录各馆新闻报刊,印《中外纪闻》,按户销售。计此二宗,每月千金以外,犹复借口公费,函索各省文武大员,以毁誉为要挟。故开办未久,集款已及二万。口谈忠义,心熏利欲,莫此为甚。且目前以毁誉要公费,他日将以公费分毁誉,流弊所极,必以书院私议干朝廷黜陟之权,树党援而分门户,其端皆基此"①。强学会也名强学书局,可能正是为了减少阻力。不过杨所提醒的重点,正是在"干朝廷黜陟之权"。

北京强学会被封禁后,上海强学会即告停顿。此后,康有为在 1896 年支持梁启超与汪康年共办《时务报》,于 1897 年支持万木草堂弟子何树龄、徐勤与梁启超在澳门共办《知新报》,并在广西倡设圣学会,推动变法宣传及联络士林。

1898 年为会试之年,各省公车云集,因德军毁坏即墨文庙孔子像,公车们多次上书,由麦孟华、梁启超领衔的上书,签名者达 830 人。② 康有为进京,在上书请求变法的同时,又与同乡京官开办粤学会,并与李盛铎等筹设保国会。保国会 4 月 17 日于粤东新馆举行第一次集会,康有为发表演说。在此次演说中,康称:"二月以来失地失权之事已二十见,来日方长,何以卒岁?"康并称"若夫泰西立国之有本末,重学校,讲保民、养民、教民之道,议院以通下情,君

---

① 杨崇伊:《京官创设强学会大干法禁据实纠参折》,转引自茅海建《从甲午到戊戌:康有为〈我史〉鉴注》,第 146 页。

② 孔祥吉:《戊戌变法期间第二次公车上书述论》,见孔祥吉《戊戌维新运动新探》,长沙:湖南人民出版社,1988 年,第 321 页。

不甚贵,民不甚贱,制器利用以前民,皆与吾经义相合,故其致强也有由。吾兵农学校皆不修,民生无保养教之之道,上下不通,贵贱隔绝者,皆与吾经义相反,故宜其弱也,故遂复有胶州之事"。康进而提出"割地失权之事,非洋人之来割胁也,亦不敢责在上者之为也,实吾辈甘为之卖地,甘为之输权。若使吾四万万人皆发愤,洋人岂敢正视乎?而乃安然耽乐,从容谈笑,不自奋厉,非吾辈自卖地而何?故鄙人不责在上而责在下,而责我辈士大夫,责我辈士大夫义愤不振之心,故今日人人有亡天下之责,人人有救天下之权者"。① 康在4月曾作诗一首,内言"从知天下为公产,应合民权救我疆"②,可表明他在此时的政治态度。4月17日所订的《保国会章程》,声言"本会遵奉光绪二十一年五月二十六日上谕,卧薪尝胆,惩前毖后,以图保全国地、国民、国教",即"保全国家之政权土地""保人民种类之自立""保圣教之不失",一句不提大清。③

就康上书光绪帝与康提倡合群立会之间的关系,黄彰健认为:"康上皇帝书所表现的对清朝的忠诚,那是幌子,有掩护他们的企图的作用。"当然,这种说法应限定在康受光绪帝召见之前。④ 张元

① 康有为:《京师保国会第一次集会演说》(1898年4月17日),载姜义华、张荣华编《康有为全集》第4集,第58—59页。
② 康有为:《胶旅割后,各国索地。吾与各省志士开会自保,末乃合全国士大夫开保国会,集者数千人。累被飞章,散会谢客,门可罗雀矣》(1898年4月),载姜义华、张荣华编《康有为全集》第12集,第188页。
③ 康有为:《保国会章程》(1898年4月17日),载姜义华、张荣华编《康有为全集》第4集,第54页。
④ 孔祥吉似认为《上清帝第六书》(1898年1月29日)即反映了维新派策略上的重大转变,即从"变于下"变为"变于上",与黄说不同。从康之行为及言论来看,虽无法否定康之两面性,但康在1898年4、5月间似未放弃"变于下"。见孔祥吉《康有为变法奏议研究》,第179页;孔祥吉《关于康有为的一篇重要佚文》,载《戊戌维新运动新探》,第54、57页。

济当时身在北京,汪大燮曾转述张对康开保国会的观察说:"张菊生谓其意在耸动人心,使其思乱,其如何发愤,如何办法,其势不能告人,斯固然也。"汪大燮自己并评论说:"其形迹宗旨实已大露。"这也可侧面印证康有为在此时实有密谋。①

康所倡设的保国会,很快便遭到强有力的反对。孙灏所作《驳保国会议》(康言洪嘉与代作),对《保国会章程》三十条逐条批驳。在驳第一条保国会之命名及目的时,孙说:"例禁结社拜盟、敛钱惑众,若辈显干宪典,与地方大光棍无异,厚聚党徒,妄冀非分,务在摇动民心,戕削命脉,形同叛逆。"针对章程第十二条"会中公选总理某人、值理某人、常议员某人、备议员某人、董事某人,以同会中人多推荐者为之",孙灏驳称:"创是会者,显以总理自居,明知来者皆附羽党,乃以多推荐者为辞,泯其僭妄之迹。至曰议员,叛逆之心,昭然呈露。"②孙灏之后,又有潘庆澜、李盛铎、黄桂鋆等分别于5月2日、5月3日、5月17日弹劾加入保国会者。③ 尽管光绪帝对保国会有回护之意,但由于连遭弹劾,已无人参会,保国会无形中

---

① 汪大燮:《致汪康年书》,载上海图书馆编《汪康年师友书札》第 1 册,上海:上海古籍出版社,1989 年,第 783 页。

② 康有为:《保国会章程》(1898 年 4 月 17 日),载姜义华、张荣华编《康有为全集》第 4 集,第 54—56 页;孙灏:《驳保国会议》,转引自茅海建《从甲午到戊戌:康有为〈我史〉鉴注》,第 269 页。

③ 潘庆澜:《请饬查禁保国会片》,《光绪朝朱批奏折》第 32 辑,《戊戌变法》,第 561 页,转引自茅海建《从甲午到戊戌:康有为〈我史〉鉴注》,第 269 页。李盛铎折尚未被发现。黄桂鋆:《禁止莠言以肃纲纪折》,《觉迷要录》卷一,转引自茅海建《从甲午到戊戌:康有为〈我史〉鉴注》,第 374 页。

解散。①

3. 康有为《日本变政考》与"社会"一词的再使用

康在 1898 年 1 月 24 日受总理衙门召见时即称:"近来编辑有《日本变政考》及《俄大彼得变政记》,可以采鉴焉。"②其后康作《请大誓臣工开制度新政局折》(《上清帝第六书》),并陆续进呈《俄大彼得变政记》和《日本变政考》。

康《请大誓臣工开制度新政局折》的主要内容即请光绪帝借鉴日本维新变法,"考日本维新之始,凡有三事:一曰大誓群臣以革旧维新,而采天下之舆论,取万国之良法;二曰开制度局于宫中,征天下通才二十人为参与,将一切政事、制度重新商定;三曰设待诏所,许天下人上书,日主以时见之,称旨则隶入制度局。此诚变法之纲领,下手之条理,莫之能易也。伏愿皇上采而用之"③。康在此折中并提出开法律、税计、学校、农商、工务、矿政、铁路、邮政、造币、游历、社会、武备十二局,其中关于"社会"一局称:"泰西政艺精新,不在于官,而在于会,以官人寡而会人多,官事多而会事暇也。故皆有学校会、农桑会、商学会、防病会、天文会、地舆会、大道会、大工会、医学会、各国文字会、律法会、剖解会、植物会、动物会、要术会、书画会、雕刻会、博览会、亲睦会、布施会,宜劝令人民立会讲求,将

---

① 康、梁此时因汪康年在日本会见孙中山一事遇到极大压力,保国会停顿或也与此有关。见马忠文《戊戌保国会解散原因新探——汪大燮致汪康年函札考》,《东北师大学报(哲学社会科学版)》1995 年第 6 期。

② 康有为:《我史》,第 34 页。

③ 康有为:《请大誓臣工开制度新政局折》(1898 年 1 月 29 日),载孔祥吉编著《康有为变法奏章辑考》,第 138 页。

会例、人名报局考察。"①康于此时正提倡粤学会，并筹议保国会，其他也有林旭等所开之闽学会、宋伯鲁等所开之关西学会，相关内容如得光绪帝批准，也可为设会提供支持。

康于 4 月 10 日进呈《日本变政考》，光绪帝于 4 月 13 日收到后，对此产生很大兴趣，将康条陈及呈书转给慈禧太后。但慈禧太后可能没将此书发回，因此光绪帝于 5 月 26、27 日通过翁同龢连命康将所进书(包括《日本变政考》)"再写一分(份)递进"。② 康将前此进呈《日本变政考》做了修改以后陆续进呈。③《日本变政考》第二次进呈本共十二卷，另附《日本变政表》一卷。④

《日本变政考》内容丰富，康所有的政治主张几乎都可以在其中找到根据。如康所记明治元年元月元日，日皇申誓文五条："一曰破除旧习，咸与维新，与天下更始；二曰广兴会议，通达下情，以众议决事；三曰上下一心，以推行新政；四曰国民一体，无分别失

---

① 康有为：《请大誓臣工开制度新政局折》，载孔祥吉编著《康有为变法奏章辑考》，第 139—140 页。

② 陈义杰整理：《翁同龢日记》第 6 册，1898 年 5 月 26 日、27 日，北京：中华书局，1998 年，第 3128 页。

③ 进呈时间当自 1898 年 6 月下旬始，呈毕时间不详。见孔祥吉《康有为变法奏议研究》，第 344—345 页。

④ 康在《进呈〈日本变政考〉序》中言："臣昔译集日本群书，但割取明治变政之事，编辑成记。"如此，则《日本变政考》主要为康所译。但康又在《〈日本变政考〉序》中说："乙未和议成，大搜日本群书，臣女同薇，粗通东文，译而集成。阅今三年，乃得见日本变法曲折次第，因为删著十卷，以表注附焉。"《我史》丙申年(1896)中说："自丙戌年编《日本变政考》，披罗事迹，至今十年。至是年所得日本书甚多，乃令长女同薇译之，稿乃具。"依此，则《日本变政考》主要为康同薇所译，经康有为删改而成。不过不论康参与度如何，认为《日本变政考》完全反映了康的变法思想，应可成立。见康有为《日本变政考》，载姜义华、张荣华编《康有为全集》第 4 集，第 105、103—104 页；康有为《我史》，第 30 页。

望;五曰采万国之良法,求天下之公道。"①康有为此书,最重要的参考书是指原安三所辑、出版于 1892 年的《明治政史》。康虽然借鉴了日本的明治维新,可是在《日本变政考》中,为了让日本维新史符合自己的变法策略,他对日本明治维新史做了很大的篡改。②

比如此段日本睦仁天皇誓文一事,实发生在庆应四年(1868)三月十四日,因庆应四年九月,改是年为明治元年,所以也可称此日为明治元年三月十四日,而康改为明治元年元月元日。就其内容来说,《明治政史》所录日文原文如下:

一、廣ク會議ヲ興シ萬機公論ニ決スヘシ

一、上下心ヲ一ニシテ盛ニ經綸ヲ行フヘシ

一、官武一途庶民ニ至レ迄各其志ヲ逐ケ人心ヲシテ倦マサラシメンコ〈ト〉ヲ要ス

一、舊來ノ陋習ヲ破リ天地ノ公道ニ基クヘシ

一、知識ヲ世界ニ求メ大ニ皇基ヲ振起スヘシ③

这段话翻译成中文,即是:

一、广兴会议,万机决于公论。

一、上下一心,盛行经纶。

一、官武一途,下及庶民,使各遂其志,人心不倦。

① 康有为:《日本变政考》,载姜义华、张荣华编《康有为全集》第4集,第105页。
② 黄彰健:《读康有为〈日本变政考〉》,《大陆杂志》第40卷第1期。
③ [日]指原安三编:《明治政史》,東京:冨山房書店,1892年,第94頁。

一、破旧来之陋习,从天地之公道。

一、求知识于世界,大振兴其皇基。①

康把誓文原第四条提到了第一条,更添加了"咸与维新,与天下更始",是为了说明破除旧习、实行维新的重要性,与康主张光绪帝应大誓群臣相呼应。② 康还去除了誓文第五条"大振兴其皇基"的内容,可能反映了康对皇权政治的态度。除了所译日本维新史,康还在按语中表明他对时局的看法,如在明治四年(1871)七月八日史事后,康加按语道:"故今日最急之务,当仿日本成法,设集议院以备顾问,然后一切新政,皆有主脑矣。"③这实与康主张设制度局或新政局相呼应。④

康所摘译的日本维新史及所加按语中,有不少是关于成立社团或政团的。如《日本变政考》述及明治六年(1873)"日本法变自下者,于其国中立会最多而最大者有防病会、学校会、商业会、农桑会"。康加按语道:"日本之骤强,由兴学之极盛。其道有学制,有书器,有译书,有游学,有学会,五者皆以智其民者也。五者缺一不可。……然游学之人有限,出学之人亦不多,非开学会,无以合群而智其民众也。……若夫虑学会之聚众,又疑作其奸,则日本之得失如何,可以为鉴。"⑤明治七年(1874)二月二十二日述及立志社

① 译文参考黄彰健《读康有为〈日本变政考〉》,《大陆杂志》第40卷第1期。

② 黄彰健:《读康有为〈日本变政考〉》,《大陆杂志》第40卷第1期。

③ 康有为:《日本变政考》,载姜义华、张荣华编《康有为全集》第4集,第135页。

④ 其他《日本变政考》翻译中的问题,参见彭泽周《中國の近代化と明治維新》,京都:同朋舍,1976年,第106—110页。

⑤ 康有为:《日本变政考》,载姜义华、张荣华编《康有为全集》第4集,第169页。

事,康加评论道:"天下无不可变之法。日本承二百五十余年封建之残局……卒能起八洲三岛之人才,与之一德一心,力图新政,不二十年而致富强,抗衡欧墨大国。则岂非士气之昌,而立志会有以激发砥砺之耶? 使日本而禁制其士民之会,虽至今以弱亡可也。"①明治十九年(1886)述及日本议院之议员,康评论说:"议院之员,皆社党之俊才。日本全国一理一义,即有一会。有一利一害,皆必建请。故官吏虽寡,实役天下之英杰而用之也。"②

《日本变政考》明治二十一年(1888)述及各俱乐部、自由党、改进党、有志会等之政治活动:"自千人至数十人不等。皆津津以建国威、自成立及保全民权、开民智利等议。或随伯游以纠合同志,或往问难者,行坐无虚晷,靡然随从。老少男女毕集听讲,社会几无地无之,全国之士毕集焉。"康点评说:"日民大会纷纷,多至九千人,余皆千人,几以为聚众不道矣。而日民皆知建国威、保民利、开民智,老少男女,莘莘利乐讲求,真如《洛诰》所谓四方民大和会者。志士久爱国,故君得因而用之。美国有女子,愿破家以平古巴乱者,盖亲民之故。然则社会之大有益,无少损于国,明矣。"③明治二十三年(1890)讲到选举之议员,多为各政党中人,康加按语道:"日本会党至盛,然其士民益智,其国益强,其主益尊。未闻有一酿乱之事,亦可以鉴矣。盖民智则安处善,乐循理,忠君爱国之心益固,虽诲之为乱,亦所不愿。《传》所谓'有耻且格',岂待鳃鳃然为之防

---

① 康有为:《日本变政考》,载姜义华、张荣华编《康有为全集》第4集,第172页。
② 康有为:《日本变政考》,载姜义华、张荣华编《康有为全集》第4集,第239页。
③ 康有为:《日本变政考》,载姜义华、张荣华编《康有为全集》第4集,第245页。

制哉？"①

　　值得指出，康有为之所谓"社会"，并非独立于政府或反政府。明治十五年（1882）史述及推选元老院议官、工部大辅吉井友实为日本铁道会社社长，康加按语说："凡新政之行，必须博访周咨，然后举行其法。不宜用官衙，而当用会。但会长命于朝廷，而会长与诸会员商略其事，无堂属之隔，无威福之专，则情易通而谋易集。西人各会皆有一权贵人领之，此可为新政施行之良法也。"②

　　康有为《日本变政考》（包括译文及按语，不包括附表）中，所用"社会"一词有14处之多。这14处当中，有2处是康所加按语，除前文所引论"社会之大有益"外，尚有日本舆论公议之誓文下达后，"士庶所建请，社会所讨论，以至开议院，创国会，皆奉此旨。日本之谋及众庶以强国如此"。③ 有6处是康对原文之概括或添加，如借井上敬次郎而言："吾等士人，从古皆为天下之事，建国家之业，各国皆以社会建立。""各国皆以社会建立"一句，为康所增添。④

　　明治二十二年（1889）二月十二日日本内阁总理大臣演说中提到，"各员无存政党歧异之见、社会是非之心"，其实日文原文中只是说各员应存"不偏不党之心"。⑤ 明治二十二年二月十五日（康误为十三日），枢密院议长伊藤博文演说宪法之义，其中讲道："我

① 康有为：《日本变政考》，载姜义华、张荣华编《康有为全集》第4集，第269页。
② 康有为：《日本变政考》，载姜义华、张荣华编《康有为全集》第4集，第216页。
③ 康有为：《日本变政考》，载姜义华、张荣华编《康有为全集》第4集，第126页。
④ 康有为：《日本变政考》，载姜义华、张荣华编《康有为全集》第4集，第240页；［日］指原安三编：《明治政史》，第1627页。
⑤ 康有为：《日本变政考》，载姜义华、张荣华编《康有为全集》第4集，第251页；［日］指原安三编：《明治政史》，第1931页。

国人才众多,且皆忠贞之士、卓识之辈。此辈皆社会讲求激励而成;维新之治,与有功焉。"①此句乃日文原文所无,为康所加。同日伊藤博文演讲提到"诸社会党派",其实原文只用到"党派"。② 明治二十二年六月讲到日本上下对治外法权之讨论:"于是各新报各社会,论议纷纷,连篇屡牍,触目皆言条约改正之失。"此处"各新报各社会",是对《东京新报》《报知新闻》《东京公论》、大同协和会等报社或团体之概括。③ 明治二十三年七月之议员选举结果,康所称"内各政党社会人甚多",此处"政党社会"是对改进党、独立党、大同党等党派之统称。④

另外6处是康对原文的翻译或照抄。如明治二十年(1887)二月十一日所颁布之《会计法》,述及"会社专有之物品",康把"会社"译为"社会"。⑤ 明治二十三年七月二十五日日本颁布《集会及政社法》,康把"政谈集会"译成"政谈社会",把"事务所"转换为"社会"。⑥ 当时日文中的"社会"已基本上在今天的含义上来用,即表示"居住在同一个国家或区域并且拥有共同的习俗、法律和组

---

① 康有为:《日本变政考》,载姜义华、张荣华编《康有为全集》第4集,第252页;〔日〕指原安三编:《明治政史》,第1940—1941页。
② 康有为:《日本变政考》,载姜义华、张荣华编《康有为全集》第4集,第252页;〔日〕指原安三编:《明治政史》,第1941页。
③ 康有为:《日本变政考》,载姜义华、张荣华编《康有为全集》第4集,第257页;〔日〕指原安三编:《明治政史》,第2071—2075页。
④ 康有为:《日本变政考》,载姜义华、张荣华编《康有为全集》第4集,第269页;〔日〕指原安三编:《明治政史》,第2436—2437页。
⑤ 康有为:《日本变政考》,载姜义华、张荣华编《康有为全集》第4集,第248页;〔日〕指原安三编:《明治政史》,第1912页。
⑥ 康有为:《日本变政考》,载姜义华、张荣华编《康有为全集》第4集,第271页;〔日〕指原安三编:《明治政史》,第2523、2524页。

织的人所组成的共同体,或者这样一个共同体中的某个特殊部分",但康在此意义上使用时基本上是对原文照抄,而对原文似未理解。如述及明治十二年(1879)六月事,"当此时,政治社会之风愈益激动",日文原文为"此時に當て政治社會の風潮愈益激動し"。① 明治二十年九月七日,日本各地壮士于天王寺开恳亲会,井上敬次郎演讲中提到"若云谋划事物改良、促进社会进步者为谁,乃我等士人也"②。康把此句译为"凡事物之改良,唯视乎社会之进步"。从康后增"各国皆以社会建立"一句来看,康把此处"社會"理解为社团。③ 明治二十年九月二十九日伊藤博文以总理大臣兼临时外务大臣身份召集各地方官训示,其中提到"行政之事,与社会之进步相并而行",此句日文原文为"行政ノ事ハ社會ノ進步卜俱ニ相並行セサルコトヲ得ス",主要讲述行政与社会整体转变之间的关系。康的译文是对原文之照抄。④

　　与一般对康有为的理解不同,虽然康有为的政治态度存在着一定的模糊成分,但至少从甲午战争后到戊戌年被光绪帝召见以前,康有为对清廷并不如此忠心,更不用说他也不专倚皇权作为变政的手段了。在此背景下,"合群立会"既是康此时积聚势力的主要手段,也是他实现变法的主要途径。

────────────

① 康有为:《日本变政考》,载姜义华、张荣华编《康有为全集》第 4 集,第 239 页;[日]指原安三编:《明治政史》,第 1622 頁。
② 这句话日文原文为:"凡そ事物の改良を計り、社會の進步を促すものハ誰かと云ハバ、吾々の士なり。"见[日]指原安三编《明治政史》,第 1627 頁。
③ 康的译文与原意不符。见康有为《日本变政考》,载姜义华、张荣华编《康有为全集》第 4 集,第 240 页;
④ 康有为:《日本变政考》,载姜义华、张荣华编《康有为全集》第 4 集,第 241 页;[日]指原安三编:《明治政史》,第 1637 頁。

在编撰《日本变政考》之前,康已在日文书籍中接触"社会"并使用到这一词语。在康所编《日本书目志》"政治门"下,康所谓"国家政治学"和"社会学"中都包含对社会的论述。康在"社会学"一项下列举图书二十一种,并评论道:"大地上,一大会而已。会大群,谓之国;会小群,谓之公司,谓之社会。社会之学,统合大小群而发其龁合之条理,故无大群、小群,善合其会则强,不善合其会则弱。泰西之自强,非其国能为之也,皆其社会为之也。"①康并评论昔日所开之强学会,"昔在京师合士大夫开强学会,英人李提摩太曰:波斯、土耳其、印度久经凌弱,未知立会。中国甫为日本所挫,即开此会,中国庶几自立哉!夫以一会之微,而泰西觇国者辄以为关存亡之故,社会之用亦大矣"②。

诚如沈国威所说,康谓"会大群,谓之国","会小群,谓之公司,谓之社会",实际上未能理解"社会"一词的确切含义,康对这些日文书籍也很难说有过较深入的阅读。康的《日本变政考》编于1898年初,主要依据的是日文版《明治政史》。"合群立会"在康此时的政治考虑中占有核心位置,他在按语中多次提到结社的重要性,就毫不奇怪了。《明治政史》原文中也多处使用到"社会"一词,但不是作团体讲,而是指现代意义上的"社会"。康因受影响而多次使用"社会"一词,有些是对原文之概括,有些则是对"会社""集会""事务所"等之翻译。康也沿用了部分日文原文之"社会",但康语境下的"社会"也多作"团体"讲而已,非日文之"社会"。康对"社会"一词的使用,主要是基于中文传统用法的延续,但实际上已有

① 康有为:《日本书目志》,载姜义华、张荣华主编《康有为全集》第3集,第335页。
② 康有为:《日本书目志》,载姜义华、张荣华主编《康有为全集》第3集,第336页。

所选择、偏重(不取其社日集会的含义,而取其团体之义)。为服务于自己结社集会的主张,康对"社会"大加发挥,实际上大多已偏离了日文原意。①

小 结

1895 年 10 月,在决定要在广州发动起义后,孙中山在广州拟设农学会,以作掩护,这与康有为在北京拟设强学会基本同时。② 文廷式曾在上海逗留 50 余日,后致书梁启超、汪康年、麦孟华称:"即此知说'群'说'会',为天地古今第一至言妙道矣。"③从乙未到戊戌,在强学会等的引领下,学会、报馆纷起,开中国未有之局面。这一时期的学会总数经粗略统计,有 60 多个。④ 这些学会有专门性学会如农学会、蒙学会、舆地学会等,也有政治性学会如强学会、南学会、保国会等,在结社仍为当局所禁的当时,这些学会或着眼于清廷覆亡后之自立,或着眼于兴民权之政治准备,或讨论自强之学,实蕴涵着与清廷对立的可能性。

在此背景下,维新派从不同方面为"会"正名。如《强学报》所

---

① 吊诡的是,随着日文词汇在中文中的大量涌现,康明确了"社会"一词的真正含义,却又转而反对使用此词。见黄兴涛《新名词的政治文化史——康有为与日本新名词关系之研究》,《新史学》第 3 卷,2009 年,第 125 页。
② 陈锡祺主编:《孙中山年谱长编》上册,北京:中华书局,1991 年,第 88—91 页。
③ 文廷式:《致梁启超、汪康年、麦孟华书》(1897 年 7 月 4 日),载上海图书馆编《汪康年师友书札》第 1 册,第 20 页。
④ 汤志钧:《戊戌时期的学会与报刊》,第 285—307 页。

刊《论会即荀子群学之义》,即从圣人之言(孔子、曾子、荀子等言论)、历史传统(晚唐清流、明末结社等政治活动)、西学知识(西方立会现实与功用)、中国现实等多方面来论证结会的合理性。① 可是在中国"会"与"会匪"往往令人混淆,给维新派的"合群立会"活动带来了危险。为给君子之会正名,麦孟华特地在《时务报》发文,提倡应因势利导,安置"会匪"。②

同时,严复对西方群学的引入,与康、梁等合群立会的要求,其来源并不一致。③ 严复把 society 一词翻译为"群",把 sociology 翻译为"群学"并不是偶然的。因为斯宾塞和赫胥黎也多是在松散的意义上来使用 society 一词。但严复之译 society 为"群"字,实有鲜明的时代特色。并且严复既讲群学,也讲合群,如他定义"合群"道:"合群者所以平群以内之物竞,即以敌群以外之天行。"④严复所输入的西方群学及群学公例,为维新派所讲的合群立会提供了另一理论依据。

在康有为等提出合群立会之前,早在1880年,薛福成即注意到日本"近有联合社会者"。这里的"社会"即作中国已有之"团体"讲。⑤ 黄遵宪写作《日本国志》时,也在"礼俗志"下有"社会"一节。黄写道:"社会者,合众人之才力、众人之名望、众人之技艺、众人之

① 《论会即荀子群学之义》,《强学报》第1号,1896年1月12日。
② 麦孟华:《论中国会匪宜设法安置》,《时务报》第40册,1897年9月26日。
③ 姚纯安:《清末群学辨证——以康有为、梁启超、严复为中心》,《历史研究》2003年第5期。
④ [英]赫胥黎:《天演论》,严复译,第33页。
⑤ 薛福成著,蔡少卿整理:《薛福成日记》,长春:吉林文史出版社,2004年,第303页。

声气,以期遂其志者也。"①此处之"社会",也作"结社集会"来讲。《申报》在 1873—1894 年也多次使用"社会"一词,多作节日迎神赛会或集会、团体来讲,也因翻译日文报刊,偶有使用"社会党"专有名词或照录近代意义的"社会"一词。② 甲午战后,"东学"输入大量增加。《时务报》馆日本翻译古城贞吉于所译日文报刊中即多次使用"社会"一词,其中最显著的是《论社会》一文。该文讲道:"野蛮之地,无社会者焉。及文明渐开,微露萌蘖,久之,遂成一社会。""抑社会二字,本非我国古来惯用之熟语,而社会之实形,自古已有。"③此文无疑能增强晚清士人对"社会"一词的熟悉程度,但究竟有多少人理解了这篇文章,还有疑问。康有为即使读过这篇文章,恐怕也未能深解,这从他其后对"社会"一词的使用即可明显看出。

甲午战争后,在以合群立会为重要政治活动的情形下,康有为接触到日本政治学、社会学及日本历史中使用的"社会"一词,并在《日本书目志》和《日本变政考》中多次使用。但他并不完全理解"社会"一词在日文原语境下的确切内涵,而是按中国原有的社会一词及自己的需要来使用"社会"一词。但正是在这种误解与沿用之间,"社会"一词重新获得了生命力,新的用法也被输入中国。

戊戌维新后,群、群学之概念在知识分子中间继续被使用,不

---

① 黄遵宪:《日本国志》卷三十七,光绪十六年羊城富文斋刊版影印,见《续修四库全书》第 745 卷,上海:上海古籍出版社,2002 年,第 384 页。
② 见本书附录一《〈申报〉"社会"使用情况整理(1873—1894)》。
③ [日]古城贞吉:《论社会》,《时务报》第 17 册,1897 年 1 月 13 日,总第 1148 页;[日]古城贞吉:《论社会续》,《时务报》第 18 册,1897 年 2 月 22 日,总第 1228 页。

过其内涵发生了一些变化。① "群""群学"逐渐为"社会""社会学"所取代,以至于严复1903年译成《群学肄言》时就不得不对二者做出界定:"群有数等,社会者,有法之群也。社会,商工政学莫不有之,而最重之义,极于成国。"②至于"社会"之取代"群",将在下一章论述。

① 王宏斌认为1899—1903年之合群、群学有三点变化,如对象上对清廷做了更多攻击,合群主体由士绅扩大到青年学生、华侨商人和会党,并且提出以"群德"维系群体的主张。见王宏斌《二十世纪初年的"群学"》,《史学月刊》1985年第5期。
② 严复:《〈群学肄言〉译余赘语》,载[英]斯宾塞《群学肄言》,严复译。

第三章 从"群"到"社会"：以梁启超为例看庚子前后"社会"概念的形成

既往研究已经清楚，"社会"与甲午到戊戌较多使用的"群"在一段时间内曾发生竞争，并且最终取代了"群"。"社会"之最终胜出，要到1904年前后[1]甚至更晚。[2] 有学者提出了两种原因作为"社会"取代"群"的解释，如"革命"压倒"维新"和清末"绅士公共空间"的形成。[3] 不同于此种解释，有学者认为"社会"之所以取代"群"，是因为"社会"内涵的差异性。[4] 学者们解释的差异，一个重

---

[1] 金观涛、刘青峰：《从"群"到"社会""社会主义"：中国近代公共领域变迁的思想史研究》，载金观涛、刘青峰《观念史研究：中国现代重要政治术语的形成》，香港：香港中文大学出版社，2008年，第196—197页。

[2] 王汎森：《傅斯年早期的"造社会"论——从两份未刊残稿谈起》，《中国文化》第14期，1996年，第203—212页。

[3] 金观涛、刘青峰：《从"群"到"社会""社会主义"：中国近代公共领域变迁的思想史研究》，《观念史研究：中国现代重要政治术语的形成》，第194—214页。

[4] 冯凯：《中国"社会"：一个扰人概念的历史》，《亚洲概念史研究》第2辑，2014年12月，第99—137页。

要原因是缺乏足够的个案研究作支撑。有学者早就指出,研究东亚文化交流史中的"脉络性"转换现象,最有效的方法就是将焦点从文化交流活动之"结果"转移到"过程",从而使研究者的眼光从东亚各地域文化的静态"结构"转向动态"发展"。① 本章即以近代东亚文明圈形成的"最大的功臣"②——梁启超为例,考察他对"群""人群""社会"的使用,并在此基础上就"社会"最终取代"群"和"人群"的原因,做一探讨,③以作为对已有研究的补充。

第一节　梁启超在日期间对政治学和社会学知识的接触

康、梁在戊戌政变前的政治态度,如上章所述。这时,梁虽常用"群"或"合群",但已接触到"社会"一词。黄遵宪的《日本国志》中用到过"社会",作传统的团体讲。《时务报》第 17、18 期曾发表

① 黄俊杰:《东亚文化交流中的"去脉络化"与"再脉络化"现象及其研究方法论问题》,《东亚观念史集刊》第 2 期,2012 年 6 月,第 59 页。
② [日]狭间直树:《梁启超:东亚文明史的转换》,高莹莹译,北京:北京大学出版社,2021 年,第 2 页。
③ 黄碧云较早注意梁启超的"社会"观念,并分为戊戌政变之前、戊戌政变后至《新民丛报》创刊前、《新民丛报》创刊至光绪三十三年、光绪三十三年至宣统三年四个阶段来进行讨论。黄认为,在第一阶段,梁受严复影响,对群的意义了解较深,而对社会的意义尚不明确;在第二阶段,梁关于社会的意义虽不清晰,但已能区别朝廷与社会的不同,以及国家与国民或人群的不同;在第三阶段,梁受到伯伦知理社会观念的影响,逐渐从群转到社会;在第四阶段,梁特别注意政治与社会的关系。见黄碧云《清末民初知识分子的"社会"观念》,台湾"清华大学"硕士学位论文,1996年,第 19—32 页。

古城贞吉所译《论社会》,第一次在中文期刊上比较集中地以近代意义使用了"社会"一词。但此文影响有限。梁第一次比较认真接触到新的意义上的"社会"一词,还应是在读康有为所编《日本书目志》时。梁仔细读过康所编《日本书目志》,在所作《读〈日本书目志〉书后》一文中,梁提倡"愿我人士读生理、心理、伦理、物理、哲学、社会、神教诸书,博观而约取,深思而研精,以保我孔子之教"。① 但正如康有为虽接触到大量日本政治学、社会学及日本历史书籍中所使用的"社会"一词,却并不真正理解"社会"一词的确切含义一样,梁此时也未必对"社会"一词有深入理解。

戊戌变法的失败是对梁政治事业的一大打击,不过却是梁学问和知识上的一大机遇。在逃往日本时乘坐的大岛兵舰上,梁得到日文政治小说《佳人奇遇》,并读得津津有味。② 康、梁在日本呼吁营救光绪帝期间,正赶上日本政坛的大动荡,他们的努力并没有

① 梁启超:《读〈日本书目志〉书后》,原载《时务报》第 45 册,1897 年 11 月 15 日,见汤志钧、汤仁泽编《梁启超全集》第 1 集,第 287 页。
② 《清议报》上连载之《佳人奇遇》以往多认为是梁译,据山田敬三考证,应该更多是罗普所译。近年来吉田薫与吕顺长更据康有为从兄康有仪书札判定为康有仪所译,言之有据。但笔者认为,目前材料仅能判定《佳人奇遇》最初几篇乃康有仪所译,尚不能排除梁参与了后来的翻译。见[日]山田敬三《汉译〈佳人奇遇〉纵横谈——中国政治小说研究札记》,汪建译,载赵景深主编《中国古典小说戏曲论集》,上海:上海古籍出版社,1985 年,第 397—399 页;[日]吉田薫《康孟卿の翻訳作業とその周辺——戊戌政変から『清議報』刊行までを中心に》,《中国研究月報》第 65 卷第 10 号,2011 年 10 月,第 8 页;吕顺长:《康有仪の山本憲に宛てた書簡(訳注)》,《西天王寺大學紀要》第 54 号,2012 年 9 月,第 413 页。感谢崔文东兄惠赠各文,遗憾的是,笔者尚未见到吕顺长《〈佳人奇遇〉并非梁启超所译》(2013年)一文。

得到积极回应,且他们在国内的措施也被部分日本人批评为"急激"。① 在此情况下,康有为于 1899 年 2 月被迫离开日本。② 梁初到东京时,即有日本友人帮助讲解日本文法,在康离开日本后,又从罗孝高往箱根,习日文、读日本书。③ 大量阅读日文书籍给梁开辟了一个知识上的新世界。他自述此时的体悟时说:"哀时客既旅日本数月,肆日本之文,读日本之书。畴昔所未见之籍,纷触于目。畴昔所未穷之理,腾跃于脑。如幽室见日,枯腹得酒,沾沾自喜,而不敢自私。"④兴奋之情,溢于言表。在日文书籍中,梁尤其注意政治学、经济学(梁初时称资生学、理财学)、哲学(梁初时称智学)、社会学(梁初时称群学)等类,而日文书籍中比较集中使用"社会"一词并从学理上加以探讨的,正是政治学和社会学书籍。探讨梁所接触的日文语境下"社会"一词的使用,可以梁所接触的此两类书籍为中心。

赴日后,伯伦知理的《国家论》受到了梁的关注。梁在《清议报》上分期连载了《国家论》前四卷(卷二未载,卷三卷四皆未全载)。以往学者多认为《清议报》所载《国家论》抄袭自吾妻兵治《国家学》。经笔者考证,《清议报》所载《国家论》实是以平田东助日文本《国家论》为底本,参照吾妻兵治汉译本《国家学》(从平田

① 丁文江、赵丰田编:《梁启超年谱长编》,第 104—105 页;郑匡民:《梁启超启蒙思想的东学背景》,上海:上海书店出版社,2003 年,第 28—38 页。
② 郑匡民:《梁启超启蒙思想的东学背景》,第 42 页。
③ 丁文江、赵丰田编:《梁启超年谱长编》,第 109、115 页。
④ 梁启超:《论学日本文之益》,原载《清议报》第 10 册,1899 年 4 月 1 日,见汤志钧、汤仁泽编《梁启超全集》第 1 集,第 704 页。

东助日文本《国家论》汉译而来）翻译而成的。① 对于《国家论》的意义，吾妻兵治在《国家学》序文中曾加以说明："一国之忧，莫大于不辩〔辨〕国家为何物矣。苟善辩〔辨〕之，则上不虐，下不乱，协心勠力，共图富强。虽欲国不旺盛，岂可得哉？"②

1899 年前后，梁启超政治思想也有一大变动之处值得注意。在戊戌年之前，梁提倡"合群""学会"，并主张开议院，其主要着力点还在于当时的士大夫阶层。但流亡日本后，出于积聚政治实力的需要，他把目光扩大到海外华人，采取的措施之一即兴办商会。在《商会议》一文中，他认为："商会者何？欲采泰西地方自治之政体，以行于海外各埠也。"③他对这一举措很有信心，曾在给妻子的信中说："广东人在海外者五百余万人，人人皆有忠愤之心，视我等如神明、如父母，若能联络之，则虽一小国不是过矣。今欲开一商会，凡入会者每人课两元，若入会者有一半，则可得五百万元矣。以此办事，何事不成？"④

政权上暂时无望，梁也不得不把目光转移于"国民"。他认为："凡一国之存亡，必由其国民之自存自亡，而非他国能存之、能亡之也。"⑤"凡一国之强弱兴废，全系乎国民之智识与能力；而智识、能

---

① 见承红磊《〈清议报〉所载〈国家论〉来源考》，《史林》2015 年第 3 期。
② ［日］吾妻兵治：《國家學·序》，［德］伯伦知理：《國家學》，吾妻兵治譯，東京：善隣譯書館、國光社，明治三十二年十二月。
③ 梁启超：《商会议》，原载《清议报》第 10 册，1899 年 4 月 1 日，见汤志钧、汤仁泽编《梁启超全集》，第 1 集，第 706 页。
④ 梁启超：《致李蕙仙书》，见丁文江、赵丰田编《梁启超年谱长编》，第 117 页。
⑤ 梁启超：《论中国人种之将来》，原载《清议报》第 19 册，1899 年 6 月 28 日，见汤志钧、汤仁泽编《梁启超全集》第 2 集，第 5 页。

力之进退增减,全系乎国民之思想;思想之高下通塞,全系乎国民之所习惯与所信仰。"①在梁看来,中国人非无爱国之性质,"其不知爱国者,由不自知其为国也。"若要救国,必借人才;欲得人才,则须兴教育。而教育之内容,首先即为"政学"。不过梁此处之"政学"是一个广泛的概念,包括"群学、国家学、行政学、资生学、财政学、哲学"等各致用之学。假如政学之教育兴,"则数年之后,中国维新之运既至,我海外之忠民皆得以效力于国家,而国家亦无乏才之患矣"。② 梁此处明确提到"国家学"之必要。1899 年《清议报》第 12 册特登《改良告白》,称"本报宗旨专以主持清议、开发民智为主义,今更加改良,特取东西文各书报中言政治学、理财学者,撷其精华,每期登录数叶。因政治等学为立国之本,原中国向来言西学者,仅言艺术及事迹之粗迹,而于此等实用宏大之学,绝无所知。风气不开,实由于此"。其译载《国家论》即可视为输入"政学"的一部分。

《国家论》第一卷即为"国家之性质及目的"。在此卷中,伯伦知理批驳了国家理论中的"君权神授"说和卢梭"社会契约"(原文用"社会盟约")说,认为国家乃一有机体,经历史沿革而成,是各民为遂其愿欲,而经营之"一大公体"。③ 就国家之目的(《清议报》原文用"准的")而言,伯伦知理认为应分为国家自己之目的及其间接目的。其自己之目的可分两类,即"保存国家、施行政令"和"使民

---

① 梁启超:《论支那宗教改革》,原载《清议报》第 19、20 册,1899 年 6 月 28 日、7 月 8 日,见汤志钧、汤仁泽编:《梁启超全集》第 2 集,第 11 页。

② 哀时客(梁启超):《爱国论(一)》,原载《清议报》第 6 册,1899 年 2 月 20 日,见汤志钧、汤仁泽编《梁启超全集》第 1 集,第 691、694 页。

③ 《国家论》(续),《清议报》第 16—18 册,总第 1097—1100、1163—1166 页。

人改良,进于文明";其间接之目的,则在于"谋社会并各私人之便宜"。①

以有机体国家观为基础,伯伦知理在《国家论》中批判了卢梭的"社会契约"说,认为卢梭混"国家"(有时亦用"国民")与"社会"为一,把国家"堂堂一大公体",变为"社会之微贱私体"。② 不过伯伦知理同时也概括了卢梭"社会契约"说的主要内容,即国家因契约而成、民人保有平等权利、契约来源于全国民人之许诺。③ 伯伦知理并未否认"社会"的积极意义,但塑造了一个正当性高于"社会"的有机体——国家。

平田东助原书(及吾妻兵治译本)第二卷主要讨论国民与社会的区别及民族与社会的区别。伯伦知理认为:"国民者,一定不动之全体也,而社会,不过是变动不定之集合体也。又国民者,循国家之规模而组成,在法律上为一个人体也。社会则无组织,亦非法律上之人体。国民者,有一定之意志,又有威力,而能行其心志。社会则无共同之心志及威力,唯据一般舆论陈述其意见及愿望,其对政府,唯有间接之影响耳。"④但梁并未把原著第二卷登载于《清议报》,他当时大概觉得没有必要区分国家与社会及族民与国民。

---

① 《国家论》(续),《清议报》第 19 册,总第 1234、1235 页。
② 《国家论》(续),《清议报》第 18 册,总第 1165 页。
③ 《国家论》(续),《清议报》第 18 册,总第 1164—1165 页。
④ ブルンチュリー:《國家論》,平田東助、平塚定二郎譯,東京:春陽堂,明治二十二年十一月,第 74 頁。译文参考郑匡民《梁启超启蒙思想的东学背景》,上海:上海书店出版社,2003 年,第 242 页。

伯伦知理之国家观,对梁启超有持续的影响。① 但梁在 1899 年至 1902 年时并未接受伯伦知理对卢梭的批评,而是积极主张卢梭学说。如在 1899 年所写《破坏主义》一文中,他呼唤道:"欧洲近世医国之国手,不下数十家。吾视其方最适于今日之中国者,其惟卢梭先生之《民约论》乎? …… 呜呼!《民约论》兮,尚其来东!"②梁在 1900 年 4 月致康有为书中还说:"日本书中无一不谈法国革命而色变者,其政治书中无不痛诋路梭(今译卢梭)者。盖日本近日盛行法〔德〕国主义,弟子实深恶之厌之。而至今之独尊法国主义者,实弟子排各论而倡之者也。"③不过卢梭本未明确区分国家与社会,中江兆民又多把"社会"译为邦国,④因此在梁氏对卢梭的介绍文中,也没有"社会"这一概念,其言曰:"人人交际既不可不由契约,则邦国之设立,其必由契约,又岂待知者而决乎?"而立此民约之特点,则必"人人自由,人人平等"。⑤

---

① 任公(梁启超):《国家思想变迁异同论》,原载《清议报》第 94、95 册,1901 年 10 月 12、22 日,见汤志钧、汤仁泽编《梁启超全集》第 2 集,第 321—327 页;梁启超:《论学术之势力左右世界》,原载《新民丛报》第 1 号,1902 年 2 月 8 日,见汤志钧、汤仁泽编《梁启超全集》第 2 集,第 467—478 页;梁启超:《干涉与放任》,原载《新民丛报》第 17 号,1902 年 10 月 2 日,见汤志钧、汤仁泽编《梁启超全集》第 2 集,第 143 页;梁启超:《答某君问法国禁止民权自由之说》,原载《新民丛报》第 25 号,1903 年 2 月 11 日,见汤志钧、汤仁泽编《梁启超全集》第 4 集,第 119 页。

② 梁启超:《饮冰室自由书·破坏主义》,原载《清议报》第 28 册,1899 年 9 月 25 日,见汤志钧、汤仁泽编《梁启超全集》第 2 集,第 71 页。

③ 梁启超:《致康有为书》(1900 年 4 月 29 日),见汤志钧、汤仁泽编《梁启超全集》第 19 集,第 193 页。

④ アルフレット、フーイエー:《理學沿革史》,中江篤介譯,東京:日本文部省編輯局,1885 年,第 556—602 頁。

⑤ 梁启超:《卢梭学案》,原载《清议报》第 98—100 册,1901 年 11—12 月,见汤志钧、汤仁泽编《梁启超全集》第 2 集,第 339 页。

　　至 1903 年旅美后期,①梁启超已完全倾心于伯伦知理而放弃卢梭。他说,"伯伦知理学说,则卢梭学说之反对也。二者孰切真理? 曰:卢氏之言药也,伯氏之言粟也。痼疾既深,固非恃粟之所得瘳。然药能已病,亦能生病⋯⋯五年以来,卢氏学说,稍输入我祖国,彼达识之士,其孳孳尽瘁以期输入之者,非不知其说在欧洲之已成陈言也,以为是或足以起今日中国之废疾,而欲假之以作过渡也。顾其说之大受欢迎于我社会之一部分者,亦既有年,而所谓达识之士,其希望之目的,未睹其因此而得达于万一,而因缘相生之病,则已渐萌芽渐弥漫。一国中现在未来不可思议之险象,已隐现出没"②。前述伯伦知理关于国民与社会区别之大意,此时则完全译出。③

　　此外,梁启超也接触过密尔思想,不过密尔原文主张限制"社会的暴虐"(tyranny of society),中村正直把 society 译为"仲间连中"(同伙们),又加上了"即政府"的注解,这样,就把"社会"(society)的概念翻译为政府,并把原文限制社会暴虐的主题,转移为政府与人民权限的问题,反映在梁启超译文时即为"论政府与人民之权限"。④

---

① 梁启超 1903 年思想的转变,已有较多论述,可参见丁文江、赵丰田编《梁启超年谱长编》,第 214—219 页;张朋园《梁启超与清季革命》,第 163—177 页。

② 梁启超:《政治学大家伯伦知理之学说》(二),原载《新民丛报》第 38、39 号合刊,1903 年 10 月 4 日,见汤志钧、汤仁泽编《梁启超全集》第 4 集,第 207 页。

③ 梁启超:《政治学大家伯伦知理之学说》(二),见汤志钧、汤仁泽编《梁启超全集》第 4 集,第 208 页。

④ 梁启超:《论政府与人民之权限》,原载《新民丛报》第 3 号,1902 年 3 月 10 日,见汤志钧、汤仁泽编《梁启超全集》第 3 集,第 6—10 页。

除伯伦知理外,梁在1903年也借用波伦哈克关于国家之学说,其言曰:"国也者何也? 以平衡正义调和社会上各种利害冲突之一团体也。"梁并由此引申而言共和国统治之主体与客体为一物,社会之冲突难以调和,进而主张君主立宪制。① 此为另一问题,此处不作详论。

《清议报》之输入国家学,自以伯伦知理之《国家论》为重点。《清议报》之输入社会学(群学),则以麦仲华所译有贺长雄之《社会进化论》为中心。② 《社会进化论》始见于《清议报》第47册至《清议报》第70册,非为全文,不过已是较早输入中国的社会学著作之一。梁虽非译者,但肯定读过此著无疑。

在《自叙》中,麦仲华首先明确了登载此译著的目的。他说:"群者,天下之公理哉!"不独人有群,鸟、鹿等禽兽,莫不有之。"然同为是群,而人群日盛,物群日衰。同为人群,而白种之群日兴,黑种红种之群日败。""岂天择之各有所宜耶? 抑亦合群保群之道有善有不善耶?"③这说明此译的关注点仍是"合群保群之道"。

《社会进化论》对"社会"之定义及其性质做了说明。其言曰:"社会者,人群也。"④"社会者,因人类之聚合而协力分劳,遂成为有机之物。"既为有机之物,则"只以数多之人数,同聚于一时一处,

---

① 梁启超:《政治学大家伯伦知理之学说》(二),见汤志钧、汤仁泽编《梁启超全集》第4集,第219页。

② 《清议报》所登广智书局广告曾称《社会进化论》为麦仲华之弟麦鼎华所译,此当为误登。见《广智书局已译待印书目》,原载《清议报》第100册,1901年2月21日。

③ 瑶斋主人(麦仲华)译:《社会进化论·自叙》,《清议报》第47册,总第3027—3029页。

④ 瑶斋主人(麦仲华)译:《社会进化论》,《清议报》第47册,总第3073页。

未得成为社会。其中必有治人者,治于人者,农民商人制造家等之诸部分,分劳协力,而成相助相俟之形,乃始得真谓为社会也"①。文中还列举了社会变迁之次第,即从君主专制之世,到战国扰乱之世,或为教权一统之世;之后为革命纷扰之世,或成法律一统之世,或成议论扰乱之世,或成道理一统之世。② 此著中且以社会包罗政治、宗教、风俗、产业等事,认为"政治、宗教、风俗、产业等,皆社会中全体之一部分"。③ 文中批评了卢梭的"社会契约"说,认为社会之形成,乃一历史的过程,而非如卢梭所言通过契约而成。④ 文中并论政治之起源道:"故武勇出众之血统,国神后胤之血统,为族长之血统,势必合而为一。故尊崇备至,权力自强。于是出号令,置官职,征赋税,以保持其权力。而人民亦知政府之可尊可从,深信而不疑。遂政府从此而立,官吏从此而设,国民从此而生。"⑤此乃以"社会"先于国家而成立。

梁所读过的另一社会学著作为颉德之《社会进化论》(*Social E-volution*)。此著主要强调竞争为进步之要素,优适者繁殖、劣败者灭亡,此不易之公例也。因此,为保群体之胜利,则"不可不牺牲个人以利社会(即人群),不可不牺牲现在以利将来"。颉德并认为"现在之利己心"("天然性"),乃人性中之最"个人的""非社会

---

① 瑫斋主人(麦仲华)译:《社会进化论》,《清议报》第48册,总第3133—3134页。
② 瑫斋主人(麦仲华)译:《社会进化论》,《清议报》第47册,总第3074页。
③ 瑫斋主人(麦仲华)译:《社会进化论》,《清议报》第47册,总第3078页。
④ 瑫斋主人(麦仲华)译:《社会进化论》,《清议报》第61册,总第3911页。
⑤ 瑫斋主人(麦仲华)译:《社会进化论》,《清议报》第70册,总第4470页。

的""非进化的","其于人类全体之永存之进步,无益而有害者
也"。① 梁对颉德之牺牲说甚为赞赏,除将其大意于《新民丛报》第
17 号输入于学界外,早在刊于《新民丛报》第 15 号的《尺素六千
纸》中便曾对颉德之牺牲说加以简介。②

梁还从严译《群学肄言》中吸收了部分斯宾塞的"群学"思想,
主要在个人与群体关系方面。梁引用其言曰:"凡群者皆一之积
也,所以为群之德,自其一之德而已定。群者谓之拓都,一者谓之
幺匿。拓都之性情形制,幺匿为之,幺匿之所本无者,不能从拓都
而成有;幺匿之所同具者,不能以拓都而忽亡。"③

由上述可知,梁通过政治学和社会学作品接触到两种不同的
"社会"。梁所吸收的政治学主要为德国政治学和日本转译的英国
政治学,强调国家具有高于社会的正当性。④ 梁所接触的社会学作
品,则比较强调社会先于国家而成,具有比"国家"更广阔的内容,
且强调社会成员的分工协作。

---

① 梁启超:《进化论革命者颉德之学说》,原载《新民丛报》第 17 号,1902 年 10 月 16
  日,见汤志钧、汤仁泽编《梁启超全集》第 4 集,第 2 页。
② 梁启超:《尺素六千纸》,《新民丛报》第 15 号,1902 年 9 月 2 日,见汤志钧、汤仁泽
  编《梁启超全集》第 3 集,第 604 页。
③ 梁启超:《新民说·论私德》(1903—1904),见汤志钧、汤仁泽编《梁启超全集》第 2
  集,第 633 页。
④ 梁所接触的政治学作品还有很多,此处主要讨论其在 1904 年以前接触,且主要与
  "社会"话语有关者。梁所受日本思想的影响,可参见狭间直树编《梁启超·明治
  日本·西方》(北京:社会科学文献出版社,2001 年)及郑匡民《梁启超启蒙思想的
  东学背景》两书。

第二节 从"群""人群"到"社会"

上节为此一时期梁所接触政治学和社会学作品中"社会"思想之大概。不过，从上文即可看出，"群""人群""社会"等词在这些作品中是被交错使用的，那么梁对这些词语的使用有一个什么样的偏向呢？

在《佳人奇遇》中，已多次出现"社会"一词，不过绝大多数是对日语原文之挪用，只有一处是将"社界"译为"社会"。① 仔细对照梁译《国家论》与平田东助日译本，我们可以发现梁也曾把"会社"译为"社会"。② 不过到 1903 年写作《政治学大家伯伦知理之学说》时，他已明确指出"会社""即中国所谓公司也，与社会不同"。③ 这说明此时他已能明确区分"会社"与"社会"。

在早期文章中，当使用"社会"一词时，梁还多处做注，"即人

---

① 《佳人奇遇》，见汤志钧、汤仁泽编《梁启超全集》第 18 集，第 176 页；[日]東海散士《佳人之奇遇》，大沼敏男、中丸宣明校注，"政治小説集二"，東京：岩波書店，2006 年，第 585 頁。
② 《国家论》，《清议报》第 16 册，总第 1030 页；[德]伯伦知理：《國家學》，[日]吾妻兵治譯，第 8 頁上；ブルンチュリー：《國家論》，平田東助、平塚定二郎譯，第 22 頁。
③ 梁启超：《政治学大家伯伦知理之学说》(二)，见汤志钧、汤仁泽编《梁启超全集》第 4 集，第 208 页。

群"。① 事实上,"人群"是 1899 至 1902 年间梁用以替代"社会"的一个词。梁还曾把"社会主义"解释为"人群主义"。② 这说明梁此时仍对使用"社会"一词感到不安。

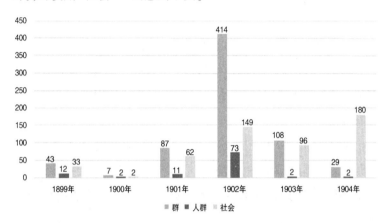

图 1　梁启超对"群""人群""社会"的使用(1899—1904)

我们可以把梁在 1899 至 1904 年间对"群""人群""社会"的使用做一统计,这样能更清楚地看出梁使用这些词语的变化。

---

① 梁启超:《饮冰室自由书·慧观》(1900 年 3 月 1 日),见汤志钧、汤仁泽编《梁启超全集》第 2 集,第 96 页;梁启超:《新民说·论公德》(1902 年 3 月 10 日),见汤志钧、汤仁泽编《梁启超全集》第 2 集,第 539 页;梁启超:《进化论革命者颉德之学说》,原载《新民丛报》第 17 号,1902 年 10 月 16 日,见汤志钧、汤仁泽编《梁启超全集》第 4 集,第 2 页。

② 梁启超:《论学术之势力左右世界》,原载《新民丛报》第 1 号,1902 年 2 月 8 日,见汤志钧、汤仁泽编《梁启超全集》第 2 集,第 467、468 页;梁启超:《进化论革命者颉德之学说》,原载《新民丛报》第 17 号,1902 年 10 月 16 日,见汤志钧、汤仁泽编《梁启超全集》第 4 集,第 1 页。

表1:梁启超对"群""人群""社会"的使用(1899—1904)

词语	年份					
	1899	1900	1901	1902	1903	1904
群	43	7	87	414	108	29
人群	12	2	11	73	2	2
社会	33	2	62	149	96	180

说明:此表主要根据汤志钧、汤仁泽所编《梁启超全集》(北京:中国人民大学出版社,2018年)绘制,统计细目见附录。

从表1(及图)可以看出,"群"在1899至1903年一直是梁使用较多的一个字,直到1904年其使用次数才低于"社会",这反映出对"群"的关注及"合群"的主张是这段时期一个持续的主题。1900年各词使用均较少,这是因为此年梁主要从事实际政治活动,作文较少。"人群"在1899至1902年被使用得较多,而到1903年以后,就已基本不再被使用,这一词语与"社会"一词有直接的竞争关系。"社会"一词的使用,在此期间的基本趋势是增长的,而到1904年该词使用次数已远远超过了"群"和"人群"。这一年,《新民丛报》出了个新栏目《新释名》,其所列第一词便是"社会"。文中引用建部遯吾《社会学序说》,释"社会"之义为"众人协同生活之有机的有意识的人格之浑一体也"。① 这已在试图将"社会"之用法固定化。由表1(及图)可见,在梁的用词中,至1904年,"社会"一词已基本从与"群""人群"的竞争中胜出。

---

① 《社会》,"新释名一",《新民丛报》第3年第2号,总第50号,第113页。

金观涛、刘青峰曾使用"中国近代思想史专业数据库"检索了"群"和"社会"的使用情况,并指出在 1903 年"社会"的使用频率已超过"群",这与本文所统计的趋势是基本吻合的。[①]

第三节 梁启超的"社会"及其含义

我们从上节可以发现梁对"群""人群""社会"的使用有一个转变的过程,而最终"社会"一词在这种竞争中胜出。但新词"社会"究竟提供了怎样的可能性? 也即梁借助"社会"一词表达了什么样的新观念?

从梁的文章来看,"社会"主要有五种含义:

第一是作为伦理上尽义务的对象。如前所述,流亡日本后,"养吾人国家思想"是梁在此一时期所关注的一个持续的主题。[②] 但是梁的主题非仅国家思想而已,实际乃是群体思想。在此点上,社会观念与国家观念相辅成成。如在《新史学》中,梁强调以往史家"知有个人而不知有群体",以至"我国民之群力、群智、群德所以永不发生,而群体终不成立也"。以此为基础,梁重新定义了

[①] 金观涛、刘青峰:《从"群"到"社会"、"社会主义":中国近代公共领域变迁的思想史研究》,载金观涛、刘青峰《观念史研究:中国现代重要政治术语的形成》,第196—197 页。

[②] 梁启超:《本报告白》(1902 年 2 月 8 日),见汤志钧、汤仁泽编《梁启超全集》第 2集,第460 页。

"历史"："历史者，叙述人群进化之现象，而求得其公理公例者也。"①

在 1900 年，梁已讨论到中国人被讥为"一盘散沙"，主要是因为无"合群之德"，而所谓"合群之德"，即指"以一身对于一群，常肯绌身而就群。以小群对于大群，常肯绌小群而就大群。夫然后能合内部固有之群，以敌外部来侵之群"。② 在《新民说》之《论公德》中，梁解释"公德"为："人群之所以为群，国家之所以为国，赖此德焉以成立者也。"梁认为"新伦理所重者，则一私人对于一团体之事也"。中国"君臣"一伦不足以尽国家伦理，"朋友"一伦也不足以尽社会伦理。③ 梁并认为："群之于人也，国家之于国民也，其恩与父母同。盖无群无国，则吾性命财产无所托，智慧能力无所附，而此身将不可以一日立于天地。故报群报国之义务，有血气者所同具也。苟放弃此责任者，无论其私德上为善人、为恶人，而皆为群与国之螟贼。"④这里已经在树立"群"（社会）与国家相似的正当性了。梁宣称"公德之大目的，既在利群，而万千条理即由是生焉。本论以后各子目，殆皆可以'利群'二字为纲，以一贯之者也"⑤。

---

① 梁启超：《新史学》，原载《新民丛报》第 1—16 号，1902 年，见汤志钧、汤仁泽编《梁启超全集》第 2 集，第 498、504 页。

② 梁启超：《十种德行相反相成义》，原载《清议报》第 82、84 册，1901 年，见汤志钧、汤仁泽编《梁启超全集》第 2 集，第 285 页。

③ 梁启超：《新民说·论公德》（1902 年 3 月 10 日），见汤志钧、汤仁泽编《梁启超全集》第 2 集，第 539 页。

④ 梁启超：《新民说·论公德》（1902 年 3 月 10 日），见汤志钧、汤仁泽编《梁启超全集》第 2 集，第 540—541 页。

⑤ 梁启超：《新民说·论公德》（1902 年 3 月 10 日），见汤志钧、汤仁泽编《梁启超全集》第 2 集，第 542 页。

此时梁已屡次强调对社会应尽之义务,如对留日学生则曰"被社会之推崇愈高者,则其天职亦愈高"①,称自己之言论时则曰"以是为对社会之一责任而已"②。

第二是作为个人活动之背景,在此意义上的"社会"又常常是被作为需要战斗、克服的对象来说的。梁自作文章中第一次较多使用"社会"一词是在为其师所作的传记中。他区分人物为应时人物和先时人物,"先时人物者,社会之原动力,而应时人物所从出也。质而言之,则应时人物者,时势所造之英雄;先时人物者,造时势之英雄也"。在梁看来,"凡真人物者","或顺势而为社会导,或逆势而与社会战。不能为社会导者,非人物也;不敢与社会战者,非人物也"。③梁评价其师为"中国先时之一人物",其实,梁又何尝不以此要求自己?这在其《举国皆我敌》一诗中最为明显:

> 举国皆我敌兮,吾能勿悲!吾虽悲而不改吾度兮,吾有所自信而不辞。世非混浊兮,不必改革,众安混浊而我独否兮,是我先与众敌。阐哲理指为非圣兮,倡民权谓曰畔道。积千年旧脑之习惯兮,岂旦暮而可易。先知有责,觉后是任。后者终必觉,但其觉匪今。十年以前之大敌,十年以后皆知音。……眇躯独立世界上,挑战四万万群盲。一役战罢复他

---

① 梁启超:《敬告留学生诸君》,原载《新民丛报》第15号,1902年9月2日,见汤志钧、汤仁泽编《梁启超全集》第3集,第610页。

② 笔者在汤志钧、汤仁泽所编《梁启超全集》中暂未找到此则材料。见梁启超《答和事人》,原载《新民丛报》第42、43号合本,1903年12月2日,《饮冰室合集·文集》第11卷,北京:中华书局,1988年,第47页。

③ 梁启超:《南海康先生传》,《清议报》第100册,1901年12月21日,见汤志钧、汤仁泽编《梁启超全集》第2集,第359—360页。

役,文明无尽兮竞争无时停。百年四面楚歌里,寸心炯炯何
所撄。①

在梁看来,当日中国之"社会"为一"久经腐败之社会"或"几
无一部分而无病态",原因之一乃"专制政体之陶铸"。梁说:"吾民
族数千年生息于专制空气之下,苟欲进取,必以诈伪。苟欲自全,
必以卑屈。其最富于此两种性质之人,即其在社会上占最优胜之
位置者也。而其稍缺乏者,则以劣败而渐灭,不复能传其种于来裔
者也。是故先天之遗传,盘踞于社会中,而为其公共性。种子相
熏,日盛一日,虽有豪杰,几难自拔。"因此梁认为不仅有提倡公德
之必要,还应提倡私德,其重点则为"正本""慎独""谨小"。②

正因为深知成为"人物"之不易,他十分崇拜英雄,并借用卡莱
尔(原文作卡黎尔)之言曰:"英雄者,上帝之天使,使率其民以下于
人世者也。……征诸古今东西之历史,凡一国家、一时代、一社会
之污隆盛衰,惟以其有英雄与否为断。"梁甚至认为"非以血洗血,
则不能改造社会,而发扬世界之大精神。而欲改造社会,必先自改
造我躬始"③。梁似乎忘记了他早前讲过"英雄者不祥之物也"④。

---

① 梁启超:《举国皆我敌》,原载《清议报》第 100 册,1901 年 12 月 21 日,见汤志钧、汤
仁泽编《梁启超全集》第 17 集,第 601 页。引用时标点稍有改动。

② 梁启超:《新民说·论私德》(1903—1904),见汤志钧、汤仁泽编《梁启超全集》第 2
集,第 633—653 页。

③ 梁启超:《新英国巨人克林威尔传》(1903 年),见汤志钧、汤仁泽编《梁启超全集》
第 4 集,第 145—146、152 页。

④ 梁启超:《自由书·文明与英雄之比例》(1902 年 2 月 8 日),见汤志钧、汤仁泽编
《梁启超全集》第 2 集,第 141 页。

梁之"新民说"可能也受到此种对"社会"看法之影响,其言曰:"能去旧染之污者,谓之自新;能去社会旧染之污者,谓之新民"①。在此种意义上,梁也曾用到对"社会"定性之"社会性质",不过还不太常用。②

第三是用作生活的一个侧面,如区分"政治上""社会上",以及区分"社会"和"国家"。梁认为周、秦之间诸子时代的中国思想,在"政治上之思想""社会上之思想""艺术上之思想","皆有亭毒六合包罗万象之观",较希腊有过之而无不及。③

在此意义上,"国家"与"社会"开始有微弱区分。如梁认为当时之国家竞争,"非属于国家之事,而属于人群之事",不过此处之"国家"意为"一姓私产","人群"则偏重于国民。④

对"政治"与"社会","国家"与"社会"所做之区分,使梁注意到"社会"问题,进而萌生改良社会之念。梁认为中国"三千余年,而所谓家族之组织,国家之组织,村落之组织,社会之组织,乃至风俗、礼节、学术、思想、道德、法律、宗教一切现象","岿然与三千年前无以异"。因此只在政治上努力,无法解决根本问题。况且"群俗不进,则并政治上之目的,亦未见其能达也"。⑤ 在梁看来,当日

① 梁启超:《自由书·说悔》,原载《清议报》第 100 册,1901 年 12 月 21 日,见汤志钧、汤仁泽编《梁启超全集》第 2 集,第 131 页。

② 梁启超:《新民说·论私德》,见汤志钧、汤仁泽编《梁启超全集》第 2 集,第 643 页。

③ 梁启超:《论中国人种之将来》,原载《清议报》第 19 册,1899 年 6 月 28 日,见汤志钧、汤仁泽编《梁启超全集》第 2 集,第 8 页。

④ 梁启超:《论近世国民竞争之大势及中国前途》,原载《清议报》第 30 册,1899 年 10 月 15 日,见汤志钧、汤仁泽编《梁启超全集》第 2 集,第 208 页。

⑤ 梁启超:《新民议》,原载《新民丛报》,第 21、23 号,1902 年 11—12 月,见汤志钧、汤仁泽编《梁启超全集》第 4 集,第 85、91 页。

之社会，"其寻常人随波逐流，为腐败之空气所吞灭。若其少年踔厉有气之士，则其举动又往往奔轶于道德之范围外"，这是因为"社会一种秋冬之气，实有以造之。欲为根本的救治，非春夏其社会焉不可"。①

梁还从社会组织上觉察到中国与西方的不同，他在论述国人"有族民资格而无市民资格"时称"吾中国社会之组织，以家族为单位，不以个人为单位"，认为这是周代宗法制犹存。② 这与严复在《社会通诠》中的观点是一致的。

第四是用作阶层或界。梁在文中已开始对国人做阶层上划分，如区分为上等社会、中等社会、下等社会，或以职业区分为政治社会、宗教社会、学者社会、劳动社会、盗贼社会、乞丐社会等。在上、中、下三等社会中，梁对上等社会不怀好感，对下等社会抱有同情。如他认为分利之人，多出于上等社会，而"下等社会之人殆稀"。③ 在论述中国之潜势力时他说"劳动社会及一切下流社会"团结之力甚强，外国骤然干涉，并非易事。④ 但下等社会之人有天然缺点，即"其学识乏，其资财乏，其阅历乏，往往轻躁以取败，一败

---

① 梁启超：《中国之武士道》（1904 年 12 月 28 日），见汤志钧、汤仁泽编《梁启超全集》第 4 集，第 627 页。
② 梁启超：《新大陆游记》（1904 年 2 月），见汤志钧、汤仁泽编《梁启超全集》第 17 集，第 211 页。
③ 梁启超：《新民说·论生利分利》（1902 年 10—11 月），见汤志钧、汤仁泽编《梁启超全集》第 2 集，第 610 页。
④ 《论支那独立之实力与日本东方政策》，原载《清议报》第 26 册，1899 年 9 月 5 日，见汤志钧、汤仁泽编《梁启超全集》第 2 集，第 204 页。

矣即不能复振"①,"甚则虏掠富者之财产,陷于无政府之惨状"②,所以梁把改革希望主要寄托在中等社会上。大致说来,梁以当道者为上等社会,以普通小民为下等社会,中等社会则包括"宦而未达者""学而未仕者""商而致小康者"。由传统强调"士"在政治生活中的核心作用,到提出包括商人等在内的"中等社会",实为中国思想界一大转变。③ 以此出发,他认为中国传统上的革命缺陷之一,即为"有上等、下等社会革命,而无中等社会革命"。④

第五是用作"社会主义"("人群主义")、社会党等专有名词。但初时梁似乎并不把"社会主义"看作一种严格的意识形态,如他称康有为之哲学为"社会主义派"哲学,并提到此派哲学之特点有共产及"以国家家族尽融纳于社会"。⑤ 梁也曾因贫富不均问题而认为经济革命或社会问题为 20 世纪三大问题之一。⑥

随着对社会主义了解的深入,梁把社会主义概括为"土地归

① 梁启超:《雅典小志》,原载《新民丛报》第 19 号,1902 年 10 月 31 日,见汤志钧、汤仁泽编《梁启超全集》第 4 集,第 39 页。

② 梁启超:《亚里士多德之政治学说》,原载《新民丛报》第 20、21 号,1902 年 11 月 14 日、30 日,见汤志钧、汤仁泽编《梁启超全集》第 4 集,第 60 页。

③ 梁启超:《雅典小志》,原载《新民丛报》第 19 号,1902 年 10 月 31 日,见汤志钧、汤仁泽编《梁启超全集》第 4 集,第 39 页。

④ 梁启超:《中国历史上革命之研究》,原载《新民丛报》第 46—48 合号,1904 年 2 月 14 日,见汤志钧、汤仁泽编《梁启超全集》第 4 集,第 274 页。

⑤ 梁启超:《南海康先生传》,原载《清议报》第 100 册,1901 年 12 月 21 日,见汤志钧、汤仁泽编《梁启超全集》第 2 集,第 371、375 页。

⑥ 梁启超:《〈清议报〉一百册祝辞并论报馆之责任及本馆之经历》,原载《清议报》第 100 册,1901 年 12 月 21 日,见汤志钧、汤仁泽编《梁启超全集》第 2 集,第 358 页;饮冰(梁启超):《澳洲新内阁与二十世纪前途之关系》,原载《新民丛报》第 53 号,1904 年 9 月 24 日,见汤志钧、汤仁泽编《梁启超全集》第 4 集,第 456 页。

公,资本归公,专以劳力为百物价值之原(源)泉"三点。① 在访美期间,美国社会党员曾多次访问梁,使其印象深刻。梁虽然认为"极端之社会主义,微特今日之中国不可行,即欧美亦不可行",但亦认为"所谓国家社会主义者","中国可采用者甚多"。因"国家社会主义,以极专制之组织,行极平等之精神。于中国历史上性质颇有奇异之契合也"。梁并评论说:"以土地尽归于国家,其说虽万不可行;若夫各种大事业,如铁路、矿物、各种制造之类,其大部分归于国有,若中国有人,则办此真较易于欧美。"②

梁有时仍用"社会"指"团体",不过极其罕见。如梁在戏解《论语》时认为"无道则隐者,谓当朝政棼乱之时,则当坚忍慎密,组织秘密社会以图匡救也"③。

有学者曾以主张"革命"和"绅士公共空间的兴起"等原因来解释"社会"对"群"的取代,恐怕这种说法对当时"社会"的使用情况还缺乏细致考察。从梁启超的例子来看,"社会"首先是作为一个可以和"国家"互补而非对立的对象来使用的,用到两者不同的时候,也往往是指"社会"涵盖比"国家"更广阔的内容。何况,"社会"本身在梁的眼中也并非那么值得信任,而是需要克服、战斗和

---

① 梁启超:《中国之社会主义》,原载《新民丛报》第46—48号合本,1904年2月14日,见汤志钧、汤仁泽编《梁启超全集》第2集,第169页。

② 梁启超:《新大陆游记》(1904年),见汤志钧、汤仁泽编《梁启超全集》第17集,第150页。

③ 梁启超:《孔子讼冤》,原载《新民丛报》第8号,1902年5月22日,第83页。

改良的。①

从以上梁对五种"社会"含义的使用即可看出,在第一种含义上使用时,梁也经常用到"群"或"人群"。但正如张灏所说,梁在戊戌时期所说的"群"既包括国群也包括天下群,在此处所使用的社会却往往以国家为范围(虽然也偶尔用到人类社会,但非一般用法)。② 在作为个人生活的背景时,它的含义也比"人群"的含义要广。用作生活的一个侧面或区分国家与社会时,"人群"或"群"已有很多不便,而用作界时更是显然与原有用法冲突。"社会"一词的陌生用法和它在日语中的界定使得赋予这些新义相对来说较为容易。从这个意义上说,"社会"内涵的差异性确为"社会"取代"群"的原因之一。但若仅仅从这一角度理解,又显简单化。

小　结

1901 年至 1903 年是留日学生大量输入日本转介的西方思想的时代。其中的政治学和社会学作品,对在此前后"社会"概念的形成,起了重大作用。《译书汇编》登载了卢梭《民约论》,其中讲道:"民约则为社会人民互相缔结之约。夫既以社会为人民之全

---

① 有学者指出,横亘整个明治时代,作为大型人群整体意义的"社会",经常以"国家"一词为代表,或与国家不分。这可与梁对"社会"的理解作参照。见陈弱水《日本近代思潮与教育中的社会伦理问题——初步的考察》,载陈弱水《公共意识与中国文化》,北京:新星出版社,2006 年,第 199 页。

② 张灏:《梁启超与中国思想的过渡(1890—1907)》,崔志海、葛夫平译,北京:新星出版社,2006 年,第 106 页。

体,则人民必为社会之一肢。而所结之契约,亦与己与己约无殊也。故人民之于社会,固有不可不尽之责,而人民之〈于〉君主,亦有不可不尽之责。"①《译书汇编》也登载了斯宾塞的《政法哲学》,斯宾塞认为"聚众人于此,而无所设施也,是群也,而非社会也。何谓社会? 曰:群焉而有公共之目的也"②。

当时所译的社会学作品,除了上文所讲到的《社会进化论》,还有 1902 年赵必振翻译的《社会改良论》、章太炎翻译的《社会学》。赵译《社会改良论》认为"社会者,活物也(言如有生气之物也),摄营养,行排泄,与动植物同其轨也"③。文中并区分了"社会"与"国家":"国家者,社会之一面,非其全部也。又社会之表面,非其本质也。"④章译《社会学》也称社会为"一种有机体",其目的在于组织社会之"个人幸福"⑤。

新的学理的输入是与现实政治的发展紧密相关的。1899 年至 1901 年发生的义和团运动及其后续影响给晚清士人以极大刺激,他们也因此更加认识到,除非社会有机体中的个体得到改善,救国

---

① 《民约论》(续),载《译书汇编》第 2 期,1901 年 1 月 28 日,第 21 页。

② [英]斯宾塞:《政法哲学》,载《译书汇编》第 3 期,1901 年 4 月 3 日,第 11 页。

③ [日]乌村满都夫:《社会改良论》,赵必振译,上海:广智书局,1902 年,香港自联出版社影印本,第 1 页下。

④ [日]乌村满都夫:《社会改良论》,赵必振译,第 4 页上。

⑤ 文中也指出了社会与有机体不同之处两点:一、组成社会之部分皆有意识之动物;二、社会无本体以外之目的,即社会之存在,为组织社会之个人,自谋幸福。见[日]岸本能武太《社会学》,章炳麟译,上海:广智书局,1902 年 9 月 24 日,第 26 页上、26 页下、31 页下。

是无望的。① 也因为此,知识界开展了一场影响很大的"下层社会启蒙"运动。②

虽然在 1901 至 1902 年"社会"一词已多有使用,不过其用法也还没有固定,如麦仲华所译《社会进化论》在登载《清议报》时名为《社会进化论》,而在出版时却被改为《人群进化论》。他解释说:"社会与人群义本稍异,社会二字英文则作 society,人群二字英文则作 horde。今译社会无适当之字,故不得已译为人群。"③

新词语的输入不是一个偶发现象。1903 年,先是有《浙江潮》推出《新名词释义》一栏,试图对新名词加以总结。此栏前两个名词便是"国家""社会"。文中解释说:"社会、国家(国家二字,我国素有,然以其为新名词者,盖今之所谓国家,与向之所谓国家者,其义较异也)二新名词者,尤今日斯中之健将,而出现之时尤多。"在对"社会"一词的解释中,文中说:英义 society 一字,日人译之曰"社会",国人译之曰"人群"。"人群"二字,其义本较明晰,但数年来沿用"社会"二字者较多,且较熟。文中定义"社会"为:"二人以上之集合体,而为协同生活者之谓也。"尤其强调"人苟孤立,而各自营其生活,不相依助(interdependence),则社会必不能成。"④

---

① Wang Fan-shen, "Evolving Prescriptions for Social Life in the Late Qing and Early Republic: From Qunxue to Society," in Joshua A. Fogel and Peter G. Zarrow, eds., *Imagining the People: Chinese Intellectuals and the Concept of Citizenship, 1890-1920*, New York: M.E.Sharpe, 1997, p.267.

② 见李孝悌《清末的下层社会启蒙运动(1901—1911)》,石家庄:河北教育出版社,2001 年。

③ [日]有贺长雄:《人群进化论·凡例》,麦仲华译,上海:广智书局,1903 年。

④ 《新名词释义》,《浙江潮》第 2 期,1904 年 11 月第 3 版[1903 年初版],第 181—182 页。

1903 年出版之新字词集成《新尔雅》也牵涉"社会"一词。正文在解释"群"一字时称："二人以上之协同生活体，谓之群，亦谓之社会。研究人群理法之学问，谓之群学，亦谓之社会学。"①文中所述用法之转换，和前述梁启超对"群""人群""社会"的使用趋势是一致的。

由上文可知，到 1903 年时，"社会"一词已基本取得了优势，《浙江潮》之《新名词释义》和《新尔雅》中给"社会"所下定义基本是从社会学作品中摘取的。此年创刊的《湖北学生界》特别声明专为"社会"说法，所强调的是"社会"乃一整体，某类人（文中特别提出官吏）的问题实质是整个社会的问题。②

在新的形势下，"群"与"群学"的使用者严复也不得不接受"社会"一词。其实 1899 年严复在翻译西文中的 corporation 时，将其译为"联"，但同时又感觉其与中国所谓会、行、帮、党大有不同，他已用到"社会"，指这些会、行、帮、党等。③ 在 1903 年为《群己权界论》作序时，他指出立宪民主政体下，"所与争〈自繇〉者乃在社会，乃在国群，乃在流俗"。④ 同年出版《群学肄言》时，严复已接受"社会"一词，并对群和社会的区别做了解释："群有数等，社会者，有法之群也。社会，商工政学莫不有之，而最重之义，极于成国。"至本年年底所成之《社会通诠》，则直以"社会"为题，而定位中国社

---

① 汪荣宝、叶澜编纂：《新尔雅》，上海：文明书局，1906 年第 3 版［1903 年首版］，第 63 页。

② 《叙论》，《湖北学生界》第 1 期，1903 年 1 月 29 日，第 8—9 页。

③ ［英］亚当·斯密：《原富》，严复译，北京：商务印书馆，1981 年，第 115—116 页。

④ ［英］约翰·穆勒（今译为密尔）：《群己权界论·译凡例》，严复译，北京：商务印书馆，1981 年。

会为"宗法而兼军国者也"①。

由梁启超和严复等人的例子可以看出,大致到1903、1904年,"社会"已经取得了相对于"群""人群"的优胜地位,虽然二词还会被用到。② "社会"一词传入后,提供了表达丰富意义的可能性。沈国威在研究近代中日词汇形成的时候曾分理据(命名的合理性)和社会文化背景来考察新词对旧词的取代,他认为理据虽然起到一定作用,却与其并无直接关联,更重要的是社会文化上的因素。③ 从"群""人群"和"社会"的竞争来看,首先"群"是一个单音节词,它在表达复杂意义的时候受到自身限制,如在表达"社会主义"等概念时就无法用"群"来表达,因此出现了"人群"一词。与"社会"相比,时人对"人群"一词过于熟悉,其不具备"社会"经过日语著述界定的复杂含义。不过"社会"对"人群"的取代,更重要的原因还应该是这一时期输入新思想的需要及日本在中国学界接触西方思想中的特殊作用。

---

① [美]甄克思:《社会通诠》,严复译,北京:商务印书馆,1981年,第115页。严复的"社会"理论,可参见王中江《严复》,香港:海啸出版事业有限公司,1997年,第231—237页。

② 在此应当指出,梁对"群"概念的使用也经历了一个从包含国群和天下群的矛盾概念到内涵较为固定的"国家共同体"概念的转变。而这一"国家共同体"概念是由"国家"和"社会"共同承担的。参见张灏《梁启超与中国思想的过渡(1890—1907)》,第106—113页。

③ 沈国威:《近代中日词汇交流研究:汉字新词的创制、容受与共享》,北京:中华书局,2010年,第499、523页。

第二部分
清末"社会"概念的集中使用及其影响

第四章　严复对中国"社会"所做分期及性质判定

随着进化论传入中国,以及"社会"概念在 1903 年前后大致形成,怎样判定中国"社会"性质,以及如何对中国"社会"史分期成了一个迫切需要解决的问题。在清末做这项工作的主要人物是严复。他通过《社会通诠》对人类社会从蛮夷社会到宗法社会到军国社会(国家社会)普遍进化规律的输入,以及对中国社会"宗法而兼军国"的判定,影响深远。相对于对 1930 年代中国社会性质和社会史论战的研究来说,对这一问题的讨论还比较少。这当然与1930 年代的论战规模更大,且直接确立了中国革命"反帝、反封建"的性质有关。但清末对中国"社会"性质和"社会"史分期的讨论,作为第一次对中国社会性质判定和社会史分期的尝试,同样值得关注。

对这一问题的既有研究主要是在严复研究的框架内进行的。① 早期研究多把《社会通诠》的翻译视为以反对民族主义(主要指排满)为目的,如蔡元培、贺麟、侯外庐、王栻均主其说。② 周振甫虽把自 1900 年起的严复思想归为"中西折中"和"偏于保守",但也同时指出严复此时"对于社会各方面的讨论很可以补前期的不足",③实际上是以一种综合的观点来看此一时期的严复著译。史华兹(Benjamin Schwarz,1916—1999)从严复译作的前后承继性上来看,认为"严复早在第一次接触到达尔文和斯宾塞的著作时,就已热诚地信奉他的关于人类历史不断前进、进化的说法","严复通过甄克思的著作可以表达他对社会有机体进化论的深深信仰"。④ 近年来的研究,也大多已经能够全面来看严复翻译《社会通诠》的目的。如俞政认为"严复译书(《社会通诠》——引者)的动机,是为了借助西学来阐明中国社会发展缓慢的原因"⑤。王宪明则通过对严复翻译的详尽讨论,认为严复翻译《社会通诠》,动因

① 王汎森在对近代中国线性史观的讨论中谈到几种历史分期方法,并重点讨论了严译《社会通诠》的影响,是为数不多的超出严复研究范围对《社会通诠》加以讨论的作品。见王汎森《近代中国的线性历史观——以社会进化论为中心的讨论》,《新史学》第 19 卷第 2 期,2008 年 6 月。

② 见蔡元培《五十年来中国之哲学》,载沈善洪主编《蔡元培选集》上,杭州:浙江教育出版社,1993 年,第 73 页;贺麟《严复的翻译》,载牛仰山、孙鸿霓编《严复研究资料》,福州:海峡文艺出版社,1990 年,第 235 页;侯外庐《严复思想批判》,原载《新建设》1952 年 3 月号,见牛仰山、孙鸿霓编《严复研究资料》,第 57 页;王栻《严复传》,上海:上海人民出版社,1957 年,第 84—86 页。

③ 周振甫:《严复思想述评》,台北:台湾中华书局,1964 年,第 212 页。

④ [美]史华兹:《寻求富强:严复与西方》,叶凤美译,南京:江苏人民出版社,1996 年,第 160、162 页。

⑤ 俞政:《严复著译研究》,苏州:苏州大学出版社,2003 年,第 246 页。

复杂,主要是为了"借助于译介西方社会政治发展的历史,来探讨近代国家的建国历程"。①

另外一个值得注意的动向是自史华兹从翻译的角度讨论严译作品以来,对严译作品的研究已绕不开翻译问题。王宪明通过对《社会通诠》译文和原文的详细对照发现,在所谓"译文"中有不少严复添加的内容,②王扩展了史料的范围,有不少发现。不过,在严译作品前后的联系,以及严复与当时思想界的呼应上还有可探讨之处。因此,本章从进化论和"社会"概念传入后对中国社会性质判定和社会分期的角度,来审视严复对这一问题的响应,并在此基础上重新探讨严复翻译《社会通诠》的目的及意义所在。

第一节　进化论与中国历史分期

正如浦嘉珉(James R. Pusey,1940—2019)所说,达尔文之前,进步就已经是许多思想家的信念。③ 在中国,严复之前,进化思想也已经有所传播。如 1859 年出版的李善兰参与翻译的《谈天》(英文原名为 Outlines of Astronomy)描述了天体演化过程。④ 1873 年译为中文的《地学浅释》,阐述了化石所展示的生物变化,并明确提出"生物渐变":"从古至今,各生物之形,皆由渐而变。其视之绝然大

---

① 王宪明:《语言、翻译与政治——严复译〈社会通诠〉研究》,北京:北京大学出版社,2005 年,第 230—231 页。
② 王宪明:《语言、翻译与政治》,第 25—26 页。
③ [美]浦嘉珉:《中国与达尔文》,钟永强译,南京:江苏人民出版社,2008 年,第 12 页。
④ 吴丕:《进化论与中国激进主义》,北京:北京大学出版社,2005 年,第 36 页。

异者,必其中间之时相去甚久,人未得其渐变之迹故也。"①1880 年出版的汪凤藻所译《富国策》中提到的:"厥初生民,大抵猎兽而食,一变为游牧,再变为耕稼,而教于是兴,国于是立矣。"②也含有进化思想,并把至国家形成之历史分为三个阶段。李提摩太(Timothy Richard,1845—1919)、林乐知(Young Allen,1836—1907)等传教士也在宣传基督教的同时宣传了科学与进步。③ 尤值得注意的是,1894 年在《万国公报》上连载的由李提摩太和蔡尔康翻译的麦肯齐(Robert Mackenzie,1823—1881)《泰西新史揽要》(*The* 19*th* *Century*,在《万国公报》连载时名《泰西近百年来大事记》)对进化观念有生动的展示。如有些学者所称:"贯串《泰西新史揽要》全书的是浓厚的进化论观点,它以西方各国的近代化改革为例,说明强盛之道并非与生俱来,而在于弃旧图新、勇于变革。"④

不过,进化论在中国传播开来,还是要等到严复的提倡。严在 1895 年 2 月于《直报》上发表的《论世变之亟》中说:"尝谓中西事理,其最不同而断乎不可合者,莫大于中之人好古而忽今,西之人力今以胜古;中之人以一治一乱、一盛一衰为天行人事之自然,西之人以日进无疆,既盛不可复衰,既治不可复乱,为学术政化之极

① [英]雷侠尔(Charles Lyell):《地学浅释》,[美]玛高温(Daniel Macgowan)、华蘅芳译,载《丛书集成续编》第 80 册,台北:新文丰出版公司,无出版时间,第 398 页。

② [英]法思德(Henry Fawcett):《富国策》,汪凤藻译,北京:同文馆聚珍版,1880 年,第 3 页上。

③ [美]浦嘉珉:《中国与达尔文》,钟永强译,第 5 页。

④ 马军:《点校说明》,载[英]麦肯齐(Robert Mackenzie)《泰西新史揽要》,[英]李提摩太、蔡尔康译,上海:上海书店出版社,2002 年。

则。"①在《天演论》中,严复更以"天演"为中心:"天运变矣,而有不变者行乎其中。不变惟何? 是名'天演'。以天演为体,而其用有二:曰物竞,曰天择。"②

康有为似乎很早就有进化思想的萌芽,如他在 1879 年所作《苏村卧病书怀》中即有"世界开新逢进化,贤师受道愧传薪"之句。康在 1888 年《与洪给事右臣论中西异学书》中也提到"泰西自罗马之后,分为列国,争雄竞长,地小则精神易及,争雄则人有愤心,故其君虚己而下士,士尚气而竞功,下情近而易达,法变而日新"③。不过康有为对进化思想的传播是在进化论因严复提倡而大行之后,以三世说的形式表现出来的。

康有为在 1890 年前后受廖平影响由经古文学转向经今文学,从而接受了公羊"三世"说。不过他把公羊"三世"与《礼运》大同说相联系已经到了 1897 年左右了,其表现为《春秋董氏学》。④ 在《春秋董氏学》中,康称:"三世为孔子非常大义,托之《春秋》以明之。所传闻世为据乱,所闻世托升平,所见世托太平。乱世者,文教未明也。升平者,渐有文教,小康也。太平者,大同之世,远近大小如一,文教全备也。"⑤此处康明确以《春秋公羊传》"所传闻世"

---

① 严复:《论世变之亟》,载《严复集》第 1 册,北京:中华书局,1986 年,第 1 页。

② [英]赫胥黎:《天演论》,严复译,第 2 页。

③ 康有为:《与洪给事右臣论中西异学书》(1891 年),载姜义华、张荣华编《康有为全集》第 1 集,北京:中国人民大学出版社,2007 年,第 336 页。

④ 汤志钧:《康有为传》,台北:商务印书馆,1997 年,第 83 页;朱维铮:《〈康有为大同论二种〉导言》,载朱维铮编校《康有为大同论二种》,上海:中西书局,2012 年,第7—8 页。

⑤ 康有为:《春秋董氏学》,载姜义华、张荣华编《康有为全集》第 2 集,第 324 页。

为"据乱世";以"所闻世"为"升平"世,"升平者","小康也";以"所见世"为"太平"世,"太平者,大同之世"。① 康有为的三世图景,在《礼运注》中有较具体的描述:"孔子三世之变,大道之真在是矣,大同小康之道,发之明而别之精,古今进化之故,神圣悯世之深在是矣。""吾中国二千年来,凡汉、唐、宋、明,不别其治乱兴衰,总总皆小康之世也。凡中国二千年儒先所言,自荀卿、刘歆、朱子之说,所言不别其真伪、精粗、美恶,总总皆小康之道也。""今者,中国已小康矣,而不求进化,泥守旧方,是失孔子之意而大悖其道也,甚非所以安天下乐群生也,甚非所以崇孔子同大地也。"②

对康有为之三世说,康门弟子广加宣传,并以多种形式加以利用,其中最重要的一位就是梁启超。梁启超在 1897 年所作《〈新学伪经考〉序》中说:"启超闻春秋三世之义,据乱世,内其国而外诸夏。升平世,内诸夏而外彝狄。太平世,天下远近大小若一。尝试论之,秦以前据乱世也,孔教行于齐鲁。秦后迄今,升平世也,孔教行于神州。自此以往,其将为太平世乎?"③梁在《论君政民政相嬗之理》中称:"博矣哉《春秋》张三世之义也。治天下者有三世,一曰多君为政之世,二曰一君为政之世,三曰民为政之世。"这是把三世说与三种政制结合起来,并确立了由多君之政到一君之政,再到民

---

① 汤志钧:《康有为传》,第 83 页。

② 康有为:《〈礼运注〉叙》(1901—1902 年),载姜义华、张荣华编《康有为全集》第 5 集,第 553—554 页。

③ 梁启超:《〈新学伪经考〉叙》,载汤志钧、汤仁泽编《梁启超全集》第 1 集,北京:中国人民大学出版社,2018 年,第 263 页。

政的进化次序。①

三世之说,在梁至日本后,仍多有表现:"《春秋》之立法也,有
三世:一曰据乱世,二曰升平世,三曰太平世。其意言世界初起,必
起于据乱,渐进为升平,又渐进为太平,今胜于古,此西人打捞乌盈
(即达尔文——引者)、士啤生氏(即斯宾塞——引者)等,所倡进化
之说也。"梁并说:"因三世之递进,故一切典章制度,皆因时而异,
日日变易焉,于据乱世则当行据乱世适宜之政,于升平世则当行升
平世适宜之政,于太平世则当行太平世适宜之政,必不能墨守古法
一成不变也。故明三世之义则必以革新国政为主义,而保守顽固
之习必一变。"②

在梁这里,三世说与进化论结合,有泛化的迹象。如以三世说
释"强权":"如一人群之初立,其统治者与被治者之差别殆无有,故
君主对于人民之强权,亦几于无有,是为第一界,亦谓之据乱世。
其后差别日积日显,而其强权亦次第发达,贵族之对于平民亦然,
男子之对于妇人亦然,是为第二界,亦谓之升平世。至世运愈进
步,人智愈发达,而被治者与平民与妇人,昔之所谓弱者亦渐有其
强权与昔日之强权者抗,而至于平等,使猛大之强权,变为温和之
强权,是为强权发达之极则,是为第三界,亦谓之太平世。"③以三世
说释德国、英国、法国之不同:"德国之国家主义,英国之功利主义,

---

① 梁启超:《论君政民政相嬗之理》(1897 年 10 月 6 日),载汤志钧、汤仁泽编《梁启
超全集》第 1 集,第 265—268 页。

② 梁启超:《论支那宗教改革》(1899 年 6—7 月),载汤志钧、汤仁泽编《梁启超全集》
第 2 集,第 13—14 页。

③ 梁启超:《自由书·论强权》(1899 年 10 月 25 日),载汤志钧、汤仁泽编《梁启超全
集》第 2 集,第 79 页。

法国之自由主义,即太平内之三世也。德国即太平之据乱,英国即太平之升平,法国即太平之太平。"①梁还以三世说施于法律、教育、经济及科举之存废等。在张朋园看来,"三世之义,无处不在,无处不可运用。三世之义是任公求变的基础理论,是一切论辩的原理根据,甚至变成了公式"②。

除了"三世"说及其相关的贵族、君主、民主政制进化规律,还有一种野蛮、半开化、文明的进化原则。如欧榘甲称:"大地之运,由野蛮而入教化,由教化而进文明。故昔之闭关自守者,今则洞开其门户。昔之仇雠相视者,今则揖让而往来。"③梁启超也称:"泰西学者,分世界人类为三级,一曰蛮野之人,二曰半开之人,三曰文明之人。其在《春秋》之义则谓之据乱世、升平世、太平世,皆有阶级顺序而升。此进化之公理,而世界人民所公认也。"④至于马君武更认为:"社会之由野蛮进于半文明,由半文明进于文明也,则犹学生由小学进于中学,由中学进于大学也。"⑤

又有据生产方式分为游牧时代、农业开化时代、工商业开化时代者:"凡世界之进步也,其第一级为农业开化,其第二级为商工业开化。……凡人民未脱游牧之时代,决不能得确立之文明。一旦去游牧而成土著,则衣食自有制限,而营生计之念因之而起。又不

---

① 《东京大同学校功课》,《清议报》第 31 册,1899 年 10 月 25 日,总第 2009 页。
② 张朋园:《梁启超与清季革命》,长春:吉林出版集团,2007 年,第 12—15 页。
③ 欧榘甲:《论中国变法必自发明经学始》,《知新报》第 38 册,1897 年 11 月 24 日。
④ 梁启超:《自由书·文野三界之别》(1899 年 9 月 15 日),载汤志钧、汤仁泽编《梁启超全集》第 2 集,第 52 页。
⑤ 马君武:《社会主义与进化论比较——附社会党巨子所著书记》,原载《译书汇编》第 2 年第 11 号,1903 年 2 月 16 日,见莫世祥编《马君武集》,武汉:华中师范大学出版社,1991 年,第 90 页。

得不制其争夺,共图安全,于是政治交际之智识生焉。又多数之部落相并而为土著,则其所需要者又不徒在一部落而已。而连结于众部落之间者更多事焉。故人民一成土著之后,而百事百物,莫不骤进。此群学公例也。"①或者分为渔猎、畜牧、农耕之世:"由渔猎之世,进而为畜牧之世。由畜牧之世,进而为农耕之世。其时代之变不一。"②

还有人根据生产工具的制作分为石器时代、青铜时代、铁器时代:"有史以前之时代,分为三期。第一石器时代(The Stone Age),前期曰旧石器时代(The Paleolithic Age),后期曰新石器时代(The Neolithic Age);第二青铜时代(The Bronze Age);第三铁器时代(The Iron Age)。"③或者分为石刀时期、铜刀时期、铁刀时期。④

其他之分类尚多。如梁启超根据历史轨迹,将中国历史分为家族时代、酋长时代、封建时代三个时代,⑤或者族制政体、临时酋

① 日本停春楼主人:《中国文明与其地理之关系》,《清议报》第100册,1901年12月21日,总第6335、6343页。
② 《军人之教育》,《游学译编》第7册,1903年5月11日,总第683页。
③ 《历史广义人种第一(续)》,《湖北学生界》第3期,1903年3月29日,第366—367页。相同之分类,另见梁启超《中国史叙论》(续),《清议报》第91册,1901年9月13日,总第5764页。王汎森认为石、铜、铁的三段式分类是与《社会通诠》图腾、宗法、军国三段论分期方式并列的最有影响力的分期方式。见王汎森《近代中国的线性历史观——以社会进化论为中心的讨论》,《新史学》第19卷第2期,2008年6月。
④ 《军人之教育》,《游学译编》第7册,1903年5月11日,总第683页。事实上,这种分法在1873年出版的《地学浅释》中即有表述。见邹振环《影响中国近代社会的一百种译作》,第74页。
⑤ 梁启超:《论中国与欧洲国体异同》(1899年9月5日),载汤志钧、汤仁泽编《梁启超全集》第2集,第196—197页。

长政体、神权政体、贵族政体、君主专制政体、君主立宪政体六个阶段。① 梁又根据历史阶段分中国史为上世、中世、近世,以自黄帝至秦统一为上世,乃"中国之中国"时代;以秦一统之后至乾隆末年为中世,乃"亚洲之中国"时代;以乾隆末年至清末为近世,乃"世界之中国"时代。②

值得说明的是,不同的阶段划分往往表达着一定的政治诉求。如梁启超在进行野蛮、半开、文明三阶段划分之后,接着说:"我国民试一反观,吾中国于此三者之中居何等乎? 可以瞿然以兴矣!"③马君武在叙述野蛮、半文明、文明之进化阶段后曰:"野蛮时代之道德,不可用于半文明之时代。半文明时代之道德,不可用于文明之世道。""既知中国旧有道德之不完全,而宗教风俗最足为道德进步之大防也,则当输进欧美各种之道德学说,抉其精以治吾之粗,取其长以补吾之短,而其要尤在鼓励人人有自由独立之精神。"④邓实分人类历史为五个阶段,即狩猎、游牧、耕稼、工商、社会主义,并认为中国数千年未出"耕稼时代",较之西方"工商"时代,

① 梁启超:《中国专制政治进化史》(1902—1904年),载汤志钧、汤仁泽编《梁启超全集》第3集,第426—427页。
② 梁启超:《中国史叙论》(1901年9月),载汤志钧、汤仁泽编《梁启超全集》第2集,第319—320页。上古、中古、近古、近世或上世、中世、近世的历史分期方法在清末流传甚广,与日本及西方史学著作在中国的翻译和传播有关,此处不多举。可参见李孝迁《西方史学在中国的传播(1882—1949)》,上海:华东师范大学出版社,2007年,第10—32页。
③ 梁启超:《自由书·文野三界之别》(1899年9月15日),载汤志钧、汤仁泽编《梁启超全集》第2集,第52页。
④ 马梅:《论中国国民道德颓落之原因及其救治之法》,《新民丛报》第28号,1903年3月27日。

整整落后了一个历史时代,要在完成了由专制封闭的君权时代向民主开放的民权时代的过渡之后,才有可能进入社会主义时代。①

各种分期方法并不完全互相冲突,如三世说即与多种分期方法相融合。不过,由上述内容可知,1897—1903 年,虽然对中国历史的分期尚比较杂乱,但基本的进化原则已经完全确立,如马君武所称:"学生无不升班之理,社会无不进化之理。"②

第二节　严复对进化思想的吸收

如前所述,严复对进化论在中国的风行做出了贡献。严复的进化思想,主要来源于斯宾塞。在其所作《原强(修订稿)》中,严总结斯宾塞《第一原理》(*First Principles*,严译为《第一义谛》)的主要原则为"始于一气,演成万物"。③ 在《天演论》中,严对此有更详细的说明:"天演者,翕以聚质,辟以散力。方其用事也,物由纯而之杂,由流而之凝,由浑而之画,质力杂糅,相剂为变者也。"④严并解释其义曰:"所谓由纯之杂者,万物皆始于简易,终于错综。日局乃一气,地球本为流质,动植类胚胎萌芽,分官最简。国种之始,无尊卑、上下、君子小人之分,亦无通力合作之事。其演弥浅,其质点弥

---

① 郑师渠:《晚清国粹派——文化思想研究》,北京:北京师范大学出版社,1993 年,第191 页。
② 马君武:《社会主义与进化论比较——附社会党巨子所著书记》,载莫世祥编《马君武集》,第 90 页。
③ 严复:《原强(修订稿)》,载王栻主编《严复集》第 1 册,第 17 页。
④ [英]赫胥黎:《天演论》,严复译,第 6 页。

纯,至于深演之秋,官物大备,则事莫有同,而互相为用焉。……草昧之民,类多游牧,城邑土著,文治乃兴,胥此理也。所谓由浑之画者,浑者芜而不精之谓,画则有定体而界域分明。"①

斯宾塞主要借天演而言人群,②除基本原则外,对人类社会之发展,也有比较具体的描述。如在严复于 1880 年代即已读过,后又于 1903 年译成出版的《群学肄言》中,斯宾塞说:"是故群学之开宗也,以幺匿之所有,定拓都之所有。……始于最初之群,若渔畋游牧,小部散处之蛮夷……乃继而有外境之磨砻,外力之接构,民智牖焉,民德亲焉,大群以成。"③又说:"方判分之始也,主治与受治之界,尝无定而不明。土番酋长,操业与众不悬,众渔畋酋渔畋也,自庀矛刺,自为绚索,脱有战事,从役不异众番,特权稍重耳。"④"稍进,则治权专矣。酋食赋而不自为养,然作劳趋功,犹与其豪埒。……更进而后力作生养之事,皆任民自为,酋长所谨持者,讼狱则为之士师,战斗则为之将帅。盖至此而心力之劳始分,而食人食于人之谊亦定。"⑤

斯宾塞作品中,《群学肄言》还只是说明群学的必要性,较详细讨论人群变迁的是《社会学原理》(*Principles of Sociology*)。严复曾提到这部书说:"斯宾塞《群学》乃毕生精力之所聚,设欲取译,至少

---

① [英]赫胥黎:《天演论》,严复译,第 7 页。相关内容,可参见 Herbert Spencer, *First Principles*, New York: D. Appleton and Company, 1888, pp.307—396。

② 严复:《原强(修订稿)》,载王栻主编《严复集》第 1 册,第 17 页。

③ [英]斯宾塞:《群学肄言》,严复译,第 41 页。

④ [英]斯宾塞:《群学肄言》,严复译,第 47 页。

⑤ [英]斯宾塞:《群学肄言》,严复译,第 47 页。

亦须十年,且非名手不办。"①斯宾塞《社会学原理》(三卷本)最早一部分于 1874 年开始连载,最后几部分至 1896 年方才完成,卷帙浩繁,包罗广泛,严复称译此书至少需十年,虽有些夸张,但也反映了部分实情。② 直至目前,此书在中日学界均未见全译本。不过有贺长雄曾根据其第一卷节译,并加以增补而成《社会进化论》,在清末即有麦仲华译本(译为《人群进化论》)和萨端译本(译为《社会进化论》)。③

在《社会学原理》第一卷中,斯宾塞把社会分成督制、供给、分配三大部,并分别讨论其发展过程。斯宾塞还专门讨论了社会类型,并提出了两种分类方法。第一种是根据社会的结合程度,把社会分成简单(simple)、复合(compound)、双重复合(doubly-compound)、三重复合(trebly-compound)四种类型。第二种是根据社会特点,把社会分成军事社会(militant type)和工业社会(industrial type)。④ 斯宾塞在第二卷第二部分主要讨论了军事社会和工业社

① 严复:《与张元济书》(1899 年 4 月 5 日),载王栻主编《严复集》第 3 册,第 527 页。史华兹曾讨论到斯宾塞对军事阶段和工业阶段的划分,但认为这一划分从未给严复留下深刻印象。基本上来讲这一说法是正确的,但应当注意严复未必没注意到斯宾塞所做的区分,而且甄克思的军国社会和斯宾塞的军事阶段含义并不完全相同。见[美]史华兹《寻求富强:严复与西方》,叶凤美译,第 162 页。

② [美]特纳(Jonathan H. Turner)、[美]比利(Leonard Beeghley)、[美]帕沃斯(Charles H. Powers):《社会学理论的产生》,韦本译,台北:洪叶文化事业有限公司,2000 年,第 56 页。

③ 麦译本最早发表于《清议报》,题名为《社会进化论》,出版时改为《人群进化论》。见[日]有贺长雄《人群进化论》,麦仲华译,上海:广智书局,1903 年;[日]有贺长雄《社会进化论》,萨端译,东京:闽学会,1903 年。

④ Herbert Spencer, *The Principles of Sociology*, Vol. 1, New York: D. Appleton and Company, 1890, p.538.

会的发展过程及其不同之处。在斯宾塞看来,军事社会和工业社
会并非严格按照时间顺序上的先后发展阶段,而是具有理念意义
上的理想型(ideal type)。军事社会的特点在于强制性,个人是国
家的所有物,保存社会优先于保存个人。① 较具有军事社会特征的
是斯巴达,以及19世纪的德国、俄国等。与此相对应,工业社会的
主要特征在于人们自发性的合作,立法上应采用代议制形式,对政
府功能有较明确的限定,且行政管理的方式更多强调分权,而非军
事社会的集权。② 斯宾塞认为具有较多工业社会特征的是当时的
英国,虽然英国同时也具有不少军事社会的成分。斯宾塞把工业
社会看作一个在价值上优先的发展方向。

　　除斯宾塞作品外,严复在翻译亚当·斯密《原富》时也接触到
一定的进化思想,如斯密提到"初民之群,为射猎,为游牧,浸假而
有耕稼,有邑聚,有城郭,由是而有工有商,盖至工商二者,各臻其
极,则其群之文明亦至"③。不过斯密著作重点不在此处。严复所
接触到的另一部对古代社会,以及社会发展有较多讨论的是白芝
浩(Walter Bagehot,1826—1877)《物理与政治——或"自然选择"与
"遗传"原理应用于政治社会之思考》(*Physics and Politics*, *or*
Thoughts on the Application of the Principle of "Natural Selection" and
"Inheritance" to Political Society,以下简称《物理与政治》,严复译为
柏捷特《格致治平相关论》)。早在翻译《天演论》时,严复即称"已

---

① Herbert Spencer, *The Principles of Sociology*, Vol.2, p.572.
② Herbert Spencer, *The Principles of Sociology*, Vol.2, p.612,649,655.
③ [英]亚当·斯密:《原富》,严复译,北京:商务印书馆,1981年,第640—641页。

译"此书,①不过在后来给张元济的信中又称要取此书为译,②这说明他可能开始过翻译工作,但一直没有完成。

白芝浩生于 1826 年,曾长期担任英国著名刊物《经济学人》(*The Economist*)主编,在经济学、社会学、政治学和公法学领域都有所建树。③ 严复曾称其为"计学家"。④ 从白芝浩书名的副题即可看出其受达尔文进化论的影响。同斯宾塞一样,他也是试图将进化论运用于人类社会的一个实践者,并且在具体的观点上也受到斯宾塞的影响,比如斯宾塞后期备受批评的获得性状(acquired characters)可遗传的观点。⑤ 在《物理与政治》一书中,白芝浩讨论了人类社会的发展历程,并重点讨论了为什么有的民族能够取得持续的进步,而有些民族在最初的进展之后却出现了停滞,白芝浩认为当时东西方民族的最大差异就是"旧的习俗文明与新的可变文明之间的差异"。⑥

针对民族为何可以持续进步或停滞这个问题,白芝浩的答案是:在文明发展的初期,合作是一个必要条件,"合作紧密的部族胜出",因为紧密的合作能够获得一种军事上的优势。但是这种文明的特点是"以一种严格的守法主义为标记,这种守法主义恰恰是其

---

① ［英］赫胥黎:《天演论》,严复译,第 30 页。
② 严复:《与张元济书》(1899 年 4 月 5 日),载王栻主编《严复集》第 3 册,第 527 页。
③ 金自宁:《译者序:白芝浩的问题与方法》,载［英］白芝浩《物理与政治——或"自然选择"与"遗传"原理应用于政治社会之思考》,金自宁译,上海:生活·读书·新知三联书店,2008 年。
④ ［英］赫胥黎:《天演论》,严复译,第 38 页。
⑤ ［英］白芝浩:《物理与政治》,金自宁译,第 5 页。
⑥ ［英］白芝浩:《物理与政治》,金自宁译,第 109 页。

生存的条件,是将其绑在一起的绳索;但这种守法主义作为一种固定惯习强加于所有人所有行为的倾向,抹杀了自然注入我们天性中的差异,使得不同人不同时代彼此模仿"。抹杀了差异和变化,也就抹杀了进步。① 在白芝浩看来,"只有在如下幸运之中,即守法主义的力量大得足够将民族团结在一起但又不至抹杀所有差异并毁灭变化这一永恒的自然倾向时,进步才有可能"。② 白认为做到这一点的是一种"商谈政体"(Government by Discussion)。这种"商谈政体"并不仅仅意味着统治中包含商谈的因素,因为这种因素在古代也大量存在;更重要的是商谈的结果能实实在在地影响政治行动。③ 白认为当时最具"商谈政体"特征的是英国,虽然英国还有许多顽固的因素存在。④ 白所指的商谈政体实质上就是合议政体,与之相对的则是"专制"。⑤

通过以上描述我们可以发现,《社会通诠》和《社会学原理》及《物理与政治》有不少相通的地方,如三者对进化原则的运用,对军事在社会形成和发展中作用的描述等。《物理与政治》还以两篇的篇幅特别关注"国族建构"(Nation-Making)。⑥ 同时,斯宾塞《社会学原理》和白芝浩《物理与政治》中对原人和早期人类社会的描述也为严复对甄克思《社会通诠》内容的接受打下知识基础。

但接下来的问题是,为什么严复最终选择译甄克思的《政治简

---

① [英]白芝浩:《物理与政治》,金自宁译,第 37—38、46 页。
② [英]白芝浩:《物理与政治》,金自宁译,第 46 页。
③ [英]白芝浩:《物理与政治》,金自宁译,第 123 页。
④ [英]白芝浩:《物理与政治》,金自宁译,第 114 页。
⑤ [英]白芝浩:《物理与政治》,金自宁译,第 47 页。
⑥ [英]白芝浩:《物理与政治》,金自宁译,篇三、四。

史》(*A Short History of Politics*[①],严译为《社会通诠》),而不是斯宾塞的《社会学原理》或白芝浩的《物理与政治》?

首先,《社会学原理》卷帙浩繁,翻译起来很困难,严复自己也这样表达过。这无疑是一个重要原因,但肯定不是唯一原因。因为斯宾塞在写作的时候就注意到了这个问题,所以把各个部分都写得相对独立,像有贺长雄那样节译或者挑选其中的一部分如第二卷第二部分的"政治制度"(Political Institutions)加以翻译也并非不可行。

其次,《社会学原理》和《物理与政治》都利用到了当时重要的对古代社会的研究成果,如梅因(Henry Maine,1822—1888)的《古代法》、拉伯克(John Lubbock,1834—1913)的《史前时代》等;但二者均未利用到一些后出的研究成果,如摩尔根(Lewis Morgan,1818—1881)1877年出版的《古代社会》(*Ancient Society*,严译为《太古社会》),沃尔特·斯宾塞(Walter Baldwin Spencer,1860—1929)和基伦(Francis James Gillen,1855—1912)于1899年出版的《中澳大利亚的土著部落》(*The Native Tribes of Central Australia*)等。这就使得他们对母系氏族社会及之前的说明不甚清晰,而《政治简史》有一定的后出优势。

另外,斯宾塞习惯于把社会有机体和生物个体做类比,这使得他的研究方法并不纯粹是历史性的。斯宾塞从第一部著作《社会静力学》(*Social Statics*)开始就保留了一定的自然法痕迹。这跟他

---

① 英文本初版及修订版封面均作"A History of Politics",而内文则作"A Short History of Politics",本文题名从后者。

一直以来的政治主张有关,也可能受到他任《经济学人》杂志编辑时的同事荷治琴(Thomas Hodgskin,1787—1869)的影响。[1] 这就使得他的论证并非无懈可击。这种问题在白芝浩身上也不同程度地存在。与此相对应,虽然甄克思主攻法学,但他的《政治简史》却较有历史性。

同时,我们还可以考虑三者在内容上的差异。《社会学原理》和《物理与政治》都对"军事社会"及其对应形态持批评态度,不管与之相对的是"工业社会"还是"商谈社会"。但《政治简史》却正面评价了军事在现代社会(国家)形成中的作用。如果严复在译作中碰到不认同的观点,他是经常会在案语中加以指出的,正如他在译《天演论》时所做的那样。但严复在译《政治简史》时并未这样做,这大概说明他是认同"军国社会"的主张的;考虑到中国思想界当时对军国民主义的提倡,严复可能对此也是认同的。[2]

---

[1] 承红磊:《严复〈民约平议〉文本来源及其撰文目的再议——兼论赫胥黎在严复思想中的位置》,《中国文化研究所学报》第 58 期,2014 年 1 月。

[2] 如蔡锷即在《新民丛报》上连载长文,提倡"军国民主义",其言曰:"居今日而不以军国民主义普及四万万,则中国其真亡矣。"蒋百里也在《新民丛报》上加以响应。其他如杨度在湖南留学生所办《游学译编》序言中也提倡国人应有"军国民"之资格。1903 年,留日学生秦毓鎏、叶澜等还在日本发起成立了"军国民教育会"。见奋翮生(蔡锷)《军国民篇》,《新民丛报》第 1 号,1902 年 2 月 8 日;百里(蒋百里):《军国民之教育》,《新民丛报》第 22 号,1902 年 12 月 14 日;杨度:《游学译编序》,《游学译编》第 1 册,1902 年 11 月 14 日。相关研究,参见韩玉霞《清末民初的军国民教育》,《史学月刊》1987 年第 5 期。不过应指出严复认同军国民主义或尚武精神并不代表他主张"穷兵黩武",他在《〈老子〉评语》中特别提出"勿以取强"。见严复《〈老子〉评语》,载王栻主编《严复集》第 4 册,第 1088 页。

第三节　严复与《社会通诠》

《社会通诠》译自甄克思(Edward Jenks, 1861—1939)的《政治简史》(*A Short History of Politics*)。甄克思生于伦敦,1874—1877年在都尔威治学院(Dulwich College)读书,1883年获律师资格,同年入剑桥大学深造,修习法律。1888—1889年,甄克思担任剑桥大学耶稣学院法律与历史研究部主任、皮姆布鲁克学院讲师。1889年,甄克思前往澳大利亚墨尔本大学任教,并写成《(澳大利亚)维多利亚政府》一书,于1891年出版。1891年,甄克思返回英国,在利物浦大学担任法律教授。1896年,他离开利物浦,到牛津大学担任英国法导师(reader)。《政治简史》即完成于1900年其在牛津大学任职期间。此前,他还在1898年出版了《中世纪法律与政治》(*Law and Politics in the Middle Ages*),在1899年出版了《现代土地法》(*Modern Land Law*)。①

《政治简史》首次出版于1900年3月,由伦敦J. M. Dent公司出版,并于1900年12月即出了修订版。1900年4月,纽约MacMillan公司也出版了该书,并于1902年9月、1907年1月、1909年1月重印,MacMillan公司出版的似乎都是未经修订版。J. M. Dent

---

① 王宪明:《语言、翻译与政治》,第34页。

公司也于 1903 年 5 月和 1906 年 12 月重印该书修订版。① 由该书屡次重版或重印可看出该书的受欢迎程度。

甄克思的主要背景是法学,但在剑桥,他修过历史。《政治简史》主要讨论社会不同阶段的政制发展,在 1903 年即有广学会译本。该本尚多用以前词语,如译 society 为"会",译甄克思之三种社会类型为野政会、族类会、从军会,意义难明,影响不大。②《政治简史》被严复译为《社会通诠》,反映了严复当时很关心"社会"问题。这与"社会"一词在 1903 年已成为流行词有关。

严复译《社会通诠》的目的何在? 这从他的序言中可见端倪。严复说:"夷考进化之阶级,莫不始于图腾,继以宗法,而成于国家。……乃还观吾中国之历史,本诸可信之载籍,由唐虞以讫于周,中间二千余年,皆封建之时代,而所谓宗法,亦于此时最备。其圣人,宗法社会之圣人也;其制度典籍,宗法社会之制度典籍也。物穷则必变,商君、始皇帝、李斯起,而郡县封域,阡陌土田,燔诗

---

① 《政治简史》出版情况颇为复杂,王宪明曾认为 1918 年之前至少出版过 7 版。但该汇总不全,如 1900 年 J. M. Dent 公司出版的修订版即未被计算在内。笔者此处是根据香港中文大学所购买的《现代法律的形成》(*The Making of Modern Law*)所收 J. M. Dent 公司 1904 年出版的第 4 版所介绍出版情况加以补充的。另据王宪明所查,该书尚有 1907 年 Dent 版,1910 年 Clay 和 Dent 版。此外据 WorldCat 目录(http://www.worldcat.org/title/history-of-politics/oclc/60735269/editions? editions View=true&referer=br,查询日期:2013 年 9 月 4 日),该书尚有牛津大学出版社 1900 年版,1909 年 E.P. Dutton 版,不过笔者均未见到。本文所使用《政治简史》1900 年 12 月修订版,来源于"国际档案"(Internet Archive)电子图书数据库(http://archive.org/stream/historyofpolitic00jenkuoft#page/n5/mode/2up),查询日期:2013 年 9 月 4 日。

② [英]金克司(Edward Jenks):《政史撮要》,广学会译,华立熙(W.Gilbert Walshe)鉴定,上海:广学会,1903 年,第 2 页下。

书,坑儒士,其为法欲国主而外,无咫尺之势。此虽霸朝之事,侵夺民权,而迹其所为,非将转宗法之故,以为军国社会者欤?乃由秦以至于今,又二千余岁矣,君此土者不一家,其中之一治一乱常自若,独至于今,籀其政法,审其风俗,与其秀桀之民所言议思惟〔维〕者,则犹然一宗法之民而已矣。"严复接着论道:"固知天演之事,以万期为须臾,然而二者相差之致,又不能为无因之果,而又不能不为吾群今日之利害,亦已明矣。此不佞移译是编,所为数番搁管太息,绕室疾走者也。"①从这段译序中可以看出,确立从图腾社会到宗法社会再到国家社会(或军国社会)的进化次序,并参照中国历史,找出中国早出宗法社会而迟迟不能进入国家社会的表现及原因所在,是严复翻译《社会通诠》的主要目的。

《社会通诠》勾勒了人类社会从图腾(蛮夷)到宗法到国家(军国)的发展过程。就从蛮夷社会到宗法社会而言,文中说:"蛮夷之社会,自能畜牧,而转为宗法之社会。种人(tribe)之宗法,自能耕稼,而转为族人(clans)之宗法。"②宗法社会的形成,在人类发展史上曾发挥了积极作用,但"收民群而遂生理者,宗法也。沮进化而致腐败者,亦宗法也。何则? 宗法立则物竞不行故也"③。此段在原文中不过是"宗法社会是非竞争性的"(It is non-competitive)。从对原意的扩展上可以看出严复对宗法社会的痛恨。④

① 严复:《〈社会通诠〉译者序》,载[英]甄克思《社会通诠》,严复译,北京:商务印书馆,1981 年。
② [英]甄克思:《社会通诠》,严复译,第 17 页;Edward Jenks, *A Short History of Politics*, London: J. M. Dent, 1900, p.19。
③ [英]甄克思:《社会通诠》,严复译,第 19 页。
④ Jenks, *A Short History of Politics*, p.20.

甄克思概括宗法社会有四个特点:以种族为国基;以羼杂为厉禁;以循古为天职;以家族为本位。① 与此相对应,国家社会的主要特征也可概括为四个:以军制武节而立,以争存为精神;一切治权,义由地起;命爵维贤;以个人为本位。② 基于此,甄克思讨论了由宗法社会进而为国家社会所带来的在财产权(产业)、法制(刑法权)、立法(议制权)、行政方面的变化。甄克思所谓"国家社会",不论政体如何,有一个共同特征是均有"无上主权"(sovereignty)。③

甄克思还指出,在国家形成过程中占重要地位的两大因素是军事和宗教。关于军事的作用,甄克思说:"自执兵有专业,而近世国家之制,兆魄成矣。"军事作用于国家形成,其道有二:一曰力征而并兼,指国家之兼并;二曰转徙而启辟,指开辟新土而建国。④ 军事在近代国家形成中的作用,当代学者查尔斯·蒂利(Charles Tilly,1929—2008)、福山(Francis Fukuyama,1952—)近年来仍主其说,⑤甄克思之言,绝非无稽之谈。所不同的是,甄克思所指的"国家",不限于近代,且他对军事所起作用的描述,还不完整。

---

① [英]甄克思:《社会通诠》,严复译,第61—64页。在其他地方,甄克思也以重民而不地著(Personal Union)、排外而锄非种(Exclusiveness)、统于所尊(Communal Character)、不为物竞(No Competition)来概括宗法社会。见[英]甄克思《社会通诠》,严复译,第18—20页。

② [英]甄克思:《社会通诠》,严复译,第69、71、74页。

③ [英]甄克思:《社会通诠》,严复译,第144页。

④ [英]甄克思:《社会通诠》,严复译,第68—69页。

⑤ [美]查尔斯·蒂利:《强制、资本和欧洲国家》,魏洪忠译,上海:上海人民出版社,2007年;[美]弗朗西斯·福山:《政治秩序的起源:从前人类时代到法国大革命》,毛俊杰译,桂林:广西师范大学出版社,2012年,第109—117页。其实早在1985年,蒂利就断言"发动战争、资源汲取和资本积累三者交互作用,塑造了欧洲国家的形成"。见[美]埃文斯等编《找回国家》,方力维等译,北京:生活·读书·新知三联书店,2009年,第228—261页。

甄克思也特别提到了基督教在破除宗法观念和排外精神中的作用,这在近来的研究中也已基本成为共识。如张灏即认为近代民主国家由西方遗产中继承了三种文化传统:希腊、希伯来和罗马基督教。其中基督教提供了一种个人本位思想。[1] 伯曼(Harold Berman,1918—2007)更是称 1075 年格里高利(Gregory)开始的教会改革为"教皇革命",认为它有力地促进了近代国家的诞生。[2]

《社会通诠》译成后,严复在致熊季廉书中谈到了对此书的翻译:"别后成得《社会通诠》一书,以著人群天演之实。"严并说:"菊生(张元济——引者注)谓,读此乃知中国现象种种皆公例之行;而时贤攘臂言救国者,其主义大抵无当。"[3]严也在致曹典球书中介绍《社会通诠》:"拙译诸书,幸蒙阅览。近者又有《社会通诠》一书,经商务印书馆版行,足下取而读之,则吾国所以不进,如视诸掌矣。"[4]

为了扩大《社会通诠》的影响,严复在《大公报》上匿名写了《读新译甄克思〈社会通诠〉》,其中提道:"是故中西二治,其相异在本源。治体之顺逆良楛,其因;而国势之强弱,民生之贫富,其果。浅者骛于富强之表,则徒从其末而求之。稍进乃有所建设,有所补苴,有所变改,独至本源之地,则变色相戒,以为不道之言。则

---

① 张灏:《梁启超与中国思想的过渡(1890—1907)》,北京:新星出版社,2006 年,第148 页。

② Harold Berman, *Law and Revolution: The Formation of the Western Legal Tradition*, Cambridge: Harvard University Press,1983,p.113.

③ 严复:《与熊季廉书》(1904 年 1 月 11 日),载孙应祥、皮后锋编《〈严复集〉补编》,福州:福建人民出版社,2004 年,第 243 页。

④ 严复:《与曹典球书》(1904 年 2 月 4 日),载王栻主编《严复集》第 3 册,第 567—568 页。

何怪徒糜财纷更,而于国事无毫末补益乎?"①此处对中西本源的讨论,以及对部分言治者的批评,是他自发表《论世变之亟》和《原强》以来一贯的态度。

严复又在此文中提到专制政体的循古天性:"凡专制治体,未有不沿宗法之旧者……盖天王一人之身,实兼天、地、君、亲、师五者。方社会幼稚,势若必此而后安。特其制既成之后,又常至坚难变,观于巴尔干半岛之事可以见矣。"②

紧接着,严复重点讨论了民族主义:"宗法社会之民,未有不乐排外者,此不待教而能者也。中国自与外人交通以来,实以此为无二惟一之宗旨。颈〔顾〕欲排外有功,其事必资于知彼,而吾之操政柄者又不能也,故所为辄败。至庚子之役,使通国三十年以往之财力,捆载输之外洋,而国愈不救矣。至今物极者反,乃有媚外之象。然其外媚之愈深,其内排之益至,非真能取前事而忘之也。而自谓识时者,又争倡民族之主义。夫民族主义非他,宗法社会之真面目也。虽然,处今之日,持是义以与五洲之人相见,亦视其民品为何如耳。……不佞闻救时明民之道,在视其所后者而鞭之。民族主义,果为吾民所后者耶? 此诚吾党之所不及者矣。"③严进而表明:"使中国必出以与天下争衡,将必脱其宗法之故而后可。而当前之厄,实莫亟于救贫。……彼徒执民族主义,而昌言排外者,断断不

①《读新译甄克思〈社会通诠〉》,原载 1904 年 4 月 20 日—23 日《大公报》,后转载于《外交报》第 71 期(1904 年 5 月 6 日),见王栻主编《严复集》第 1 册,第 147—148 页。
②《读新译甄克思〈社会通诠〉》,见王栻主编《严复集》第 1 册,第 148 页。
③《读新译甄克思〈社会通诠〉》,见王栻主编《严复集》第 1 册,第 148 页。

足以救亡也。"①严复此处所批判之排外或民族主义,应该既包括偏于国家的国家民族主义,又包括部分革命党人所主张的排满种族式民族主义。其针对对象,既包括当局者,又包括新党之主张民族主义或排外者。严复之言排外,曾在《与〈外交报〉主人书》中予以说明:"期于文明可,期于排外不可。期于文明,则不排外而自排;期于排外,将外不可排,而自塞文明之路。"严复之目的在于,"与其言排外,诚莫若相勖于文明"。②

我们还可从严的翻译中来看待他的动机或者主张。首先是"军国社会"的翻译。"军国社会"是严复发明的一个综合词,包含了国家、社会及近代国家的军事特征,甄克思原文中无此种用法,比较接近的是"军事(或近代意义上的'政治'[形式])"(military[or"political"in the modern sense],被严复译为"国家社会[亦称军国社会]")。③被译为"军国社会"的还有"国家,从起源上讲,是一个军事组织"(The state was, in its origin, a military organization),④甚至"国家"(state)或"近代世界"(modern world)有时也被翻译为"军国社会"。⑤在"近代社会"(modern society)、"政治社会"(political society)和"国家"(state)中,原文用得最多的还是state,大多被严复翻译成"国家""国"或"国家社会"。但严复对"军国社会"这一词语的偏爱,可能反映了他的政策主张,即提倡国

---

① 《读新译甄克思〈社会通诠〉》,见王栻主编《严复集》第 1 册,第 151 页。
② 严复:《与〈外交报〉主人书》,原载《外交报》第 9、10 期,1902 年,见王栻主编《严复集》第 3 册,第 561、558 页。
③ [英]甄克思:《社会通诠》,严复译,第 4 页;Jenks, *A Short History of Politics*, p.3。
④ [英]甄克思:《社会通诠》,严复译,第 132 页;Jenks, *A Short History of Politics*, p.134。
⑤ [英]甄克思:《社会通诠》,严复译,第 67 页;Jenks, *A Short History of Politics*, p.73。

家在近代社会中的重要作用及近代国家的军事属性。这还可从严复在翻译过程中对原文的改动中看出。如《社会通诠》第一章第一节叙述国家的重要性,原文认为国家有常成于天然、无可逃避,以及非人能所自择三条特性,但严复紧接着增加了"关于吾生最切,养生送死之宁顺,身心品地之高卑,皆从其物而影响""为古今人类群力群策所扶持,莫不力求其强立而美善"二条,大大强调了国家不可替代的作用。① 在严复这里,"军国社会"其实虽有偏向,但可以说是近代国家的一个代名词,与斯宾塞所称的"军事社会"已有很大不同。

前文曾言严复在匿名读后感中提到专制政体的"循古天性",这从严复的翻译和按语中也可得到印证。在讲到宗法社会"以循古为天职"一段时,文中提到"顾其俗以不改父为孝,循古守先,为生民之天职",后面有一句"则去故就新之事,非甚不得已,而孰为之"。对照甄克思原文和严复译文可知,此句为严复所加。② 在"国家初制"一章,甄克思也讲到宗法之民,未有不以变法为紊乱典常者。后面有一句感慨:"至于国以守旧而弱,种以不进而衰,此颛蒙寨窳之民,所万万不知为计者也。"③此句仍是严复所添加的。④ 严复在按语中对宗法之民守旧之习更有明确之排斥:"使其民今日困于旧法,拘于积习之中,卒莫由以自拔,近果之成,无可解免。"⑤

---

① [英]甄克思:社会通诠》,《严复译,第1—2页;Jenks, *A Short History of Politics*, pp.1—2。
② [英]甄克思:《社会通诠》,严复译,第62页;Jenks, *A Short History of Politics*, p.68。
③ [英]甄克思:《社会通诠》,严复译,第81页。
④ Jenks, *A Short History of Politics*, p.86。
⑤ [英]甄克思:《社会通诠》,严复译,第155页。

严复对民族主义之反对,学者已多言之。如其在按语中称:"中国社会,宗法而兼军国者也,故其言法也,亦以种不以国。观满人得国几三百年,而满、汉种界,厘然犹在;东西人之居吾土者,则听其有治外之法权;而寄籍外国之华人,则自为风气,而不与他种相入,可以见矣。故周、孔者,宗法社会之圣人也,其经法义言,所渐渍于民者最久,其入于人心者亦最深。是以今日党派,虽有新旧之殊,至于民族主义,则不谋而皆合。今日言合群,明日言排外,甚或言排满,至于言军国主义,期人人自立者,则几无人焉。盖民族主义,乃吾人种智之所固有者,而无待于外铄,特遇事而显耳。虽然,民族主义,将遂足以强吾种乎? 愚有以决其必不能者矣。"①

这种对民族主义的反对,从严复对"tribe"的翻译中也可看出来。正如王宪明已经指出来的,甄克思在原文中使用较多的是"tribe",严复多译为"种族""种人"。Tribe 一词来源于拉丁语中的 tribus,本指罗马人中的一个分支。进入英语后,主要有两个意思:一是由众多家庭、家族及相应奴隶、门客、收容的外人等所组成的社会组织,或指罗马三大原始部族之一;二是有着共同性格、职业及利益的一群人。与 race 较强调血缘关系及 nation 多强调领土与文化意识等不同,tribe 一词带有更多古代宗族组织的色彩。② 严复以"种族""种人"来翻译 tribe,当然与甄克思有关,因为他有时也使用 people,③或用 race;④但严复以"种族""种人"译 tribe,可能还是

---

① ［英］甄克思:《社会通诠》,严复译,第 115 页。

② 王宪明:《语言、翻译与政治》,第 101 页。

③ ［英］甄克思:《社会通诠》,严复译,第 6 页;Jenks, *A Short History of Politics*, p.6。

④ ［英］甄克思:《社会通诠》,严复译,第 61 页;Jenks, *A Short History of Politics*, p.67。

反映了他一定的思想倾向。这种倾向还表现在他对宗法社会特征的翻译上。原文概括宗法社会第一项特征为"以人为基础"（personal basis），严复却概括为"以种族为国基"，虽然甄克思自己在此段中也提到了宗法社会以"种族"（race）为基础，严复的概括也不能说是错误，但把"种族"的含义提到前面，突出了"种族"所占的分量。① 考虑到他对民族主义所持的态度，这可能在无形中影响了他的翻译。

　　严复于戊戌变法失败后虽在言论上反对激烈，主张缓进，并特别翻译斯宾塞《群学肄言》以矫正之，但切不可视此时之严复为守旧。严复在《社会通诠》中继续了他对中西政体的比较和对专制制度的批判。如在讲到国家制度变迁时，严复为防止有人误以为国家制度前后相同，特别提醒"中古之国家，所与今日之国家，其制不可混而一者，彼之政柄，统于一尊，而今之治权，成于有众也"②。甄克思原文只是说国家以个人为本位。③ 第九章"国家初制"讲到王位时称："新建之国，名称异号。而主权位分，则不异其初。"此后严复加上了"吾闻泰东之人，谓君臣之伦为与世宙终始"一句。④ 严复在按语中也屡屡对中西政体之相异表示感慨，如称："盖彼当中叶黑闇（暗）时代，其拓土开国之人，暴戾横恣，著自古昔，然莫不知赋税财物者，本民之所有，至吾欲取而用之，虽有设官所以治民，养兵所以卫民，可以借口，然而皆不足，必待民之既诺，而后乃可取

---

① ［英］甄克思:《社会通诠》，严复译，第 61 页;Jenks, *A Short History of Politics*, p.67。
② ［英］甄克思:《社会通诠》，严复译，第 73 页。
③ Jenks, *A Short History of Politics*, p. 78.
④ ［英］甄克思:《社会通诠》，严复译，第 76 页。

也。……乃今试执此义,而求之于神州震旦间,而为考之于古以来圣经贤传之繁富,其有曰君欲赋民,必待民诺者乎? 至于韩愈之《原道篇》则曰:民不出租赋,则诛而已。呜呼!"[1]对西制之尊重民权表达了向往之情。

综上所述,严复译《社会通诠》意在阐明人类社会发展之阶段,以此为国人之镜鉴。严主要是希望中国出宗法社会而进入军国社会(或国家社会),并提倡军国主义。与此同时,严批评了当时的守旧、排外、排满诸说,并阐明了宗法社会的基本特征和军国社会体制的演进。

尚需指出,严复主张中国应出宗法社会而入军国社会,乃就大体而言,并不代表他主张通过剧烈的方式改变社会形态,也不代表他想完全去除"宗法"的因素。他在《与熊纯如书》中曾说:"宗法之入军国社会,当循途渐进,任天演之自然,不宜以人力强为迁变,如敬宗收族固矣,而不宜使子弟习于依赖;孝亲敬长固矣,而不宜使耄耋之人,沮子孙之发达。"[2]这是严所一贯遵循的"天演"派观点。严在所译介《政治讲义》中说:"是故我辈称英吉利为军国国家,不过取其实行最著者为言。至于其实,则宗法、神权二者于其社会所以维系其民者,犹有至大之爱力也。"[3]

此外,斯宾塞早就对单线进化论做了警告:"我们需要处理以不同程度组合的社会,需要处理在不同文化发展阶段并且在结构上发展到不同程度的社会。因此,如果不考虑到他们之间在大小

① ［英］甄克思:《社会通诠》,严复译,第125页。
② 严复:《与熊纯如书》,载王栻主编《严复集》第3册,第615页。
③ 严复:《政治讲义》,载王栻主编《严复集》第5册,第1264页。

和文明上的不同,就会犯错误。"①甄克思对此也有过提醒:"治制本无优劣,视与其民程度相得何如。"②《社会通诠》在结尾也特别提道:"历史之事,虽其来若无端,实皆依于天理,为最大公例之流行,而处处从外缘为殊异。故殊涂(途)百虑,其归墟将同。"③不过在一般性进化原则和某个国家具体进化历史与趋势之间存在着一定的紧张关系,这是一切欲应用"公理公例"于具体情境者都会遇到的问题,也是严译《社会通诠》后来受到章太炎批评的原因之一。④

第四节　严复社会分期论的影响

严复所译《社会通诠》出版后,产生了广泛而深远的影响。据严复称,出版不逾两月,即已听闻有人想要翻印。⑤ 严复欲使中国脱宗法而进军国的目标也为读者所捕捉到。如《申报》在评论中即称:"吾亚洲值此时局,丁此运会,所谓中国环列小蛮夷者,数十年来亦已循天择之公例,次第淘汰,渐失其竞立争存之势。近来有识

---

① Herbert Spencer, *The Principles of Sociology*, V.2, p.568.
② 严复发挥此句话,在译文中加上了"民如躯干,制如衣服,以童子而披贲育之衣,决其不行而蹶耳,何可用乎? 故不察国民优劣,而徒于治制争之,只成戏论,此治历史学者所共明也"两句。见[英]甄克思《社会通诠》,严复译,第144页;Jenks, *A Short History of Politics*, p.144;王宪明《语言、翻译与政治》,第97页。
③ [英]甄克思:《社会通诠》,严复译,第159页。
④ 马勇:《严复学术思想评传》,北京:北京图书馆出版社,2001年,第149页。
⑤ 严复:《与熊季廉书》(1904年5月26日),载孙应祥、皮后锋编《〈严复集〉补编》,第252页。

之士,见微知著,惊心动魄,咸知保群进化之急不可缓,宗法社会之万不足恃,相与移译西籍,提倡国魂,因其有群,导之翕合,将旧时宗法社会,引而进于军国社会,使人人洞明夫相系相资之故,相生相保之理,急起直追,与物为竞,而后炎黄之胄乃能自处于适宜,以存延其种类。然则自今以后,群道不涣,而人类所恃以长存者,兹非其一线之生机耶?"①

严复在《社会通诠》中所表达的对守旧的不满及对军国的提倡也得到读者的响应。如《东方杂志》转载《神州日报》文章,认为"中国之教,以宗法为重。及今尚不能离宗法社会而入军国社会。故保守之性,有生俱来。各国则以进取为主,取进步无止之说。故凡政治、学术,无不易于更新,得出其长以相胜"②。《申报》在讨论到苏州督练公所时称:"今日争存之道,为群演所托命者,其惟兵事乎?宗法社会,既不适宜于时势,吾乃皇皇汲汲,建议练军,引而进于军国社会。大势所趋,诚莫能已。"③

不过,《社会通诠》引起较大关注和争论的主要是孔教与家族制度,以及民族主义。这一方面与接受者的政治倾向和所处的社会环境有关,另一方面大概也因为对守旧的批评,以及对军国主义的提倡不会引起争议。

虽然严复在《社会通诠》中未表示中国应如何从宗法社会迈入军国社会,但他对二者所做的概括无疑确立了后者的价值优先性。

---

① 《说竞》,《申报》1906 年 1 月 2 日,第 1 版。
② 《论国民宜改良对外之性质》(录《神州日报》),《东方杂志》第 5 年第 5 期,1908 年 6 月 23 日。
③ 《论苏州督练公所之用人》,《申报》1906 年 3 月 14 日,第 2 版。

他对孔教所言"周、孔者,宗法社会之圣人也",虽不否认孔教曾经所起的积极作用,但潜台词其实是孔教已经过时,或者说需要被改造。严复早在 1897 年初即已致函梁启超,谓"教不可保,而亦不必保。又曰保教而进,则又非所保之本教也"。① 这可以说明严对孔教的态度。夏曾佑在为《社会通诠》所作序言中即已捕捉到这一信息。夏曾佑说:"神州自甲午以来,识者尝言变法矣。然言变法者,其所志在救危亡,而沮变法者,其所责在无君父。夫救危亡与无君父不同物也,而言者辄混,烦娆喧豗,不可以理,至于今益亟。向者,以其争为不可解,乃今而知其不然,盖其支离者,皆群学精微之所发见,而立敌咸驱于公例,而不自知耳。……人之于宗法社会也,进化所必历也,而欧人之进宗法社会也最迟,其出之也独早,则以宗教之与政治附丽疏也;吾人之进宗法社会也最早,而其出也,历五六千年望之且未有崖,则以宗教之与政治附丽密也。考我国宗法社会,自黄帝至今,可中分之为二期,秦以前为一期,秦以后为一期,前者为粗,后者为精,而为之钤键者,厥惟孔子。……孔子之术,其的在于君权,而径则由于宗法,盖借宗法以定君权,而非借君权以维宗法。然终以君权之借径于此也,故君权存,而宗法亦随之而存,斯托始之不可不慎也。"夏接着评论道:"秦之时,一出宗法社会而入军国社会之时也,然而不出者,则以教之故。故曰,钤键厥惟孔子也。政治与宗教既不可分,于是言改政者,自不能不波及于改教,而救危亡与无君父二说,乃不谋而相应,始胶固缭绕而不可理矣。"②夏曾佑对此书的关注点在孔教与宗法社会的关系,以及孔

---

① 梁启超:《梁启超致严复书》,载王栻主编《严复集》第 5 册,第 1569 页。
② 夏曾佑:《〈社会通诠〉序》,载[英]甄克思《社会通诠》,严复译。

教与君权的关系上。

在清末学界中,刘师培受严复影响亦很大。刘在《周末学术史总序》中多次引用严复所译《社会通诠》,并认为儒家伦理,"重私恩而轻公谊","仍宗法制度之遗则"。① 在《伦理教科书》中,刘重申:"家族伦理者,基于宗法时代之制度者也。中国自三代以来,帝王有帝王之宗,士民有士民之宗,农人有农人之宗,故以宗法治家,即以宗法治国,使贵者不至降为贱,卑者不敢抗其尊,以维天下之治安。秦汉以降,民间习俗相沿,仍宗法时代之遗风。既存宗法之遗风,此中国之伦理所由偏崇家族也。"②

在清末的刑律改革中,严译《社会通诠》也被拿来作为改革张本:"劳氏(乃宣——引者)于新律,所期期以为不可者,惟借口于保存礼教四字。而其反对最力者,则在子孙违犯教令,与无夫奸两罪之删除。此两般事实,在吾国社会中,本视为风化伦常之大蠹,凡自号为名教中人者,莫不同然,而劳氏实为之代表。然此种思想言论,存于社会,未尝不可以检年少者之身心,若明著于律章,则反足以阻群演之进化。社会非一成而不变,有阶级焉,有程序焉,由图腾而宗法,由宗法而军国,其蜕化无穷,其递进亦无穷。而政教法

---

① 刘师培:《周末学术史总序·伦理学史序》,《国粹学报》第 1 期,1905 年 2 月 15 日,总第 74 页。此处并非言刘师培对儒家伦理之批评,始于阅读《社会通诠》之后;刘氏在阅读此书之前即已讨论到儒家伦理之缺陷及宗法制之弊端,不过《社会通诠》无疑为刘提供了一种理论支撑。见刘师培《公德篇》,载万仕国辑《刘申叔遗书补遗》,扬州:广陵书社,2008 年,第 141—144 页;刘师培《论中国家族压制之原因》,载万仕国辑《刘申叔遗书补遗》,第 145—148 页;刘师培《孔子传》,载万仕国辑《刘申叔遗书补遗》,第 186 页。

② 刘师培:《伦理教科书(第二)》,收入钱玄同整理《刘申叔遗书》,南京:江苏古籍出版社,1997 年,第 2074 页。

律,又最为牵掣蜕化,驱促递进之利器。吾国社会既不能常囿宗法,以违世界之倾向。则宗法社会之旧律,自不能适用于新旧方蜕之交,与夫演进军国之日。天演大例,社会之进也,必先撼其政制,而后社会由之而蜕。未有旧制不裂,而新社会能演进者也。故劳氏所持两事,虽为宗法社会之精神,而在军国社会中法制上实无保存之必要。又岂第不保存而已,其前一事,乃所当亟废者也。"①

民国成立后,现行之家族与伦理制度受到越来越多的关注,严复为孔教之判断提供了一个重要理论支持。吴贯因在《大中华》上发表文章,认为"中国之社会,有一根深蒂固之制度,足以阻碍国家之进步者,则家族制度是也";"家族制度不改变,即国家主义不发达"。吴并认为:"今者国际之竞争,极其剧烈,宗法社会,万不足以图存。故家族制度,不能不从根本上大加改革。"②所不同者,吴认为当日中国已进入"军国社会",故"爱国之义应重于敬宗"。③ 吴在文中已提到众多实际问题,如同居问题、共产问题、主婚问题、守节问题等。

吴虞曾于 1912—1913 年仔细阅读过严译《社会通诠》和其他严译作品,如《群己权界论》《群学肄言》等。④ 受此影响,吴在 1915年写出《家族制度为专制主义之根据论》一文,认为"商君、李斯破坏封建之际,吾国本有由宗法社会转成军国社会之机;顾至于今

---

① 复(严复):《驳劳乃宣反对新刑律之根据》,《申报》1910 年 12 月 18 日,第 1 张第 2 版。

② 吴贯因:《改良家族制度论》,《大中华》第 1 卷第 3 期,1915 年 3 月 20 日。

③ 吴贯因:《改良家族制度论(续)》,《大中华》第 1 卷第 4 期,1915 年 4 月 20 日。

④ 中国革命博物馆整理、荣孟源审校:《吴虞日记》,成都:四川人民出版社,1984 年,第 23—28、91 页。

日,欧洲脱离宗法社会已久,而吾国终颠顿于宗法社会之中而不能前进。推原其故,实家族制度之为梗也"。吴进而评论说,"儒家之主张,徒令宗法社会牵掣军国社会,使不克完全发达,其流毒诚不减于洪水猛兽矣",特别是"共和之政立,儒教尊卑贵贱不平等之义当然劣败而归于淘汰"。① 在 1916 年所作的《读〈荀子〉书后》一文中,吴虞也不吝于表达他对严复的赞赏:"夫知政治当改革者,容纯父(闳——引者)诸人也;知政治儒教当改革者,章太炎诸人也;知家族制度当改革者,秦瑞玠诸人也;知政治、儒教、家族制度三者之联结为一而皆不可不改革者,严几道(复——引者)诸人也。"②

严译《社会通诠》也成为另一位新文化运动倡导者陈独秀攻击儒家三纲五常说及家族制度的理论武器。陈独秀以伦理上之觉悟为"最后觉悟之最后觉悟",其首要发难对象即为"三纲"之说。③ 陈独秀把"三纲"归为儒教根本教义,认为"别尊卑、明贵贱之阶级制度,乃宗法社会、封建时代所同然","欲建设西洋式之新国家,组织西洋式之新社会,以求适今世之生存,则根本问题,不可不首先输入西洋式社会国家之基础,所谓平等人权之新信仰。对与此新社会新国家新信仰不可相容之孔教,不可不有彻底之觉悟,猛勇之决心"。④ 陈之认为"西洋民族以个人为本位,东洋民族以

① 吴虞:《家族制度为专制主义之根据论》(1915 年),载《新青年》第 2 卷第 6 号,1917 年 2 月 1 日。又见赵清、郑城编《吴虞集》,成都:四川人民出版社,1985 年,第 61—66 页。

② 此文后发表于《新青年》第 3 卷第 1 号(1917 年 3 月 1 日)上。见赵清、郑城编《吴虞集》,第 110 页。

③ 陈独秀:《吾人最后之觉悟》,《青年杂志》第 1 卷第 6 号,1916 年 2 月 15 日。

④ 陈独秀:《宪法与孔教》,《新青年》第 2 卷第 3 号,1916 年 11 月 1 日。

家族为本位",也是以严复论述为基础的。①

吴、陈等对孔教之攻击及孔教与宗法社会之关联,得到《新青年》读者的呼应。如读者傅桂馨致函《新青年》曰:"社会演进之顺序,由图腾而宗法而军国。孔子生于封建时代,故其著书立说,率多注重于修身齐家之道,如三纲之义,效法古人之说,使在下者知所服从,以保守先业,不致有偭背矩矱之举,固为美德。然一味服从,则成为奴隶道德。偏重保守,则万事无〈发〉达进步之机。此实宗法社会之缺点,亦孔子全副精神所贯注者也。然时运进步,今日之社会,已不能不改变其步伐,以入于军国社会。若军国民主义,亲子分居主义,以及个人经济独立主义,无一不与孔子之道凿枘难容,势非破毁其教义,则必为吾族文化进步之绝大障碍。此仆盟诵大志,所以钦仰拜倒于先生之言论也。"②即使一些对吴、陈等对孔教过分攻击感到不满者也难免把孔教与宗法社会相联系:"就实际而论,孔子之道,比较的在周秦诸子中为毗于专制,无可讳言。然当思孔子所承,为宗法社会、封建制度极盛之后,则其所称道,较之已为革新、为进化。"③

直到 1929 年,陶希圣还在以《社会通诠》为论据之一把孔教和宗法与君权及官僚政府相联系。陶认为:"如果我们要从根本上消灭君权及官僚政府,我们必须摧毁宗法和与宗法相维系的封建势力。如果我们要保存宗法和与宗法相维系的封建势力,则无异于

---

① 陈独秀:《东西民族根本思想之差异》,《青年杂志》第 1 卷第 4 号,1915 年 12 月 15 日。
② 《通信》,《新青年》第 3 卷第 1 号,1917 年 3 月 1 日。
③ 《通信》,《新青年》第 3 卷第 2 号,1917 年 4 月 1 日。

欲达孔子所欲达的目的：由宗法的途径以达于君权或官僚政府的目的。"但他所主张的方法已有新时代的痕迹："宗法势力的摧毁还要在亲属法之外，更注重两点：第一是经济制度尤其是土地制度的改革，第二是亲属法良善的执行。"①更重要的是，此时蛮夷社会、宗法社会、军国（国家）社会的社会阶段划分也基本上已被原始社会、奴隶社会、封建社会、资本主义社会、社会主义社会的五段论取代，集中表现于之后出现的中国社会性质论战和社会史论战，陶本人即为其中的一位重要参与者。②

与对孔教和家族制度的影响相比，严译《社会通诠》对民族主义的排斥更快地卷入了当时革命与立宪的争论当中。《社会通诠》出版后，《东方杂志》曾对其内容予以介绍，并评论道："泰西诸国，今皆入军国社会，而我犹滞于宗法社会之中。故民族主义已属陈言，我国之人，犹欢迎之不暇。过此以往，吾恐彼此程度相去愈远，而进步将无可期。然则严氏之译，其可以药吾国之病者，岂浅鲜哉！"③明显表达了据以反对民族主义的观点。

严氏学说又为杨度所引用，并被《新民丛报》转载。杨度之言曰："极东西通古今之人类社会，无不经蛮夷社会、宗法社会、军国社会之三大阶级而以次进化者。蛮夷社会，无主义。宗法社会，为民族主义。军国社会，为国家主义。此西儒甄克思所发明一定不

---

① 陶希圣：《中国宗法势力及其摧毁》，《新生命》第 2 卷第 1 号，1929 年 1 月。

② 相关研究，可参见何干之《中国社会性质问题论战》《中国社会史问题论战》，《民国丛书》第 2 编第 78 册，上海：上海书店出版社，1990 年；[美]德里克（Arif Dirlik）《革命与历史：中国马克思主义历史学的起源，1919—1937》，翁贺凯译，南京：江苏人民出版社，2005 年。

③ 《新书介绍》，《东方杂志》第 1 卷第 1 期，1904 年 3 月 11 日。

移之公例。无论何种社会,而莫之能外者也。今世西洋各强国国家之程度,皆已入于完全之军国社会,而以中国之国家程度言之,则其自封建制度破坏后,由宗法社会进入军国社会者固已二千余年,惟尚不能如各国之有完全军国制度耳。"①唯杨度并不认为国内各民族政治程度相同:"合同国异种之民而计之,大抵可分为汉满蒙回藏五族,而五族之中,其已进入于国家社会而有国民之资格者,厥惟汉人。若满蒙回藏四族,则皆尚在宗法社会,或为游牧之种人,或为耕稼之族人,而于国民之资格,犹不完全。"鉴于此,杨认为汉人已"有国家主义而无民族主义"。②

以严复在清末思想界的影响力,加之立宪派的鼓吹,革命党人不得不应战是完全可以理解的。先是汪精卫试图对严加以驳斥:"('中国社会,宗法而兼军国者也……民族主义,将遂足以强吾种乎?'一段——引者)几道此言,遂若民族主义为不必重,而满为不必排者。此可云信公例矣,而未可云能审我民族公例上之位置也。""我民族公例上之位置"如何?则为受满族之压制:"设如今之政府,为同族之政府,而行专制政体,则对之只有唯一之国民主义。蹈厥政体,而目的达矣。然今之政府,为异族政府,而行专制政体。则驱除异族,民族主义之目的也。颠覆专制,国民主义之目的也。民族主义之目的达,则国民主义之目的亦必达。否则,终无能达。"③

---

① 饮冰:《新出现之两杂志》,《新民丛报》第 4 年第 16 号,第 36 页。
② 饮冰:《新出现之两杂志》,《新民丛报》第 4 年第 16 号,第 36 页。
③ 精卫(汪精卫):《民族的国民》,《民报》第 1 号,1905 年 12 月 8 日再版(11 月 26 日初版)。

汪精卫此处是与严复站到了对立的位置上。大概觉得有所不安，胡汉民在《民报》第 2 号上又作一文，此文风格与汪精卫完全不同，颇像是在为严氏作注。胡氏认为严复"惧其仅为种族思想，不足以求胜于竞争剧烈之场也，故进以军国主义，而有《社会通诠》之译"。"言军国主义，非必与宗法主义相离，即今白种列强，其治化已逾越宗法主义时代，而入于军国主义，然畛畦之不能化，触处可睹者，固不能为讳也。"胡甚至用斯宾塞之说曰："矧吾种尚有自他压制之忧，内不能脱于一种人之轭，即外不能与异国人之捷足争，其理甚明，而以此群进化必不可免之阶，有他群所已经者，则遂以为亦可躐等而舍旃，此其意与以生物学治群学之公例悖，严氏必不出也。"胡又引严在《法意》中之言论以明严复之"真意"。[①] 胡似未看到严复之《政治讲义》，否则必定大感欣慰，因其中讲道："是故我辈称英吉利为军国国家，不过取其实行最著者为言。至于其实，则宗法、神权二者于其社会所以维系其民者，犹有至大之爱力也。"[②]不过称严未排斥种族式民族主义，则又言过其实。严复固然对清政府重满汉之分深恶痛绝，不过他的意思，大概仍希望清政府主动改革。

胡汉民固然以严复的学说来解释严复，且言之成理。但严复之排斥排满，乃明显的事实。因此，章炳麟主编《民报》后，又重新来讨论《社会通诠》。不过章氏之言论，已非仅限于《社会通诠》本身，而及于甄克思和整个严复学术。章氏评甄克思曰："甄氏之意，

---

① 胡汉民:《述侯官严氏最近政见》,《民报》第 2 号,1906 年 5 月 8 日第 3 版(1906 年 1 月初版)。
② 严复:《政治讲义》,见王栻主编《严复集》第 5 册,第 1264 页。

在援据历史,得其指归,然所征乃止赤黑野人之近事,与欧、美、亚、西古今之成迹,其自天山以东,中国、日本、蒙古、满洲之法,不及致详,盖未尽经验之能事者。"又评严氏:"少游学于西方,震迭其种而视黄人为猥贱,若汉若满,则一丘之貉也。故革命立宪,皆非其所措意者。……就实论之,严氏固略知小学,而于周秦两汉唐宋儒先之文史,能得其句读矣。然相其文质,于声音节奏之间,犹未离于帖括。申夭之态,回复之词,载飞载鸣,情状可见。盖俯仰于桐城之道左,而未趋其庭庑者也。至于旧邦历史,特为疏略,辄以小说杂文之见,读故府之秘书,扬迁抑固,无过拾余沫于宋人。而自晋宋以下,特取其一言一事之可喜者,默识不忘于其胸府,当时之风俗形势,则泊然置之。夫读史尽其文不尽其质,于藏往则已疏矣,而欲以此知来,妄其颜之过厚耶?"①章对严复批评之严厉,令人咂舌,这可能与之前严复对章氏所译并发表在《昌言报》上的斯宾塞文章严厉批评有关。②

章氏之意,以"《社会通诠》与中国事状计之,则甄氏固有未尽者"。章列举了《社会通诠》对宗法社会的四条概括(重民而不地著、排外而锄非种、统于所尊、不为物竞),并逐条指出与中国历史的不合之处。对于第一条,章氏曰:"怀土重迁之性,惟农民为最

---

① 太炎(章太炎):《〈社会通诠〉商兑》,《民报》第 12 号,1907 年 3 月 6 日,第 1—2 页。

② 严复:《论译才之难》,原载《国闻报》1898 年 9 月 1 日,见王栻主编《严复集》第 1 册,第 91—92 页。章氏对严复的批评,影响有限,但确实对严造成了一定打击。如鲁迅对严即"不再佩服"了,马君武也认同章太炎对严复"矫揉造作"之评价,大概亦从此处而来。见周启明《鲁迅与清末文坛(节录)》,载牛仰山、孙鸿霓编《严复研究资料》,福州:海峡文艺出版社,1990 年,第 289 页;黄昆山《马君武博士其人其事》,见中国国民党党史会编《马君武先生文集》,台北:"中央"文物供应社,1984 年,第 451 页。

多,而宗法社会所凭依者,泰半不出耕稼。"对第二条,则曰:"春秋以前,本无排外之事。"对第三条,"古者之行宗法,以其事为天倪定分,今者之行宗法,以其事为补阙拾遗。若云当今之世,民不以一身为本位者,则吾所未见也"。对第四条,章氏以为"然孔子固云少贱多艺,扁鹊亦以馆舍之守,更事医术,而未闻有遮禁之者。梓庆作𫓧,公输削木,墨翟制辖,此皆变更旧则,而未有以奇技淫巧戮之者。然则谓宗法社会以不守祖法为咎者,其说荒矣"。①

虽然章氏对《社会通诠》之批评,不无可取之处,但他首先似没有注意到严复对中国之定位:"夫支那固宗法之社会而渐入于军国者,综而核之,宗法居其七,而军国居其三。"②且章氏只以汉族为论述主体,未对满、蒙、藏等民族加以留意。至于认为"春秋以前,本无排外之事",释"不为物竞"为世守祖业,也多有牵强之处。③

更重要的是,章氏在无意中已接受了《社会通诠》蛮夷社会、宗法社会、军国社会的划分。其言曰:"今之民族主义,非直与宗法社会不相一致,而其力又有足以促宗法社会之熔解者。""又况吾党所称之民族主义,所恃以沃灌而使之孳殖者,舍军国社会而外无他法乎?当其萌芽则固无宗法社会之迹矣,及其成就则且定法以变祠堂族长之制,而尽破宗法社会之则矣。"④

---

① 太炎(章太炎):《〈社会通诠〉商兑》,《民报》第 12 号,1907 年 3 月 6 日,第 13 页。
② [英]甄克思:《社会通诠》,严复译,第 16 页。
③ 原文"不为物竞"之重点在"循古",而非世守祖业。见[英]甄克思《社会通诠》,严复译,第 19 页。
④ 太炎(章太炎):《〈社会通诠〉商兑》,《民报》第 12 号,1907 年 3 月 6 日,第 18—19页;王宪明:《语言、翻译与政治》,第 207 页。

小　结

19世纪后半期,进化论首先通过传教士的译著逐渐传入中国。但其大行,仍待严复之宣传与提倡。在进化原则的观照下,如何看待本族本国在进化中所处的位置成了一个必须要解决的问题。在此背景下,康有为的三世说提供了一个解释的模式,并被康门子弟运用到多种解释中去。同时,其他的进化次序如野蛮、半开化、文明,渔猎、畜牧、耕稼,以及石器、青铜器、铁器等,均已在1897—1903年被介绍到中国。

与此同时,从严复对进化论的接受来看,他在翻译《社会通诠》之前,已经接触到了斯宾塞所主张的进化原则,以及具体分类,并曾有意翻译白芝浩的《物理与政治》。虽然他因各种原因没有翻译斯宾塞的《社会学原理》及白芝浩的《物理与政治》,但其中所叙述的进化原则、进化阶段的划分及古代社会的知识均给他提供了丰厚的知识积累。这使得他很容易理解和认同甄克思的《社会通诠》。

从严复对《社会通诠》的"译序"、按语、翻译特点,以及他在此前后的书信与文章来看,他翻译《社会通诠》的目的在于提供一个有说服力的社会进化次序,即从蛮夷社会到宗法社会到军国(国家)社会。严复根据这一普遍进化原则对中国做了判定,即"宗法而兼军国","宗法居其七,而军国居其三",并按照进化原则和对中国的判定希望中国能够出宗法社会而进于军国(国家)社会。与此同时,他对当时国人所表现出来的一些特征如"守旧""排外""排满"等做了批评,并把它们归于"宗法社会"之存留。

严复对中国"社会"的判定影响深远。他认为中国应脱宗法而进军国的观点基本上无人质疑,对守旧的批评虽有响应也未出现争议。他把周、孔认定为"宗法社会之圣人"的做法却从根本上动摇了孔教在中国的地位。紧接其后,夏曾佑与刘师培便据严复之论点以判定孔教不合时宜。在清末新刑律改革中,严对宗法社会特点之概括也被拿来作为新律张本。至新文化运动时,吴虞和陈独秀更据其以攻击三纲说及家族制。

但严译《社会通诠》在清末受到更多关注的是其对民族主义的排斥,这与革命派和立宪派当时的斗争形势是相关的。严复对民族主义的排斥为立宪派提供了有力的论据来说明种族式民族主义不合时宜,革命派却在是否与严复对立上出现游移,这反映了严复当时在新学界所占的地位。胡汉民对严复所做的解释本已言之成理,而章太炎更对严复进行了颇为严厉的攻击。章的攻击,反映了运用"公理公例"分析具体问题时均会面临的问题,①同时也因服务于革命宣传的需要而不无牵强之处。

严复对宗法社会和国家(军国)社会的划分,直到20世纪二三十年代才逐渐被社会进化五段论取代。不过,试图运用公理公例来分析中国社会的模式是前后一致的。

---

① 罗福惠、袁咏红:《一百年前由译介西书产生的一场歧见——关于严复译〈社会通诠〉所引发的〈民报〉上的批评》,《学术月刊》2005年第10期。

第五章 "社会"与早期"社会主义""无政府主义"

伴随着晚清"社会"概念的产生,社会主义与无政府主义有一定传播。本章即对此加以探讨,并特别关注其中体现的"社会"观念。

第一节 "社会中心主义":早期
社会主义思想在中国的传播

早在"社会"概念形成以前,有关"社会主义"的思想即已引起部分中国人的注意或者在中国传播了。同"社会"相似,"社会主义"一词的定型也经历了一个过程。早期传教士多用"安民新说""养民学""安民之学"等译 socialism,康有为曾用"人群之说""人群主义"等,直到 1905 年前后,"社会主义"的使用才基本定型。[①] 但即使在这时,其含义也很难说已经固定。

1871 年 3 月,因天津教案随崇厚赴法道歉的张德彝目睹了法国人建立巴黎公社的情况。他在记述中称起义者为"叛勇",对其主张并不了解。[②] 张宗良口译、王韬辑译的《普法战纪》对革命者的主张有简单描述,如称:"先是法京各乡间,欲行保甲,例各自相辖,赋税则由自征,徭役则由自供,兵勇则由自出,上之人一概毋得钤制之。"[③]但王韬对起义之事,并不认同,他感叹说:"法京乱党自始事以迄卒事,被戮于官军者约十有余万,妇女、童稚皆不得免。推原其致乱之由,则皆因自主二字害之也。"[④]

主要由传教士所编的《西国近事汇编》对社会党人或无政府主义者的活动情况有较多介绍。如 1873 年 3 月记述:"西班牙瓦稜萨部之阿勒蒴城各工会,议借境内富室积产,按名公晰〔析〕,以赡贫困,其工值所得亦公晰〔析〕,以均有无。"[⑤]1874 年记述:"俄礼部以境内近有奸民,创为贫富均财之说,欲借其本境殷富,夺其资财,以予贫乏,是相率而出于乱也。"[⑥]1877 年有记录说:"美国费拉特尔费亚省来信,谓美有数处民心不靖,恐康密尼人乱党夏间起事,

---

① 皮明庥:《近代中国社会主义思潮觅踪》,长春:吉林文史出版社,1991 年,第 61 页。
② 皮明庥:《近代中国社会主义思潮觅踪》,第 7—10 页。
③ 张宗良口译,王韬辑译:《普法战纪》,见姜义华编《社会主义学说在中国的初期传播》,上海:复旦大学出版社,1984 年,第 3 页。
④ 张宗良口译,王韬辑译:《普法战纪》,见姜义华编《社会主义学说在中国的初期传播》,第 6—7 页。
⑤ 《西国近事汇编》(摘录),见姜义华编《社会主义学说在中国的初期传播》,第 9 页。
⑥ 《西国近事汇编》(摘录),见姜义华编《社会主义学说在中国的初期传播》,第 13 页。

国内有无赖之人为奸徒唆使行凶,以偿其贫富适均之愿。"①此处之"康密尼人",即共产主义者(communist)之译称。

随着中外交往的扩大,中国派往各国的使节陆续对社会民主党或社会主义者有较多观察。如李凤苞《使德日记》中记录德君遇刺一事时称:"先是欧洲有'萨舍尔德玛噶里会',译音'平会',欲天下一切平等,无贵贱贫富之分。其愚者遂以为夷灭君相,则穷黎皆得饱暖,故屡刺德君。"②"萨舍尔德玛噶里会",即"社会民主党"(socio-democratic party)。

傅兰雅口译、应祖锡笔述的《佐治刍言》也讨论到"平分产业"一事。其中说道:"法国向有人言,一国产业,必与一国人平分,令各人皆得等分,方为公道等语。此种人皆因狃于虚名,而以平分产业为一视同仁之事,第博一时名誉,并不计其事可行与否,故往往著为论说,使阅者心目为之一快。此论一出,国中愚妄之人,遂不肯认真做事,徒冀分人所有之财以为己用,而争夺攘窃之衅,从此渐开矣。"③

由上述内容可见,此一时期中外人士对"均富"及革命诸事大致是持反对的态度。但在译著中也有对社会主义者之行为虽不表赞成,却抱有同情者。如汪凤藻所译法思德《富国策》中说:"仁人长者,深悯夫贫人之苦,虽在至富之国,而亦不免也。因思不去私产之制,必无以均民财。遂创议立策,革除私产,使人共享其利,此均富之说所由来。"④文中并述均富说来源称:"英国温氏(即欧

---

① 《西国近事汇编》(摘录),见姜义华编《社会主义学说在中国的初期传播》,第13页。
② 李凤苞:《使德日记》,见姜义华编《社会主义学说在中国的初期传播》,第18页。
③ 傅兰雅口译,应祖锡笔述:《佐治刍言》,上海:上海书店出版社,2002年,第71页。
④ [英]法思德(Henry Fawcett):《富国策》下卷,汪凤藻译,北京同文馆聚珍版,1880年,第3页下—第4页上。

文——引者)首创此说,其法令若干家联络一气,通力合作,计利均分,相功相济,如家人然。"文中同情均富之说,认为"当今不均之弊,亦有不可不思者",但同时认为"欲使陌路之人而不分畛域,以今日人情而言,势必不能"。① 文中也介绍到法国傅立叶(François Marie Charles Fourier,1772—1837,称为傅氏)主张:"以二千人为一邑,每邑受地方九里,制为恒产,世世相传,或劳心,或劳力,或供资本,如合伙经商然。其地出产,无分老弱壮者,各给以衣食之需,有余则计邑人之工力、资本、才能而分之,以为酬分之法。由邑长区别材力,列为三等(列等之法,由邑人公定),酌其多寡,称量而与,令邑人同作而不同爨,异室而居,使其知所撙节焉。"不过文中列举了傅立叶主张施行的难点四条,认为"其法必不可行"。②

以上所述,都只不过是零星的记录或间接的介绍,真正比较完整地介绍社会主义之说者有《回头看纪略》。《回头看纪略》译自美国作家爱德华·贝拉米(Edward Bellamy,1850—1898)的《回顾》(*Looking Backward*)一书,初载于 1891 年 12 月至 1892 年 4 月《万国公报》第 35—39 册,后又由李提摩太节译,题名《百年一觉》,1894 年由广学会出版。③ 在书中,贝拉米描述了一位沉睡至 2000

---

① [英]法思德:《富国策》下卷,汪凤藻译,第 4 页上。
② [英]法思德:《富国策》下卷,汪凤藻译,第 5 页上—第 5 页下。
③ 邹振环:《影响中国近代社会的一百种译作》,北京:中国对外翻译出版公司,1994 年,第 98—99 页。鉴于后来单行本相较于《万国公报》本除每章增加标题外,其他文字相同,有学者认为"析津"即李提摩太或李提摩太与蔡尔康的笔名。见何绍斌《越界与想象:晚清新教传教士译介史论》,上海:生活·读书·新知三联书店,2008 年,第 181 页。孙宝瑄在读及此书时称"为之舞蹈,为之神移",可见晚清士人对此书之反应。见孙宝瑄《忘山庐日记》,1897 年 5 月 10 日,上海:上海古籍出版社,1983 年,第 97 页。

年的青年伟斯特(Julian West)对当时社会的描述。该青年发现
2000年的美国已变成一个合作式联邦,生产资料私有制已被消灭,
实行按劳分配。所有男女自幼至21岁皆从学读书,自21岁至45
岁分做官或做工两类,随后根据个人选择和才能分配职业,接受同
等报酬(职业不同,工价不同,然做工时间亦有不同);自45岁以
后,若非特殊事宜,则赋闲养老。① 不过,该文实有前后不一之处,
如一方面说"彼不能为官又不做工者,即受冻馁,且人不齿",②一
方面又说"国家视人如一家,凡有老病,俱与以养给";③一方面生
活品需向国家购买,④另一方面又称"房契、地契、钱票"等皆"已无
所用"。⑤

甲午战争以后,随着中国知识分子对西方关注的提高,对社会
主义等学说的介绍又有所增加。如1896年《时务报》曾刊载古城
贞吉所译《社会党万国大会》,文中提道:"英京伦敦,万国社会党人
等开大会,推法国社会党代议员埃武亚利安为议长,美国社会党工
人协会员麻士武摩害为副长。"⑥1897年《译书公会报》也曾载文介

① [美]爱德华·贝拉米著,析津来稿:《回头看纪略》,《万国公报》第36期,1892年1
月,总第12539页。
② [美]爱德华·贝拉米著,析津来稿:《回头看纪略》,《万国公报》第36期,1892年1
月,总第12539页。
③ [美]爱德华·贝拉米著,析津来稿:《回头看纪略》,《万国公报》第37期,1892年2
月,总第12608页。
④ [美]爱德华·贝拉米著,析津来稿:《回头看纪略》,《万国公报》第37期,1892年2
月,总第12605—12606页。
⑤ [美]爱德华·贝拉米著,析津来稿:《回头看纪略》,《万国公报》第38期,1892年3
月,总第12669页。
⑥ [日]古城贞吉译:《社会党开万国大会》,原载《时务报》第6册,1896年9月,见姜
义华编《社会主义学说在中国的初期传播》,第30页。

绍:"欧洲有虚无党者,以决破贵贱之区别,均分财产,更建新政府为揭橥,植党巩固,持志坚强,视死如归,而举止秘密,其动机几不可端倪也。诸国常苦之。"①

由中国知识分子集中介绍社会主义学说的现象出现在 1902—1903 年。此前,随着留日学生数量的增加,对社会问题或社会主义的介绍也在日渐增多。如《清议报》第 52 册刊载所译加藤弘之《十九世纪思想变迁论》中说:"自十八世纪中顷至十九世纪初,所承袭之'国家上思想'愈登绝顶,盛极则衰,此自然之妙理。至本世纪中叶,遂呈徘徊不进之观。于是'社会上思想'起而代之。其势力益张,迄今犹有日进无疆之象焉。"所谓"社会上思想",即"关于贫富问题者耳"。② 梁启超在《清议报》第 100 册祝词中也称:"美国大统领之被刺,与南美之争乱也,由贫富两极太相悬绝,而社会党之人从而乘之也。此事将为二十世纪第一大事,而我中国人蒙其影响,将有甚重者。……要之二十世纪世界之大问题有三,一曰处分中国之问题,二为扩张民权之问题,三为调和经济革命(因贫富不均所起之革命,日本人译为经济革命)之问题。"③

中国知识分子中最早较多介绍社会主义思想的是马君武。在1903 年发表的一系列文章中,马君武讨论了社会主义与进化论之

---

① 《弹压虚无党议》,原载《译书公会报》第 2 册,1897 年 11 月,见姜义华编《社会主义学说在中国的初期传播》,第 33 页。

② [日]加藤弘之:《十九世纪思想变迁论》,《清议报》第 52 册,1900 年 7 月 26 日,总第 3374—3375 页。

③ 梁启超:《本馆第一百册祝辞并论报馆之责任及本馆之经历》(1901 年 12 月 21 日),载汤志钧、汤仁泽编《梁启超全集》第 2 集,北京:中国人民大学出版社,2018 年,第 358 页。

间的关系及英国空想社会主义者摩儿(Sir Thomas More,1478—1535,今译为莫尔,下文用"摩儿")、法国空想社会主义者加菩提(Étienne Cabet,今译为卡贝)、圣西门(Henri de Saint-Simon,1760—1825)、傅礼儿(今译为傅立叶)之学说。

在《社会主义与进化论比较》一文中,马君武认为社会主义与达尔文进化论不同之处在于依照达尔文主义,"争利为社会竞争以致进步之鞭";而依照社会主义,"争利"被诋为"人间之黑兽"。在此处,马君武对社会主义表达了一定疑问,称"此诚自相矛盾之论,极复杂之问题也"。① 在马君武看来,"社会之进步,不徒以争自存为单纯之原理,若平均和亲之类,亦为社会进步不可少之原理焉"②。社会主义与达尔文进化论有相同之处三:第一,皆主张进化。第二,均主张"争自存"在进化上的重要作用,但"所谓争自存者,非个人与个人争自存之谓也。或此部落与彼部落争,或此市党与彼市党争,或此民族与彼民族争,或此人种与彼人种争。现在之世界,则尚为阶级党类相争之世界而已"。第三,社会主义也强调最宜者生存,但最宜者即"社会主义既行,则人群必大进步,道德、智识、物质、生计之属,必大发达,此世界之光景一大变"。③ 在文中,马氏表达了对社会主义原则的同情:"既明此理,则可知现在争利之制度,乃旧教科书,而社会主义乃新教科书。学生之每升一班

---

① 马君武:《社会主义与进化论比较——附社会党巨子所著书记》,载莫世祥编《马君武集》,武汉:华中师范大学出版社,1991 年,第 84 页。

② 马君武:《社会主义与进化论比较——附社会党巨子所著书记》,载莫世祥编《马君武集》,第 87 页。

③ 马氏于此三点论述甚不清晰,此处仅概述其要点。马君武:《社会主义与进化论比较——附社会党巨子所著书记》,载莫世祥编《马君武集》,第 87—91 页。

也必喜,每读一新教科书也必喜,此其所以为良学生也。今此之人,奈何恋恋于今世界争利之旧制度,百计思所以保存之,若有深惧于社会主义之新制度者。然吾窃惜其智识出于寻常学生之下也。"①

在《社会主义之鼻祖德麻司摩儿之华严界观》一文中,马君武介绍了摩儿的思想,其中写道:"华严界中,有广大美丽之市五十四,公派其土地,而公耕之,以养其民。土地所出,列置城中,属为公物。人民需用,则往取之。……华严界之人民,一律平等,而公选立其政府,因其土其民,不许君主篡据之〈为〉私产也。""华严界之民,无据有之私产业,若动产,若不动产。因据产必不平等,不平等则危险罪恶将由是而生也。""岛中无不工者,以闲暇之时,修诸美术及诸学艺,音乐跳舞,于公花园。"②马氏叙述基本上点明了摩儿《华严界》(Utopia,今译为《乌托邦》)中所主张的财产共有、民主国家、人民平等等特点。③

在《社会党巨子加菩提之〈意加尼亚旅行〉》一文中,马君武指出了加菩提《意加尼亚旅行》乃受摩儿影响而来。马描述加菩提之主张道:"意加尼亚之国中,无产业、无货币,乃至无买卖,一切平等。其力作也,为公共之故;甚〔其〕取食也,自公共之所。国中一切工场,皆其国人之公产也。其国人皆有自然人之幸福,公共享

① 马君武:《社会主义与进化论比较——附社会党巨子所著书记》,载莫世祥编《马君武集》,第 90—91 页。
② 马君武:《社会主义之鼻祖德麻司摩儿之华严界观》,原载《译书汇编》第 2 年第 12 期,1903 年 3 月 13 日,载莫世祥编《马君武集》,第 116—117 页。
③ 马君武:《社会主义之鼻祖德麻司摩儿之华严界观》,载莫世祥编《马君武集》,第 116—117 页。

之,以为是乃作公工者所应得之报酬也。""其政府为公共所组织,其官吏由公众所选举。凡改变政府黜革官吏之事,一惟人民之意是从焉。"①

在《圣西门(一作西士门)之生活及其学说(佛礼儿之学说附)》一文中,马君武引用了圣西门的名言:"社会之归旨在合人群之能力,以开拓地球。"②文中还介绍了圣西门主张把土地、资本和劳动工具收归国家:"夫以[之]公产业〈为〉一人窃据,以为私有,自论理上言之,固已不合矣,社会乌得有进步乎? 欲救斯弊,则莫如废产业嗣续之制,以土地为共产,而合群力以开拓之。"但马氏在文中似认为圣氏"弃绝私产",其实圣西门主张"按功效定能力,按能力计报酬",只是主张生产资料的公有,而非主张生活资料的完全公有。马氏在文中完全没提到圣西门"按能力计报酬"的思想。③

虽然马氏在论述中对社会主义原则多有同情,但正如其在《社会主义之鼻祖德麻司摩儿之华严界观》一文中所说,"华严界之主义,果能实行于今日,以改革社会乎? 曰:否。……虽然,不知待至若干年之后矣。予日望之而已"④。这与邓实的态度是基本相似的。邓实虽称赞社会主义为"思想最高尚之主义",但对社会主义

① 马君武:《社会党巨子加菩提之〈意加尼亚旅行〉》,载莫世祥编《马君武集》,第164页。

② 马君武:《圣西门(一作西士门)之生活及其学说(佛礼儿之学说附)》,载莫世祥编《马君武集》,第170页。

③ 马君武:《圣西门(一作西士门)之生活及其学说(佛礼儿之学说附)》,第173—174页;[美]乔·奥·赫茨勒(Joyce Hertzler):《乌托邦思想史》,张兆麟等译,北京:商务印书馆,1990年,第190—191页。

④ 马君武:《社会主义之鼻祖德麻司摩儿之华严界观》,载莫世祥编《马君武集》,第117页。

能否取代国家主义,尚有疑问,因"今日之世界,国家主义之世界也。举全球上下之视线之脑电之心苗,无不倾注于此主义,如饮迷药,如发热狂,皆以发扬国威,光辉国旗,为唯一之荣誉"。①

除了以上所述单篇文章被介绍到中国,在1902—1903年,多部介绍社会主义的日文著作被译为中文,其中包括幸德秋水《广长舌》《社会主义神髓》,村井知至《社会主义》,福井准造《近世社会主义》,西川光次郎《社会党》等。

《广长舌》是一部宣传社会主义的通俗小册子,由中国国民丛书社翻译,1902年由商务印书馆出版。该书介绍了社会主义之实质、理想、必要性等问题,如书中在谈到社会主义之理想时称:"要而言之,吾人欲灭绝金钱无限之势力,以救社会之堕落,其第一要着,在视生产资本为社会之公物,且改革今日之经济制度。"文中并称:"十九世纪者,自由主义时代也,二十世纪者,社会主义时代也。"②

《社会主义神髓》日文版出版于1903年7月,两个月后《浙江日报》编辑所即出版了中国达识译社翻译的中译本。此后又有1906年蜀魂译本和1907年创生译本,③可见其在清末中国影响之大。全书较有系统性,概括了贫困的原因、社会主义的基本原则、社会主义的贡献,以及社会党的运动等。该书第四章对社会主义

---

① 邓实:《论社会主义》,原载《政艺通报》,癸卯年第2号,1903年2月,见姜义华编《社会主义学说在中国的初期传播》,第62—63页。

② [日]幸德秋水:《广长舌》,中国国民丛书社译,转引自姜义华编《社会主义学说在中国的初期传播》,第57页。

③ 有学者认为还有1905年张继译本,不过笔者尚未见到。见皮明庥《近代中国社会主义思潮觅踪》,第58页;邹振环《影响中国近代社会的一百种译作》,第181页。

原则做了较详细的介绍:第一,土地、资本公有。第二,生产公营。第三,生产物公之于社会。第四,社会收入大半,归个人私有。① 在生产物公之于社会一节,谈到分配问题,该书认为"吾人自社会制度下,从生以至死,不独对于疾病灾祸衰老者,有相救相恤之义务,即教育娱乐及一切需用之品,皆有受保护之责任也"。书中反对"视技能之长短,以定酬报"之说,认为该说虽"稍近公正",然"无劳动能力者,必难免于饥冻,岂社会道德之本旨乎?"书中认为分配上最终之理想为"使社会全体生活之需用满足","量与质虽各有异,而果能充其量以与之,则无不同也"。实际是主张按需分配,但同时认为在"需"的界定上,"颇不易言"。②

罗大维所译村井知至《社会主义》的出版早于《社会主义神髓》。文中解释社会主义与个人主义之区别曰:"个人主义者,即个人中心主义也。社会主义者,即社会中心主义也。个人主义,以社会为单纯集合体,则各自独立,不过为分子之合众耳。故不及问社会全体之利害,唯得各个人之私利足矣。其结果惨毒,不至竞争私利也不已。若社会主义,则认社会为一个有机体物,协一群之力,以求可为社会全体之幸福者。"③文中解释社会主义对私有制之态度时曰:"社会主义,为私有资本制度之反对。虽然,决非为私有财

① [日]幸德秋水:《社会主义神髓》,中国达识译社译,见姜义华编《社会主义学说在中国的初期传播》,第293—298页。从后来译本中可以看出这并非是翻译的问题。见[日]幸德秋水《社会主义神髓》,马采译,北京:商务印书馆,2009年,第27—29页。

② [日]幸德秋水:《社会主义神髓》,中国达识译社译,第296—297页。

③ [日]村井知至:《社会主义》,罗大维译,上海:广智书局,1902年,第5页下—第6页上。

产之反对也。盖社会主义者,原期财产之安固,使个人有个人之财产,则又何所不可。第生产之为用,为富者所私有,是则断断不许者耳。此实社会主义之本领也。"①文中认为社会主义之理想社会乃"责任社会":"谓社会与个人,各相调和,协同以营社会全体之幸福,而使个人对社会负责任,社会亦对个人负责任,互以责任相关系而已。"②其中社会应对个人所负之责任即"社会应随给个人之所必需",其中包括衣食起居、教育、娱乐等,其他如疾病、老废、残疾、死亡,也应设"善为保护之法"。③

《近世社会主义》是日本第一部较为系统地介绍社会主义思想发展史和各国社会主义运动概况的著作,原书于 1899 年出版。该书总结社会主义之目的为"要求贫富之平均,以改革社会之组织",把社会主义发展史分为三期,第一期介绍空想社会主义,第二期主要介绍马陆科斯(今译马克思)学说、第一国际、拉沙列(今译拉萨尔)学说,第三期则将"近时之社会主义",分为无政府主义、社会民主主义、国家社会主义、基督教社会主义四大流派。书中在介绍马陆科斯时,称"其学理皆具于《资本论》,大耸动于学界,为社会主义定立确固不拔之学说,为一代之伟人",④评价很高。该书内容全面,脉络也比较清楚,具有很强的学理价值。但翻译时译名与其他译著或文章的译名不统一,且该书自身前后译名也时不统一,可能

---

① ［日］村井知至:《社会主义》,罗大维译,第 6 页下。
② ［日］村井知至:《社会主义》,罗大维译,第 29 页下。
③ ［日］村井知至:《社会主义》,罗大维译,第 32 页上—33 页上。
④ ［日］福井准造:《近世社会主义》,赵必振译,见姜义华编《社会主义学说在中国的初期传播》,第 155 页。

会影响对该书内容的理解。①

此外还有杜士珍所译久松义典《近世社会主义评论》,周子高所译西川光次郎《社会党》,与以上介绍多重复,不再赘言。唯由上述内容可知,这一时期有关社会主义的译著,多为学理的介绍,并非求实际的施行,具体内容也颇不一致。译者虽多抱同情或赞赏态度,但或未予深论,或寄之将来,译著实际的影响有限。

第二节 "社会革命""社会主义"与
"民生主义":同盟会的社会革命论及其争议

晚清中国之政治势力主张"社会革命"者以同盟会影响最大。其理论来源并不单一,其中最重要的是亨利·乔治(Henry George,1839—1897)。孙中山及同盟会所主张者最主要为土地公有,亦称为"民生主义"或"社会主义"。其实这是一种误解,"土地公有"和"社会主义"并非同一概念,亨利·乔治并非社会主义者。除亨利·乔治外,还有许多自由主义者如斯宾塞、密尔(John Mill,1806—1873),都曾经主张土地公有或限制土地私有权。社会主义史家比亚(Max Beer,1864—1943)对此曾有说明:"自由派的政治经济学所根据的是竞争,个人之图谋增进其幸福的无限制的努力。它所假定的前提是机会之平等,外表优势之平等。一切的贸易限制,一切的经济货品之独占均为它所厌恶。人类要是想获得幸福

---

① 《〈近世社会主义〉说明》,姜义华编:《社会主义学说在中国的初期传播》,第80页。

及充分发展的才能,这些限制和独占是应该修正或废止的。然而,土地的本质却是一种独占,因为它是不能繁殖,而又为人类生存所绝不可少。……土地实是竞争律或自由理论所不能适用的经济物品。它是一种例外,我们必要把它当作例外看待。……本着这种目的拟定的法则是与社会主义的体系毫不相干的。"①

亨利·乔治 1839 年出生于美国加利福尼亚,父亲是海关公务员,长期担任圣公会教区代表,乔治幼年也是在教会学校中度过的。1853 年,乔治刚进中学四个月,就被迫辍学,此后当过海员、学过排字,并曾经同友人合作办报,但不太成功,生活贫困。1865 年 1 月第二个孩子出世时,他曾称自己"处在最倒霉的时期","已快要饿死了"。生活的贫困让乔治一直留心于社会问题,而 1869 年的纽约之行,让他见识到巨大财富和贫穷者之间的反差,更让他立志寻找其内在原因。于是,1871 年,亨利第一部著作《我们的土地和土地政策》出版,初步提出了基本观点,但这只是本小册子。1877 至 1879 年,亨利又参考各种著作,最终完成了《进步与贫困》。②

在经济学方面,乔治受密尔影响很大,并一直对密尔尊崇有加。在土地公有论上,他也受到密尔和斯宾塞的启发。密尔在 1848 年初版的《政治经济学原理》中不仅对社会主义抱以同情,还以劳动与财产权的关系来质疑土地私有制度。③(这一论述在后来

---

① [德]比亚:《英国社会主义史》,汤澄波译,上海:商务印书馆,1936 年,第 601 页。

② 陶大镛:《亨利·乔治经济思想述评》,北京:中国社会科学出版社,1982 年,第 17—19 页。

③ John Mill, *Principles of Political Economy, with Some of Their Applications to Social Philosophy*, book II, chapter II, Boston: Charles C. Little & James Brown, 1848, p.271; [英]穆勒:《约翰·穆勒自传》,吴良健、吴衡康译,北京:商务印书馆,1987 年,第 237—239 页。

的修订版中更加明确) 1870 年,密尔创立了土地占有权改革协会,讨论"自然增值"问题。该协会的方案可以概括为:一、在官方做出估价后,国家应通过课税收取土地增价的全部收益;二、在首次估价以后,应定期重新估价,凡不是地主自己投资开发的自然增值,应通过纳税上交国家;三、如果地主对课税额不满,他们有权按最初的估价,把土地卖给国家。① 值得注意的是,密尔主张限制土地私人所有权,而并未提出土地公有。

斯宾塞在 1850 年出版的《社会静力学》(Social Statics)中,由"平等的自由"这一原理出发,对土地私有权持根本怀疑态度,因为它违反了要求占有土地的平等自由法则。② 直到晚年,乔治还承认:"在我撰写《进步与贫困》的时候,这(《社会静力学》——引者)是我在同类书籍中所知道的唯一著作。"③斯宾塞《社会静力学》的第 9 章("土地使用权")也常被乔治的追随者翻印成小册子,用来支持土地单一税。④ 正因如此,当 1889 年至 1892 年斯宾塞改变态度,明确自己已转而维护土地私有制时,⑤乔治恼羞成怒,专门写了《一个窘困的哲学家》来批判斯宾塞对土地问题的态度。⑥

---

① [美]伯纳尔(Martin Bernal):《一九○七年以前中国的社会主义思潮》,丘权政、符致兴译,福州:福建人民出版社,1985 年,第 32—33 页。
② [英]欧内斯特·巴克(Ernerst Barker):《英国政治思想:从赫伯特·斯宾塞到现代》,黄维新、胡待岗等译,北京:商务印书馆,1987 年,第 68 页。
③ 陶大镛:《亨利·乔治经济思想述评》,第 44 页。
④ 陶大镛:《亨利·乔治经济思想述评》,第 47 页。
⑤ 照乔治的说法,斯宾塞态度的转变,应自 1882 年始,不过土地问题是斯宾塞 1889 年始与赫胥黎争论的焦点,因此也备受关注。二者争论详情参见承红磊《严复〈民约平议〉文本来源及其撰文目的再议——兼论赫胥黎在严复思想中的位置》,《中国文化研究所学报》第 58 期,2014 年 1 月,第 229—256 页。
⑥ 陶大镛:《亨利·乔治经济思想述评》,第 34 页。

恩格斯曾对乔治与社会主义者的差异予以详细的解释,我们从他的论述中可以更清楚二者的差异:

> 亨利·乔治既然宣布土地垄断是贫穷困苦的唯一原因,自然就认为医治它们的药剂是把土地交给整个社会。马克思学派的社会主义者也要求把土地交给社会,但不仅是土地,而是同样还有其他一切生产资料。但是,即使我们撇开其他生产资料的问题不谈,这里也还有另外一个差别。土地如何处理呢?以马克思为代表的现代社会主义者要求共同占有土地和为共同的利益而共同耕种,对其他一切社会生产资料——矿山、铁路、工厂等等也是一样;亨利·乔治却只限于像现在这样把土地出租给单个的人,仅仅把土地的分配调整一下,并把地租用于公众的需要,而不是像现在这样用于私人的需要。社会主义者所要求的,是实行整个社会生产体系的全面的变革;亨利·乔治所要求的,是把现在的社会生产方式原封不动地保留下来,实质上就是李嘉图学派的资产阶级经济学家中的极端派提出的东西,这一派也要求由国家没收地租。①

乔治的《进步与贫困》及其主张的单一税最早由加拿大籍传教士马林(William Macklin,1860—1947)于1894年译成《以地租征税论》刊载于《万国公报》。1899年,马又与李玉书合作节译了部分

---

① [德]恩格斯:《美国工人运动:"英国工人阶级状况"美国版序言》,载中共中央马克思恩格斯列宁斯大林著作编译局《马克思恩格斯全集》第21卷,北京:人民出版社,1965年,第388页。

章节发表,①并于 1901 年左右以《富民策》为题出了单行本,②至 1911 年出至第 3 版。③ 马氏所译,多杂以己意,但亦大致介绍了乔治土地公有、按地课租之义。文中说:"按地者,按其价之贵贱也。课租者,课其租之多寡也。"④文中还否定了井田分地之法,认为"井田分地之法,意非不善,但非今之所宜行"。至于归公后的地租作何用处,文中说:"归公云者,非分之与众人,乃以之为公用,如开设学堂、建置议院、浚通沟洫、刱(创)立桥梁,修通衢道,以便行人。造藏书之楼,以便人读,皆公用也。推之国家之钱粮,官府之费用,兵士粮饷之所出,夫役薪工之所支,亦无不取给于中,而无事自筹经费。"⑤这里应该指出,乔治虽然支持公有企业,但始终认为公有企业应维持在一个最低水平。⑥

孙中山自述民生主义之由来曰:"伦敦脱险后,则暂留欧洲,以实行考察其政治风俗,并结交其朝野贤豪。两年之中,殊多心得。始知徒致国家富强、民权发达如欧洲列强者,犹未能登斯民于极乐之乡也。是以欧洲志士,犹有社会革命之运动也。予欲为一劳永逸之计,乃采取民生主义,以与民族、民权问题,同时解决,此三民主义之主张所由完成也。"⑦但史扶邻(Harold Schiffrin,1922—)早

---

① 邹振环:《影响中国近代社会的一百种译作》,第 196 页。

② 陶隆:《〈富民策〉序》,载[美]卓尔基·亨利《富民策》,马林、李玉书译,上海:美华书馆,1911 年。

③ [美]卓尔基·亨利:《富民策》,马林、李玉书译。

④ [美]卓尔基·亨利:《富民策》,马林、李玉书译,第 19 页。

⑤ [美]卓尔基·亨利:《富民策》,马林、李玉书译,第 19 页。

⑥ 陶大镛:《亨利·乔治经济思想述评》,第 29 页。

⑦ 孙中山:《建国方略》,见广东省社会科学院历史研究室等编《孙中山全集》第 6 卷,北京:中华书局,1981 年,第 232 页。

指出"在这篇回忆中,至少有一处,孙中山的记忆不对;他留在英国没有两年的时间,他也没有访问过任何别的欧洲国家"。史进而称:"我怀疑,三民主义在这时并不像二十多年后他所回忆的那样已明确地形成。"①

从现有记录来看,孙中山最早谈到土地问题似在 1899 年。梁启超曾言,"孙文尝与我言矣,曰:'今之耕者,率贡其所获之半于租主而未有已,农之所以困也。土地国有后,必能耕者而后授以田,直纳若干之租于国,而无复有一层地主从中朘削之,则农民可以大苏'"②。冯自由也曾言,孙中山"在己亥庚子间,与章太炎、梁启超及留东学界之余等聚谈时,恒以我国古今之社会问题及土地问题为资料。如三代之井田,王莽之王田与禁奴,王安石之青苗,洪秀全之公仓,均在讨论之列"。③ 这两则材料意味着孙在己亥年前后曾主张土地国有。④

1902 年春,章太炎记录孙中山谈话道:"夫贫富斗绝者,革命之媒。虽然,工商贫富之不可均,材也。……彼工商废居有巧拙,而欲均贫富者,此天下之大愚也。……方土者,自然者也;自然者,非材力。席六幕之余壤,而富斗绝于类丑,故法以均人。后王之法,不躬耕者,无得有露田。场圃、池沼,得与厮养比而从事,人十亩而止。露田者,人二十亩而止矣。以一人擅者,畎垄沟洫,非有其壤地也。场圃之所有,柂落树也;池之所有,堤与其所浚水容也;宫室

---

① ［美］史扶邻:《孙中山与中国革命的起源》,丘权政、符致兴译,北京:中国社会科学出版社,1981 年,第 120—121 页。
② 梁启超:《杂答某报》,载汤志钧、汤仁泽编《梁启超全集》第 6 集,第 96 页。
③ 冯自由:《革命逸史》第 3 集,北京:中华书局,1981 年,第 206 页。
④ 陈锡祺主编:《孙中山年谱长编》上册,北京:中华书局,1991 年,第 182 页。

之所有,垣墉栋宇也。以力成者其所有,以天作者其所无,故买鬻者庚偿其劳力而已,非能买其壤地也。夫不稼者,不得有尺寸耕土,故贡彻不设,不劳收受而田自均。"①此处虽主张土地公有,但很明显杂糅了中国古已有之的均田思想。

在1903年秋的东京军事训练班誓词中,孙中山已经明确加入了"平均地权"的内容。在同年《覆友人函》中,孙也称"弟所主张者在平均地权"。② 由此可见,"平均地权"此时已成为孙中山的重要主张。不过,"平均地权"的内涵如何、源自哪里,都是应当考虑的问题。

1905年5月,孙中山到布鲁塞尔访问第二国际执行局,希望被接纳为会员。孙向该局主席王德威尔得(É.Vandervelde)等介绍其纲领道,"第一,驱除篡权的外来人,从而使中国成为中国人的中国。第二,土地全部或大部为公共所有,就是说很少或没有大的地主,但是土地由公社按一定章程租给农民。而且中国有一种十分简单的财政制度:每人按其财产赋税,而不是像欧洲那样,把负担放在大多数没有财产的群众身上"③。这里的土地政策明显超出了地价税的范围,而有国有论的意涵。

在1906年《中国同盟会革命方略》中,孙解释"平均地权"道:"文明之福祉,国民平等以享之。当改良社会经济组织,核定天下

① 孙中山:《与章太炎的谈话》(1902年春),载广东省社会科学院历史研究室等编《孙中山全集》第1册,第213页。
② 孙中山:《覆友人函》(1903年12月),载广东省社会科学院历史研究室等编《孙中山全集》第1册,第228页。
③ 孙中山:《访问国际社会党执行局的谈话报道》(1905年5月),载广东省社会科学院历史研究室等编《孙中山全集》第1册,第273页。

地价。其现有之地价,仍属原主所有;其革命后社会改良进步之增价,则归于国家,为国民所共享。肇造社会的国家,俾家给人足,四海之内无一夫不获其所。敢有垄断以制国民之生命者,与众弃之。"①这时孙才比较明确地提出了地价税的主张。同年纪念《民报》创刊周年的演说中,孙也解释民生主义说:"闻得有人说,民生主义是要杀四万万人之半,夺富人之田为己有;这是他未知其中的道理,随口说去,那不必去管他。解决的法子,社会学者所见不一,兄弟最信的是定地价的法。……中国内地文明没有进步,地价没有增长,倘若仿行起来,一定容易。兄弟刚才所说社会革命,在外国难,在中国易,就是为此。"②此文还透露了一个重要信息,即"平均地权"有被理解为平分土地的可能。由以上孙中山观点前后的变化可知,他的"平均地权"主张是逐渐明确的,其中的原因,史扶邻认为孙之倾向于宽容与其同时代的地主,是为了免于引起支持他的拥有土地的富商大贾的反对。③ 伯纳尔称孙"修改他的社会政策,是同谨慎的学生辩论的结果",而这些学生,"大多出身于地主家庭"。④

那么孙中山"平均地权"理论的来源为何呢? 1894 年 12 月,马

---

① 孙中山:《中国同盟会革命方略》(1906 年秋冬间),载广东省社会科学院历史研究室等编《孙中山全集》第 1 册,第 297 页。

② 孙中山:《在东京〈民报〉创刊周年庆祝大会的演说》(1906 年 12 月 2 日),载广东省社会科学院历史研究室等编《孙中山全集》第 1 册,第 329 页。

③ [美]史扶邻:《孙中山早期的土地政策》,第 553 页,转引自[美]伯纳尔《一九〇七年以前中国的社会主义思潮》,第 51 页。

④ [美]伯纳尔:《一九〇七年以前中国的社会主义思潮》,丘权政、符致兴译,第 50—51 页。同盟会内部对"平均地权"之质疑,可参见冯自由《革命逸史》第 3 集,第 207 页。

林《以地租征税论》一文刊登在《万国公报》上。两个月前,《万国公报》刚刚刊载孙中山的《上李鸿章书》。因此,孙中山是有可能这时读到这篇文章并对单一税有大致印象的。① 1897 年伦敦脱险后,孙中山有几个月时间"差不多每日都赴大英博物馆",应该能阅读到乔治或其他主张土地公有或社会主义的书籍。② 孙从伦敦赴美时期,恰逢乔治参选纽约市长并逝世,其学说"重又为举世所瞩目"③,孙在美期间也有可能读到乔治的学说。

此外,19、20 世纪之交,土地运动乃世界上一个较为普遍的潮流。在俄国,从"民粹派运动"(Populist movement),到"土地与自由"党(Land and Liberty Party)和社会革命党(Socialist Revolutionary Party),都主张土地公有和"耕者有其田"。日本的土地复权同志会(1902 年)也以"人工造成者归劳力者享有,天然力生成者归人类平等均有"的原则,主张土地的平均再分配。日本土地复权同志会的创立者,是宫崎寅藏之兄宫崎民藏。孙中山于1897 年回到日本后,即与宫崎寅藏结交,也结识了其家人。④

---

① 吴相湘编纂:《孙逸仙先生传》,台北:远东图书公司,1982 年,第 187 页;[美]伯纳尔:《一九〇七年以前中国的社会主义思潮》,丘权政、符致兴译,第 40 页。

② 罗家伦主编,黄季陆增订:《国父年谱》,台北:中国国民党中央委员会党史史料编纂委员会,1969 年,第 90 页;陈锡祺主编:《孙中山年谱长编》上册,北京:中华书局,1991 年,第 136—137 页。

③ 王德昭:《国父革命思想研究》,台北:中国文化研究所,1962 年,第 105 页。

④ 王德昭:《国父革命思想研究》,第 108—109 页。据伯纳尔称,民藏 1897 年 2 月赴美,1900 年 2 月方回日本,不过孙中山完全有可能从宫崎寅藏处得知其思想概要。早在 1887 年,亨利·乔治的许多讲稿即被译成日文。1891 年,还出版了乔治《进步与贫困》的日文节译本。幸德秋水及宫崎民藏都曾是乔治主义的信奉者。宫崎民藏后来的观点似有变化,因 1902 年土地复权同志会的观点已非乔治的学说所能涵盖。参见[美]伯纳尔《一九〇七年以前中国的社会主义思潮》,丘权政、符致兴译,第 40—41 页。

　　冯自由回忆孙"对于欧美之经济学说,最服膺美人亨利佐治(亨利·乔治——引者)之单税论。是为土地公有论之一派。总理以为此种方法最适宜于我国社会经济之改革,故倡导唯恐不力。在欧洲及日本两地同盟会成立时所提议'平均地权'一项,即斟酌采用亨利佐治学说而自成一家者也"①。孙中山曾在1905年嘱咐廖仲恺翻译亨利·乔治《进步与贫困》,②说明他此时对乔治的学说确实是了解的。不过,如前所述,他接触乔治学说的时间还无法确定,且不能认为他只受亨利·乔治的单一影响。如冯自由所讲,孙对亨利·乔治也只不过是"斟酌采用"。孙中山在《民报》创刊周年大会上的演说中称:"说到民生主义,因这里头千头万绪,成为一种科学,不是十分研究不得清楚。……其中流派极多,有主张废资本家归诸国有的,有主张均分于贫民的,有主张归诸公有的,议论纷纷。凡有识见的人,皆知道社会革命,欧美是决不能免的。"③表明他早已熟悉其中的纷杂状况。胡汉民在答梁启超关于"社会学"与"社会主义"的质疑时,曾举斯宾塞尔(斯宾塞)、弥勒约翰(密尔)、轩利佐治(乔治)皆否认土地私有,并引孙中山之言曰:"吾对于此数家之言,将有所斟酌去取。"④

　　由此可见,孙中山所称的"民生主义",虽经常作为"社会主义"的同义词,却只不过是个统称,内涵也常有变化。如孙在清末多就

---

① 冯自由:《革命逸史》第3集,第206—207页。

② 陈福霖、余炎光:《廖仲恺年谱》,长沙:湖南出版社,1991年,第28页。

③ 孙中山:《在东京〈民报〉创刊周年庆祝大会的演说》,载广东省社会科学院历史研究室等编《孙中山全集》第1册,第326—327页。

④ 民意(胡汉民):《告非难民生主义者》,《民报》第12号,1907年3月6日。

"平均地权"立说,至民国后又提"节制资本"等。①

以"民生主义"主张为基础,孙中山希望"举政治革命、社会革命毕其功于一役"。② 虽然孙中山"平均地权"及"民生主义"的主张来源并不单一,内涵也不明确,但他在清末激起了人们对其广泛的兴趣,并引起了争论,且在这种争论中,对各种问题的讨论更为深入,也更为细致。关于这种争论,已有较多研究,③此处不拟重复,仅就土地国有、单一税、资本问题、国营事业四个方面做一考察。

对"民生主义",梁最早提出质疑的是"土地国有",称其"欲夺富人所有以均诸贫民"。梁并举孙中山曾经之言为证据,"吾叩其何以以社会革命同时并行,彼曰:'缓则无及也,大革命后,四万万人必残其半,少亦残其三分之一,积尸满地,榛莽成林。十余年后,大难削平,田土之无主者十而七八,夫是以能一举而收之?〔.〕余所以必主张大流血者,诚以非此不足以达此目的也'"④。虽然对梁所引孙中山之言,朱执信予以否认,但从章太炎及冯自由之记载,可知孙之"平均地权"实有一定程度的模糊性。对此问题,孙中山本人也曾有所回应,如上引所称"兄弟最信的是定地价的法"。⑤ 但同盟会各人对此问题之解释颇有不同,如胡汉民在《民

---

① 王德昭:《国父革命思想研究》,第114—116、204页。
② 孙中山:《〈民报〉发刊词》(1905年10月20日),载广东省社会科学院历史研究室等编《孙中山全集》第1册,第289页。
③ 可参见[美]伯纳尔《一九○七年以前中国的社会主义思潮》第七章。
④ 梁启超:《开明专制论》(1906年1—3月),载汤志钧、汤仁泽编《梁启超全集》第5集,第335—336页。
⑤ 孙中山:《在东京〈民报〉创刊周年庆祝大会的演说》(1906年12月2日),载广东省社会科学院历史研究室等编《孙中山全集》第1册,第329页。

报之六大主义》中还称"均地之政,至平等耳",①而冯自由在《民生主义与中国政治革命之前途》中也称:"救治之法为何? 则惟有实行土地国有(Land Nalionatisation,即平均地权)之政策,不许人民私有土地而已。森林矿山及交通机关等应为国有,可无俟言,即都会耕地亦万不可不收为国有。"②冯在此处明确说的是"收为国有",而不仅仅是地价归公。

这又牵涉亨利·乔治的单一税问题。梁的质疑主要在于地价税有无征收的可能性及单一地价税是否足以供应国家所需。在《再驳某报之土地国有论》一文中,梁从财政、经济、社会问题三个方面来论证土地国有之"谬误"。在财政问题上,梁的主要观点是地价税不足以应付国家所需。在经济问题上,梁从根本上质疑了乔治土地涨价应归公有的说法,认为乔治乃根据自然法而言,"谓土地为造化主之生产物,其价格腾贵,食社会之赐,非个人所宜独占,此其说若稍近理。虽然,若以此种论法为根据,充类至尽,则社会之富,何一非造化主之生产物? 何一非社会之赐者,宁独土地?"③梁并认为私有制乃当时社会一切文明之源,"一旦剥夺个人之土地所有权,是即将其财产所有权最重要之部分而剥夺

---

① 汉民(胡汉民):《民报之六大主义》,《民报》第 3 号,1906 年 4 月 18 日再版。(初版于 1906 年 4 月 5 日)
② 自由:《录〈中国日报〉〈民生主义与中国政治革命之前途〉》,《民报》第 4 号,1906年 5 月 1 日。
③ 梁启超:《再驳某报之土地国有论》(1906 年 11 月),载汤志钧、汤仁泽编《梁启超全集》第 6 集,第 161 页。

之"。① 在社会问题方面,梁界定"社会问题"之真意为"以分配趋均为期。凡以使全国中各社会阶级(不问贫富)皆调和秩序以发达而已"。具体言之,则为"救资本兼并之敝,对于大资本家而保护小资本家";"调和资本家与劳动者之利害冲突,对于资本家而保护劳动者"。以此定义为基础,梁认为社会主义"举生产机关悉为国有","最足以达此目的",但"非可实行","即行矣,而于国民经济亦非有利"。而土地国有论,则根本不能达此目的。② 梁在此处指出贫富之悬殊并不皆因土地而起,因此单纯从土地上立言也不能解决"社会问题"。不仅如此,土地国有之结果,甚至能"损贫益富"。③

梁在《杂答某报》中即曾质疑同盟会的"平均地权"论非"圆满之社会革命",乃"未识社会主义之为何物"。若为"圆满之社会革命",应"举生产机关而归诸国有",即除土地外,资本亦当归诸共有,"国家自为地主,自为资本家,而国民皆为劳动者而已"。④ 梁并称"欲解决社会问题者,当以解决资本问题为第一义,以解决土地问题为第二义"。⑤ 胡汉民曾发文解释称:"吾人将来之中国,土地国有,大资本国有。土地国有者,法定而归诸国有者也;大资本

① 梁启超:《再驳某报之土地国有论》(1906 年 11 月),载汤志钧、汤仁泽编《梁启超全集》第 6 集,第 163 页。
② 梁启超:《再驳某报之土地国有论》(1906 年 11 月),载汤志钧、汤仁泽编《梁启超全集》第 6 集,第 190 页。
③ 梁启超:《再驳某报之土地国有论》(1906 年 11 月),载汤志钧、汤仁泽编《梁启超全集》第 6 集,第 197 页。
④ 梁启超:《杂答某报》,载汤志钧、汤仁泽编《梁启超全集》第 6 集,第 91—92 页。
⑤ 梁启超:《杂答某报》,载汤志钧、汤仁泽编《梁启超全集》第 6 集,第 91 页。

国有者,土地为国家所有,资本亦自然为国家所有也。"胡并解释称:"何以言土地而不及资本?以土地现时已在私人手,而资本家则未出世也。"①梁在文中承认自己以前曾认为所谓"完美之社会革命"是"将来世界最高尚美妙之主义",但如今认识到其内部争议不断,如竞争停止及报酬方法问题,且指出以国家为独一无二之公司,十分危险。② 除此之外,梁认为这在当时的中国是很不适合的,因当时中国"当以奖厉〔励〕资本家为第一义,而以保护劳动者为第二义",即当时中国"急当研究者,乃生产问题,非分配问题也"。③

在国营事业上,孙中山在辛亥前论述较少,④冯自由认为:"极端之民生主义,非于政治革命而社会秩序未完复之期间可得行之,若夫国家民生主义,则于军政府之行政方针最相适合。"冯此处"国家民生主义",即"国家社会主义"(State Socialism)之译文。冯所举之例子为"邮政也,土地也,电线也,铁道也,银行也,轮船也,烟草也,糖酒也,凡一切关于公益之权利,皆宜归入国家所有",其要旨

---

① 民意(胡汉民):《告非难民生主义者》,《民报》第 12 号,1907 年 3 月 6 日。
② 梁启超:《杂答某报》,载汤志钧、汤仁泽编《梁启超全集》第 6 集,第 92 页。
③ 梁启超:《杂答某报》,载汤志钧、汤仁泽编《梁启超全集》第 6 集,第 89—90 页。
④ [美]伯纳尔:《一九〇七年以前中国的社会主义思潮》,第 135 页。孙中山可能有意使他的"民生主义"保留一定的模糊性,也避免主张过于激烈。在 1911 年底与江亢虎的谈话中,孙称,"此主义向无系统的学说,近三五年来研究日精","余实完全社会主义家也,此一端(指江亢虎所提之民生主义、平均地权、专征地税——引者注)较为易行,故先宣布,其余需与贵党讨论者尚甚多"。这些话一方面表明孙对社会主义之理论发展史了解有限,另一方面也表明他力图避免自己公之于众的主张过于激烈。见孙文《与江亢虎的谈话》(1911 年 12 月 30 日),广东省社会科学院历史研究室等编《孙中山全集》第 1 册,第 579—580 页。

在于"勿使关于公益之权利为一二私人所垄断,而次第干涉之"。① 对此问题,梁之观点前后有相矛盾之处。在《杂答某报》一文中,他曾称自己对立法事业参用社会主义之精神"绝对赞成",并举铁道、市街电车、电灯、煤灯、自来水等事业,均应归诸国有或市有,②但在《驳某报之土地国有论》一文中已据华克拿之学说主张"国家以欲得收入之故,而营私经济的事业,惟于例外之场合可许之耳。非有特别之理由,不可妄许","决不可以国家而侵私人活动范围之全部"。③

诚如论者所言,关于"社会革命"论的争论,在革命派与立宪派的政论中不占核心位置。"除了论战双方的作者(他们都十分细心地阅读对方的文章),谁也没有注视他们缕陈的论据","这些学生与其说是受复杂难懂的整篇文章,不如说是受文章的某些章节或只言词组的影响"。④ 如果是这样的话,恐怕这些"只言词组"中就包含"社会主义""社会革命""民生主义"等词语。但是,我们也不能低估双方对待此次论战的认真程度。孙中山在民国元年、二年之间(1912—1913),一直热衷于鼓吹"民生主义"。在孙中山影响下,1919年前后,朱执信、胡汉民、戴季陶等人,成为"五四"时期社会主义思想的重要提倡者。⑤ 并且从另一方面来看,"民生主义"

---

① 自由(冯自由):《录中国日报民生主义与中国政治革命之前途》,《民报》第4号,1906年5月1日,总第585页。

② 梁启超:《杂答某报》,载汤志钧、汤仁泽编《梁启超全集》第6集,第104页。

③ 梁启超:《再驳某报之土地国有论》,载汤志钧、汤仁泽编《梁启超全集》第6集,第91—151页。

④ [美]伯纳尔:《一九〇七年以前中国的社会主义思潮》,丘权政、符致兴译,第178页。

⑤ 吕芳上:《革命之再起——中国国民党改组前对新思潮的响应(1914—1924)》,台北:"中研院"近代史研究所专刊,1989年,第41—93、187—188页。

毕竟成为同盟会的三大主义之一,且进入民国后,同盟会总纲中也
写入了"采用国家社会政策"一目。①

第三节 正当之社会:清末无政府
主义者的"社会"想象

　　关于清末士人的乌托邦思想,王汎森曾有论述。他说:"晚清
社会政治失序状态对传统士大夫是一个绝大的困惑。……他们不
只被清季内外的乱局所干扰,同时也被为了拯救这个困乱之局的
新政策所干扰,时代对他们来说是一把两面皆刃的刀子。他们既
不满意古老中国的落后与严重失序,但是也不满意西方事
物。……紧急的压迫逼使人们想望紧急的救赎,最好是可以逃脱
所有恼人的羁绊而又能在最短的时间内一次解决所有问题。"②王
此段话主要是指康有为、章太炎、刘师培,而本节所主要论述的李
石曾等《新世纪》派也基本可以适用。③

---

① 王德昭:《国父革命思想研究》,第 117 页。
② 王汎森:《刘师培与清末的无政府主义运动》,《大陆杂志》第 90 卷第 6 期,1994
　年,第 1 页。
③ 清末之提倡无政府主义者,除李石曾等《新世纪》派外,还有刘师培、何震等之《天
　义》派。不过李石曾等《新世纪》派对无政府主义之理解更深、坚持更久,影响也更
　深远,因此此处主要以李石曾等《新世纪》派为讨论中心,至于《天义》派及二派之
　异同,可参见路哲《中国无政府主义史稿》,福州:福建人民出版社,1990 年,第
　46—81、115—116 页;蒋俊、李兴芝《中国近代的无政府主义思潮》,济南:山东人民
　出版社,1991 年,第 36—123 页。另有学者称宋恕在 1899 年曾著《高义》一书,主
　张"废官制、去阶级"。不过其书不存,暂存疑。见熊月之《中国近代民主思想史》,
　第 204 页。

李石曾出生于显宦世家,父亲李鸿藻为咸丰壬子进士,曾任刑部尚书、吏部尚书、兵部尚书等,门生遍天下。1894 年李石曾 14 岁时,其父延请曾任易州书院山长的莲池书院高材生齐禊亭任教家塾,因此塾中书院气氛颇浓。时李鸿藻已知非"求新"不可,因此对于新军备、新政论等多有支持,如支持门生张巽之参与创办强学会等。① 齐禊亭思想颇开新,曾高声诵读《礼运篇》,且曾介绍孙中山于李石曾,对李日后接受革命思想和无政府主义,均有重要影响。② 且由于齐禊亭对世界知识的介绍,李确立了出洋留学的计划,并于 1902 年最终成行。③

李于 1902 年在赴法的船上,与张静江等已基本确立了革命思想,④但接受无政府主义思想,当在 1906 年 9 月。他此时因从蒙达尔纪农业实用学校毕业,⑤欲入农科最高学府。因入学考试需考英

---

① 李石曾回忆称:"甲午之役,吾父重掌军机,主战而乏实力,鉴于非求新不可,同时也顾及国学根源与智仁勇之培养,遂延乡人以贯通中西学术称者齐禊亭先生为吾兄弟之师。"而据杨恺龄编《民国李石曾先生煜瀛年谱》,李石曾三月从齐禊亭读,而甲午战争六月方开始。两说尚不知何者为是。见李石曾《石僧笔记》,载中国国民党中央委员会党史会编《李石曾先生文集》下册,台北:"中央"文物供应社,1980年,第 24 页;杨恺龄编《民国李石曾先生煜瀛年谱》,台北:商务印书馆,1987 年,第10 页。

② 李石曾:《石僧笔记》,第 32、98 页。

③ 杨恺龄:《民国李石曾先生煜瀛年谱》,第 13—14 页;李石曾:《石僧笔记》,第 66—68 页。

④ 李石曾:《石僧笔记》,第 70 页。

⑤ 巴斯蒂称李石曾在蒙达尔纪学习期间,"若干具有自由思想的法国教师,引导李石曾认识启蒙思想家、百科全书派、陆谟克(即拉马克)的进化观以及孔德和普鲁东(即蒲鲁东)的法国社会主义。"不过巴斯蒂并未注明来源为何。见[法]巴斯蒂(M. Basid-Bruguière)《李石曾与中法文化关系》,陈三井译,《近代中国》,第 126期,1998 年,第 171 页。

文,李前往伦敦补习英文。在伦敦时,李住在一所家庭客舍,同住者为一法国留学生。据李氏自述:"(该留学生——引者)与我之新生命有关,介绍我于法国也好,世界也好,最前进学人之途,如世界驰名邵可侣全家多数科学名家。"①在回法国后,李又常在巴黎"住家食堂"中遇见艾里赛·邵可侣(Élisée Reclus, 1830—1905)之侄子保尔·邵可侣(Paul Reclus, 1858—1941),邵"频将克鲁泡特金所著《互助论》,陆谟克(Jean-Baptiste Lamark, 1744—1829, 今译拉马克——引者)所主张生物互助并存论,居友(Jean-Marie Guyau, 1854—1888——引者)所著《自然道德论》,介绍宣扬",②李由此接受了无政府主义思想。

艾里赛·邵可侣是与克鲁泡特金齐名的无政府主义提倡者。

----

① 李石曾:《扩武自述》,载中国国民党中央委员会党史会编《李石曾先生文集》上册,第 438 页;杨恺龄:《民国李石曾先生煜瀛年谱》,第 17 页。《年谱》记载李石曾在蒙达尔纪农业实用学校读书期间曾研究"进化新理""社会学说","奠定一定精神生活和世界的主要基础"。不过研读内容究竟为何,以及对后来接受无政府主义有何影响尚不清楚。见杨恺龄《民国李石曾先生煜瀛年谱》,第 17 页。
② 雅克·邵可侣曾称"李煜瀛先生于本世纪初即与我父保尔·邵可侣(Paul Reclus)熟识。他们首次相遇于戴珊诺(Alice de sansit)夫人家,戴夫人胸襟开阔,待人宽厚。这正是他们共同具有的无政府主义理想把他们聚集到一处的。"巴斯蒂称:"其后,李石曾转学巴黎,在巴斯特研究所上课,并于住宿处认识邵可侣,这是两人订交的开始。邵可侣指引他接触无政府主义思想,研读巴枯宁与克鲁泡特金的著作,并介绍他加入巴黎的政治和文化生活圈。自此,李石曾便成为南逯博士(docteur Alfred Naquet)与杜珊娥夫人(Madame de Sanoit)两家沙龙的常客,与无政府主义者、工团主义者常相来往。"保尔·邵可侣并非艾里赛·邵可侣(Élisée Reclus),也非地理学家,《年谱》误把前者当为后者,实际上艾里赛·邵可侣 1905 年已逝。雅克·邵可侣之说与《年谱》及巴斯蒂之说不符,李石曾是先接受无政府主义而去戴珊诺夫人家而结识保尔·邵可侣,还是先在住处认识邵可侣而后接受无政府主义,尚不清楚。杨恺龄撰:《民国李石曾先生煜瀛年谱》,第 18 页;[法]巴斯蒂:《李石曾与中法文化关系》,陈三井译,第 171 页。

在所著《进化与革命》中,邵称"进化与革命是同一现象的连续,进化先于革命,革命又先于新的为未来革命之母的进化"。① 他排斥权力,认为权力为善只是偶有的幸运,"即使真有也是例外",因"强有力者总比别人多有滥用他们地位的机会,他们身边包围着那样多有意欺骗自己的人们,他们那〔哪〕有为善的可能!"②

在艾里赛·邵可侣和克鲁泡特金思想的影响下,李石曾和吴稚晖、张人杰等创办了《新世纪》周刊,《新世纪》之名即来源于格拉佛(Jean Grave, 1854—1939)等所办的《新时代》(Les Temps nouveaux)。③《新世纪》由吴稚晖编辑,李石曾、吴稚晖、褚民谊供稿,翻译工作主要由李石曾来做。《新世纪》用新世纪纪年,反映了不承认清政府之意。

《新世纪》标榜以"正当之社会"为理想,④即"反对宗教主义""反对家族主义""反对强权主义""反对私产主义""反对军国主义"。其总名为"无政府主义",其核心则为"反对强权主义"。⑤ 至于如何论证无政府主义为正当,则涉及《新世纪》对公理、进化、科学、革命四者的看法。

---

① 〔法〕艾里赛·邵可侣:《进化与革命》,毕修勺译,上海:平明书店,1947年,第5页。
② 〔法〕艾里赛·邵可侣:《进化与革命》,毕修勺译,第12页。
③ 李石曾:《为世界学典事致杨家骆函》(1941年12月),载中国国民党党史会编《李石曾先生文集》下册,第365页。
④ 真:《祖宗革命序》,《新世纪》第3号,1907年7月6日;真:《谈学》,《新世纪》第7号,1907年8月3日。
⑤ 《本馆广告》,《新世纪》第52号,1908年6月20日。也有读者将《新世纪》之"主义"概括为排满、非君、均财、无治,实际即均财、无政府。见真《答CHEE氏》,《新世纪》第3号,1907年7月6日;民《续无政府说》,《新世纪》第35号,1908年2月22日。

《新世纪》发刊时即称"本报议论,皆凭公理与良心发挥,冀为一种刻刻进化、日日更新之革命报".① 从此句即可看出公理、进化、革命在《新世纪》中之位置。关于公理与革命,有作者在《新世纪》发文论道:"科学公理之发明,革命风潮之膨胀,实十九二十世纪人类之特色也。此二者相乘相因,以行社会进化之公理。""公理即革命所欲达之目的,而革命为求公理之作用。故舍公理,无所谓为革命。舍革命,无法以伸公理。"②又有人投函《新世纪》称:"吾辈之革命,惟以伸公理为目的,使较不文明之社会,变而为较文明。"③

"进化"亦为"公理"内容之一:"人之公例,乃人道进化,即由人生较不幸乐,而至于人生较为幸乐。""世间一切事物,或地或人,或风俗习惯,以及思想,无有不变者。"而进化又有缓进,有猛进,"进化非尽能缓缓而进,而时常加以猛进",所谓"猛进"者,即革命。④ 所谓革命,即"革去阻进化者也",亦"求进化而已"。⑤

《新世纪》作者多强调"公理",并认为"公理"不因时间而改变。如李石曾曾言:"不认'公理'则已,苟认'公理',则无程度时代之可言。"⑥吴稚晖也认为"科学超于国界,良知贯于万民,固无分于东西,更无区于黄白种也"⑦。但在读者来函的质问下,李又不

---

① 《新世纪发刊之趣意》,《新世纪》第 1 号,1907 年 6 月 22 日。

② 《新世纪之革命》,《新世纪》第 1 号,1907 年 6 月 22 日。

③ 《与友人论〈新世纪〉》(来稿),《新世纪》第 3 号,1907 年 7 月 6 日。

④ "真"译:《克若泡特金学说》,《新世纪》第 12 号,1907 年 9 月 7 日。

⑤ 真:《进化与革命》,《新世纪》第 20 号,1907 年 11 月 3 日。

⑥ 真:《答 CHEE 氏》,《新世纪》第 3 号,1907 年 7 月 6 日。

⑦ 反:《国粹之处分》,《新世纪》第 44 号,1908 年 4 月 25 日。

得不承认"'真理公道以时间而易',无可疑也,即进化也"。① 此点实际上给《新世纪》作者所主张之无政府主义一较大打击:既然"无政府主义"不过是此时比较的"真理"而已,则其未必以后仍为"真理"。

在《新世纪》作者看来,"公理"则又由科学而发明:"人类进化,脑关改良,科学以兴,公理乃著。""科学所求者,发明公理;革命所图者,实行公理也。"②有关人类及社会之学,又多由"博物学"而来。③ 作为"公理"之例证,而又为《新世纪》所着重介绍者,有克若泡特金(今译克鲁泡特金)之《互助论》。李石曾在介绍此著时称:"是书首言动物之互助,次言野蛮人与半开化人之互助,终言今人之互助。克氏引生物之科学,以证人类之社会,张'开思力'(俄动物学大家)互助为进化大因之说,补达尔文生存竞争之缺。"并评价说:"此实一科学之新理,社会之精义也。"④

《新世纪》之反对强权,尤以反对政府为首要目标,如褚民谊所称:"今之社会,一阶级之社会也。其现象,宛如一高塔。婚姻为其基础,财产也,家庭也,国界也,种界也,递为塔层,为其顶者,实政府也。"⑤在论述政府之当除中,李石曾译巴枯宁之学说曰:"在人

---

① 真:《答骚客书》,《新世纪》第 29 号,1908 年 1 月 11 日。
② 革新之一人:《革命原理》,"真"译,《新世纪》第 22 号,1907 年 11 月 16 日。
③ "真"译:《克若泡特金学说》,《新世纪》第 12 号,1907 年 9 月 7 日。
④ [俄]克若泡特金:《互助:"进化之大因"》,"真"译,《新世纪》第 31 号,1908 年 1 月 25 日。
⑤ 民:《续无政府说》,《新世纪》第 38 号,1908 年 3 月 14 日。路哲把"民"误以为李石曾,因此出现了一定的混乱。见蒋俊、李兴芝《中国近代的无政府主义思潮》,第 74 页。

道进化中,由兽域而进为人域,则政府必灭。政府者,乃社会中一过渡之组织也。政府属于进化幼稚之时代。野人由兽域出而入人域,然一刻不脱于宗教,则一刻不能达其目的。……政府乃一宗教之遗传物也。成之于强盗之婚姻,成之于掠夺,成之于争斗,迷信从而创之,传教者与执法皆托于神明而为之代表。"①在《新世纪》作者看来,政府乃强权,阻人道之进化,且排斥团体之自由结合,是以在必除之列。②

非唯政府而已,《新世纪》派作者之态度,实反对国家。李石曾曾译国家与政府之别曰:"国家观念之所包者,自与政府迥不相侔。国家者,不惟如政府之能施权力于社会而已,而又包有土地之集合,及社会种种生活机能,无论操于少数人之手,或全体者之集合。"③也正是在对国家之态度上,无政府主义者将自己区别于国家社会主义者(此处指马克思主义者)。李石曾译巴枯宁之学说曰:"吾辈永反对国家的共产主义,与国家的社会主义,吾所欲者,社会之组织,与公共之产业,自下(民)而上,而非自上(政府)而下用强权以行之也。"④

"国家"消灭以后,则代之以"社会":"在此改革之后,国家将代之以社会。本于协约,在国家消灭后,众人同活于社会中。人之

---

① "真"译:《巴枯宁学说》,《新世纪》第9号,1907年8月17日。
② "真"译:《巴枯宁学说》,《新世纪》第9号,1907年8月17日;"真"译:《续克若泡特金学说》,《新世纪》第10号,1907年8月24日;《续国家及其过去之任务》,《新世纪》第73号,1908年11月14日。
③ [俄]克若泡特金:《国家及其过去之任务》,"真"译,《新世纪》第58号,1908年8月1日。
④ "真"译:《巴枯宁学说》,《新世纪》第9号,1907年8月17日。

进化,不外乎由于全社会。若非全社会同力之作为以成人道,则人不得而为人也。非众人合力作为,使全地足以利人类之发展,人不足以自立也。"①"社会之发达,基于'平等'与'自由',而国家则适为平等自由之死敌"。② 此自由平等之社会,当如何组织呢?"人道进达,其势不可御。故人之聚合极众。然其昔日之组织,以上临下,以强力强权为作用者,必代之以一新组织,不外众民之所利,众民之所须,与众民之协力。故'自由公会'从而组织之,个人合于村,各村合于省,各省合于国(非国家也,乃地方也)。各国合而为全地,各国各省各村各有自治之特权,不妨其邻之自治之自由。"此"自由公会"第一特征当为"自由结合与自由解散",不然"不外乎一中央集权之假面孔而已"。③

既以自由之组合为"社会"聚合之方法,则应证明人民有此能力。于是《新世纪》作者有多篇文章谈到人民组织、自治之能力。如"信者"所译《工人之无政府主义谈》一文中说:"人之所以胜于动物者,以其有智识也,以其能自治也。吾辈有自治之能力,而必受人之使令或迫于法律而后自治,是不以人自待也。"④李石曾也译克鲁泡特金《国家及其过去之任务》说:"一切原理与事实,皆显然毕露,可见人类自由团结之能力,固非常可惊异也。"⑤甚至结合成

---

① "真"译:《巴枯宁学说》,《新世纪》第 9 号,1907 年 8 月 17 日。
② [俄]克若泡特金:《国家及其过去之任务》,"真"译,《新世纪》第 58 号,1908 年 8 月 1 日。
③ "真"译:《巴枯宁学说》,《新世纪》第 9 号,1907 年 8 月 17 日。
④ "信者"译:《续工人之无政府主义谈》(来稿),《新世纪》第 26 号,1907 年 12 月 14 日。
⑤ 《续国家及其过去之任务》,《新世纪》第 77 号,1908 年 12 月 12 日。

社会,非仅自人类始,"则一切生物,与零星散居之人群,或则共游残食之鸟兽,或则求免为强有力者所灭绝,遂结而为相群之团体。……故凡生物之优存者,皆为能群者也。如此,推见人类之生,初必先结合社会,而后始能优存,可无少疑矣。则相群之社会者,乃先于人类而有,非由人类创作之也"。①

因反强权,故兼及反对法律:"人具脑髓及五官四肢,贫富贵贱无异,足征人人有享衣食观听思想动作之资格,此即科学之公理。惟因社会间有诸法限制之,遂有能有不能。限制之何则,即政府也,产业也,法律也。故政法等为反对科学者也,故谓之私。"②在他们看来,"法律只便于政府及官吏之自利,绝无维持秩序改良人格之价值"③。

《新世纪》同人之主张消灭国家、消灭政府,曾遇到读者的质疑,如有读者来信称:"政府也,军队也,种族的国家主义也,皆今日中国所必要,而即求达将来大同主义之方法也。"若夫"一无所恃","吾恐只知有强权不知有公理之蟊贼,联军而至,瓜分其地,支配其民,而四百兆讲大同公理、爱自由平等之民族,永沉沦于奴隶之苦海,而竟无达其平等自由之目的之一日也"。④ 对此,李石曾之回答为,《新世纪》主张"社会革命",正如"革命"之于"立宪"(均包含政治革命,但范围又过之),既反对一切强权,自然反对外国压迫。⑤

---

① [俄]克若泡特金:《续国家及其过去之任务》,"真"译,《新世纪》第59号,1908年8月8日。
② 真:《谈学》,《新世纪》第7号,1907年8月3日。
③ "无"译:《续法律与强权》,《新世纪》第41号,1908年4月4日。
④ 真:《来书(军魂)附答》,《新世纪》第6号,1907年7月27日。
⑤ 真:《来书(军魂)附答》,《新世纪》第6号,1907年7月27日。

《新世纪》派对国家、政府之反对,有时实有所犹疑。如吴稚晖主张"无政府党欲毁灭世界之政府,固尚未能确定其期日。因政府虽为强制之机关,然亦为人民相互之机关。无政府时代虽决无统治之组织,而亦不能无关连〔联〕之组织。欲取关连〔联〕之组织,以代统治之组织,非一时可臻于完备"①。"共和政治"为"不得已之过渡物",这是为了与革命党取得一致,与《新世纪》派作者普遍强调公理普适性的观点是不相容的。

除主张消灭国家、政府外,废除私有财产实为《新世纪》派作者的另一主要主张。② 蒲鲁东之"产业为盗贼"之言屡被提起。③ 李石曾也译克鲁泡特金学说曰:"私产乃最背于公道者也。一切富源,皆今昔众工人工作之所致,而享其利益者,则非若辈。"文章并以进化的观点来论"私产",称"私产乃历史中之一现象"。至于将来之社会,则为"共产之社会","以所有社会的资产,置之于公共,取用与工作亦共之"。④

《新世纪》同情者且举自己亲身经历来论证不共产之悖于公理:"仆自欧归亚,乘德邮邮船头等客位,(此后述所享之高等待

---

① 四无:《无政府主义可以坚决革命党人之责任心》,《新世纪》第58期,1908年8月1日。蒋俊、李兴芝认为"四无"即吴稚晖。(蒋俊、李兴芝:《中国近代的无政府主义思潮》,第72页)吴稚晖与同盟会联系更紧密,孙中山与《新世纪》联系,主要是通过吴稚晖。两者之关系,可见孙中山1909—1911年致吴稚晖各函。吴之不愿与同盟会分道扬镳,实非无因。(广东省社会科学院历史研究室等编:《孙中山全集》第1册,第419、425、429—434、510页)《新世纪》派各人对共和革命态度之差异,见蒋俊、李兴芝《中国近代的无政府主义思潮》,第100—103、106—109页。

② 除国家、政府、私产外,《新世纪》还提倡男女革命、婚姻革命、家庭革命、孔丘革命等,见路哲《中国无政府主义史稿》,第102—109页。

③《蒲鲁东》(节录《新世纪丛书》),《新世纪》第7号,1907年8月3日。

④ "真"译:《续克若泡特金学说》,《新世纪》第16号,1907年10月5日。

遇——引者)……彼烧火之工人,日夜作苦,尤〔犹〕虑不得三餐。终日劳动,亦思为应当。同一人也,彼工人何以如此之苦?我乘客何以如此之乐?即以仆一人,与彼苦工作比例〔较〕,似不合公理特甚。仆生于富者家,自少至长,未尝一日工作,人所能享受之幸福,一一享受之。我有何功,而能享受多数之幸福?彼火夫生于贫者家,一世劳瘁,未尝享受些少之幸福。试问二人同在做精虫时代,有何异乎?……故无所谓幸不幸福,世界无公理耳。"①

《新世纪》作者所主张者为共产主义(communism),而非集产主义(collectivism),二者之区别为:"集产主张各取所值,共产主张各取所需。……盖集产既以各取所值为主,而冶铁者既不能食其铁,制靴者既不能食其靴,则社会上便不能不有交易。既有交易,则彼此便生利己之心,而各不相让。如是则嫉妒之心起,而社会扰乱矣。惟共产主义,则不以人之能力为限,而以人人须作事为主。……各尽其能,各取所需。是即所谓共产主义也。"②

李石曾曾介绍克鲁泡特金对此共产社会之描述:

> 出产将如何耶?先观人之所必需者。欲得此,每人每日由二十或二十五岁,至四十五或五十岁,作〔做〕工五点钟是矣。各人于此人生必需诸行之中,各择其一,设若立一公会,与各会员相约曰:"众人言保君之房屋、街道、运输、学堂、博物院、藏书楼等,益如君由二十五至五十岁,每日作〔做〕工四五点钟,于人生所需各行之中,由君自选其一,余时或致力于科

---

① 青:《经济革命》,《新世纪》第 3 号,1907 年 7 月 6 日。
② 《续工人之无政府主义谈》,《新世纪》第 27 号,1907 年 12 月 21 日。

学,或致力于美术,亦由君自愿。每年计千四五百点钟之工
作,以作饮食、房屋、道路、运输,尽于公会之所求者矣。"其余
之时,从事于科学、美术。喜琴者,入音乐之制器会,助理工
作,不久而得一琴。欲习天文,则与天文会及哲学家、算学家、
制器家交游,且可以共工作,以易天文镜。总之,每日七钟工
作,除生活必须之外,仍可从事于无限游艺,以达其欢心也。①

不过,既工作而后"得一琴",并可从事物物交换,似已非绝对
共产。在《新世纪》作者看来,无政府主义社会之工作已无"高雅粗
俗"之分,"一切工作,未有无趣者。如其不适,盖皆学者未求改良
之过","即工厂矿坑,亦可使之合于卫生,精美与大学之试验所
等"。②《新世纪》作者对科学之作用,未免抱有不切实际的幻想。

《新世纪》作者也解释了平尊卑、均贫富并非绝对平均:"吾之
所谓平尊卑者,未尝有所界画,非驳者之所谓人人之乘车马船,或
人人步行,始谓为平也。吾之所愿行者,力求去其不平,能至何等
地步,即至何等地步。若人人怀此志愿,则必日进于平等,而平等
之程度日见增加,无有穷尽,此即进化之公例,亦即巴氏与克氏所
谓'人道进化由未尽善而之较为尽善'。"③"至病者须药,寒者须
衣。此纯是'各尽所能,各取所需'之要旨。固无所谓均而不平,平

---

① "真"译:《续克若泡特金学说》,《新世纪》第 16 号,1907 年 10 月 5 日。

② "真"译:《续克若泡特金学说》,《新世纪》第 16 号,1907 年 10 月 5 日。

③ 《驳"新世纪丛书"〈革命〉(非社会党来稿)附答(真)》,《新世纪》第 5 号,1907 年
7 月 20 日。

而不均者也。'平''均'云云,不过字面之问题耳。"①

既行共产,则金钱无所用,《新世纪》作者也批判了世人对金钱之迷妄,"知有金钱而不知有公道","知有金钱而不知有真理","知有金钱而不知有科学","知有金钱,而不知有性命","若一旦将金钱一关打破,确知人生于世,应得世间上衣食住之一分,始外无虑国种之灭亡,内无忧身家之贫苦。男女少壮者,作〔做〕公共事,亦分所当为。老幼残弱者,受同等之衣食住,亦理应如是。研究科学,以发明种种妙能,亦进化之公例"。②

李石曾也在《新世纪》上介绍了克鲁泡特金对革命程序的设想。首先破坏政府及一切政府之制度,包括免纳税、解散军队、去刑名法令、由农会工会经营各种产业、国家与教堂之物产归公民会等。破坏之后,再继之以组织:"公民会与防守之组织,每街每地有经理人。公民会中,分有各门革命事项。""布告公民会之组织。""请各地自由组织公民会,然后各地合集以图胜反对党,然后有传布员分赴各地,告以革命之原因,而开导之。凡有各国各地各村各会之组织以及个人,不分现在之所谓国界,凡表同情者,均为公民会所接合。凡起事之地,互相保卫,由是全世界之革命,成之于破除国界、倾覆政府。"③文章并自设辩难曰:"既云无政府,何以犹有公民会之组织?"继而答道:"夫无政府,即自由也,自立也,自治也。然自由自立自治,本无一定之界限。故愈进而逾向于自由自立自治。社会革命后之组织,较今为自由自立自治,故社会革命行,非

---

① 《驳"新世纪丛书"〈革命〉(非社会党来稿)附答(真)》,《新世纪》第 5 号,1907 年 7 月 20 日。

② 民:《续金钱》,《新世纪》第 4 号,1907 年 7 月 13 日。

③ "真"译:《续巴枯宁学说》,《新世纪》第 10 号,1907 年 8 月 24 日。

无政府之主义成,乃较近于无政府也。"①与前述对共和革命之谅解态度相似。

至于实行之具体方法,《新世纪》作者重视工会之运动、暗杀、教育,尤其注意于教育。《法工会运动之新法》一文曾介绍法国工会曰:"全世界工会之组织,当以法国为最完善。研究工会主义者,所同认也。以是全世界革命之动点,亦以法国为最速最高。今后欧陆之革命,不外乎经济。其动点,即伏于工会中也。"②读者中有人概括《新世纪》所主张之实行手段为:"书报演说,以化吾民之心;强硬手段,以诛人道之贼。"③不过《新世纪》之创办受邵可侣思想之影响,而邵对革命持一种唯心主义观点。如其名言曰:"社会的外形必随内部的思想而改变,任何历史事实都没有这个准确。是树液制造树,给它以绿叶与花果;是血决定人;是思想构成社会。"④《新世纪》派作者虽也曾介绍"科学唯物之理,示吾以进化之道"⑤,但在革命上基本也持唯心观点,至于吴稚晖则甚至提倡"以教育为革命"。他说:"革命者,破坏也。以革命之思想,普及于人人,而革命之效果自生。""无政府主义者,其主要即唤起人民之公德心,注意于个人与社会之相互,而以舍弃一切权利,谋共同之幸乐。此实讲教育也,而非谈革命也。革命者,不过教育普及以后,人人抛弃其旧习惯,而改易一新生活,乃为必生之效果。……所以无政府主义之革命,无所谓提倡革命,即教育而已。更无所谓革命

---

① "真"译:《续巴枯宁学说》,《新世纪》第 10 号,1907 年 8 月 24 日。
② 民:《法工会运动之新法》,《新世纪》第 77 号,1908 年 12 月 12 日。
③ 《与友人论〈新世纪〉》(来稿),《新世纪》第 3 号,1907 年 7 月 6 日。
④ [法]艾里赛·邵可侣:《进化与革命》,毕修勺译,第 71 页。
⑤ "真"译:《巴枯宁学说》,《新世纪》第 9 号,1907 年 8 月 17 日。

之预备,即以教育为革命而已。"①《新世纪》之来稿也有持相似观
点者,如鞠普来稿称:"世界何以成? 由人之有心理也。世界何以
进化,由人之心理之变迁也。世界无已时,则人之心理无已时。人
之心理变迁无已时,则世界之进化亦无已时。"②

小 结

晚清对社会主义思想和外国社会主义运动的介绍,远早于"社
会"概念的形成。不过"社会主义"学理之系统的输入,则已同时成
为"社会"话语的一部分。③ 20 世纪初期中国知识分子介绍社会主
义学理时,虽间或表示同情,但并无在中国实行的决心或主

---

① 然:《无政府主义以教育为革命说》,《新世纪》第 65 号,1908 年 9 月 19 日。
② 鞠普来稿:《大同心理》,《新世纪》第 46 号,1908 年 5 月 9 日。
③ 沙培德(Peter Zarrow)在研究近代国家观念时也注意到对"社会主义"的讨论无疑
   有助于"社会"观念的传播。Peter Zarrow, *After Empire: The Conceptual Transformation
   of the Chinese State, 1885-1924*, Stanford: Stanford University, 2012, p.201.

张。① 到孙中山、同盟会欲政治革命、社会革命"毕其功于一役"，才真正是欲实行"社会主义"(混淆了单一税、土地国有与社会主义之"社会主义")理想于中国。

至于无政府主义者如李石曾、吴稚晖等,则又由"科学""公理"出发,主张自由、平等,诉诸反宗教、反家族、反强权、反私产、反军国之"无政府主义",认为如此之社会方为"正当之社会"。他们的影响虽在清末极有限,②但源远流长,既有李石曾等之终生提倡,又有后来无政府主义者视此派为正统,③在近代中国影响颇广。

---

① 康有为在 1902 年左右基本写成《大同书》,萧公权描述其理想如下:"那是一个在民主政府领导下的世界国,一个没有亲属、民族或阶级分别的社会,一个没有资本主义弊病而以机器发达来谋最大利益的经济。"康无疑也受到社会主义理念的影响,其具体来源尚不十分清晰,大概也十分庞杂。不过康在清末并不敢将《大同书》公之于世,只有梁启超 1901 年底曾在《清议报》予以介绍,并称康之哲学为"社会主义派"之哲学,"以国家、家族尽容纳于社会"。《大同书》一直到 1913 年才在《不忍》公布部分章节。"平等"理想在康有为《实理公法全书》(1890 年代初期)一书中即占核心位置,在《大同书》中也占重要位置,其民主思想主要从"平等"而来。对《大同书》之分析,见[美]萧公权《近代中国与新世界:康有为变法与大同思想研究》,汪荣祖译,南京:江苏人民出版社,2007 年,第 309—386 页;朱维铮《〈康有为大同论二种〉导言》,载朱维铮编《康有为大同论二种》,上海:中西书局,2012 年。
② 孙中山在辛亥前曾针对无政府主义表示意见说:"无政府论之理想至为高超纯洁,有类于乌托邦(Utopia),但可望而不可即,颇似世上说部所谈之神仙世界。吾对于神仙,既不赞成,亦不反对,故即以神仙视之可矣。"孙中山的评价,可看作代表了同盟会大多数会员的看法。见路哲《中国无政府主义史稿》,第 117 页。
③ 路哲:《中国无政府主义史稿》,第 87 页。

第六章　"社会"概念与清末伦理变革

　　中国先秦儒家讲五伦,即父子、君臣、夫妇、长幼、朋友,其间本是一种相互的关系,如孔子主张"君使臣以礼,臣事君以忠","所谓大臣者,以道事君,不可则止"等。① 但是到了西汉,董仲舒在"天命"说之下,创立了三纲五常论,以君为臣纲、父为子纲、夫为妻纲。"三纲"成为传统中国社会的最高政治原则和伦理原则。② 虽然除了儒家,中国还有其他诸家学说,其与儒家并不相同,且在儒家体

---

① 据吴承仕的说法,"五伦"说到孟子始较完备。见张岱年《中国伦理思想研究》,上海:上海人民出版社,1989 年,第 143 页;吴承仕《五伦说之历史观》,《吴承仕文录》,北京:北京师范大学出版社,1984 年,第 6 页。其他如安乐哲(Roger Ames)等则称先秦儒家为一种"角色伦理"(Role Ethics)。Roger Ames, *Confucian Role Ethics: A Vocabulary*, Hong Kong: The Chinese University Press, 2011, chapter IV.

② 朱贻庭主编:《中国传统伦理思想史(增订本)》,上海:华东师范大学出版社,2003 年,第 210—211 页;沈善洪、王凤贤:《中国伦理思想史》,北京:人民出版社,2005 年,第 405—406 页。

系内部也曾有不少不同声音,①但三纲五常的伦理观在传统中国社会可以说是影响最大的伦理学说。在戊戌时期,张之洞还举"三纲"以排斥民权、平等之说。②

以宋儒为代表的理学观以培养完整的人格为主,树"圣人"以为楷模,具有很强的德性伦理特色。③ 在原有的"五伦"或"三纲"中,只有君臣、朋友可算作公共伦理的范畴。④ 直到新的"群""国家""社会"等概念产生影响后,这种现象才发生变化。新的群己关系及其后的国家—个人、社会—个人关系取代原有的君臣关系成为公共伦理的核心。如梁启超在《新民说》中所言:"以新伦理之分类,归纳旧伦理……关于社会伦理者一,朋友也;关于国家伦理者一,君臣也。然朋友一伦,决不足以尽社会伦理;君臣一伦,尤不足

---

① 明末清初之儒者如黄宗羲、顾炎武、吕留良等,激于国变,对君主制有诸多思考,然由于当朝者之摧抑,其学至清末方大显。三者思想之关系略论,见钱穆《中国近三百年学术史》,北京:商务印书馆,1997 年,第 93 页。

② 其言曰:"知君臣之纲,则民权之说不可行也;知父子之纲,则父子同罪、免丧废祀之说不可行也;知夫妇之纲,则男女平权之说不可行也。"见张之洞《劝学篇·明纲第三》,上海:上海书店出版社,2002 年,第 12 页。

③ 先秦儒家只讲"修身",到宋明理学才以"成圣"为目标。见黄进兴《从理学到伦理学:清末民初道德意识的转化》,台北:允晨文化实业股份有限公司,2013 年,第 70页。

④ 中国的"公"与"私"本来偏重于"背私为公"的伦理性观念,而与日本偏重于领域大不相同。([日]沟口雄三:《中国的公与私·公私》,郑静译,北京:生活·读书·新知三联书店,2011 年)梁启超受日本学界影响而分道德为"公德""私德",本身即为晚清伦理变革一大关键。(黄进兴:《从理学到伦理学:清末民初道德意识的转化》,第 148—150 页)这里仍沿用之。"公德"观的提出与"群""社会""国家"等概念紧密相关,是以讨论晚清伦理变革,还应先从群己关系入手。

以尽国家伦理。"①这一问题在对近代伦理的研究及相关人物研究中都已有所涉及,但因受限于体例和题材,仍有进一步研究的必要。② 本章即以"社会"话语为中心,讨论这一变革的过程及意义。

按照包尔生(Friedrich Paulsen,1846—1908)的划分,伦理学所讨论的内容可分为至善论、德性与义务论。所谓至善论,即讨论人生的目的是什么,什么样的生活是一种完善的生活;所谓德性与义务论,则是要讨论通过什么样的内在品质和行为类型可以达到或实现完善的生活。③ 在晚清的伦理变革中,讨论至善的内容较少,而讨论德性和义务论的内容较多,因此本章即主要集中于后者,并

---

① 梁氏进一步解释说:"凡人对于社会之义务,决不徒在相知之朋友而已,即绝迹不与人交者仍于社会上有不可不尽之责任。至国家者,尤非君臣所能专有。若仅言君臣之义,则使以礼、事以忠,全属两个私人感恩效力之事耳,于大体无关也。"由梁氏之说,可见时人眼中新旧伦理区别之大概。梁启超:《新民说·论公德》,载汤志钧、汤仁泽编《梁启超全集》第2集,北京:中国人民大学出版社,2018年,第539页。

② 已有的近代伦理史研究著作中,如张锡勤等《中国近现代伦理思想史》,徐顺教、季甄馥等所编《中国近代伦理思想研究》都以人物为中心;张岂之、陈国庆所著《近代伦理思想的变迁》稍有不同,兼顾了伦理思潮和思想家,分近代伦理变迁为怀疑比较期、孕育期、萌发期等阶段。但这种体例安排,不仅使某些专题研究未能深入进行,也使得一些重要材料无法进入讨论范围,如清末的伦理学译著和修身、伦理教科书等。在一些人物研究中,对个别人物伦理思想的研究也已经很深入,如张灏对梁启超的讨论,但仍受限于题材,与专题史研究自有不同。最近的研究,如黄进兴《从理学到伦理学:清末民初道德意识的转化》,体例较为完备,但材料仍较有限,讨论也不完整,有进一步发掘的必要。见张锡勤《中国近现代伦理思想史》,哈尔滨:黑龙江人民出版社,1984年;徐顺教、季甄馥主编《中国近代伦理思想研究》,上海:华东师范大学出版社,1993年;张岂之、陈国庆《近代伦理思想的变迁》,北京:中华书局,1993年;张灏《梁启超与中国思想的过渡(1890—1907)》,北京:新星出版社,2006年。

③ [德]弗里德里希·包尔生:《伦理学体系》,何怀宏、廖申白译,北京:中国社会科学出版社,1988年,第10页。

且只是其中与"社会"概念有关的公共伦理方面。[①]

第一节　由君到群

中国士人对君主制度的重新思考,非自甲午战后始。早在明亡以后,黄宗羲即对明代君主制做出思考,他认为"有生之初,人各自私也,人各自利也,天下有公利而莫或兴之,有公害而莫或除之。有人者出,不以一己之利为利,而使天下受其利,不以一己之害为害,而使天下释其害"。此即君主产生之本源,即"古者以天下为主,君为客,凡君之所毕世而经营者,为天下也"[②]。当然,黄此处还是从劝君主应尽职的角度来立论的。

道光以降,中外交流日趋频繁。对泰西知识的增加,促进了士人对君主制的思考。在咸丰八年(1858),郭嵩焘即与友人议论道:"近日天下之患,在上下否隔。君之于臣,吏之于民,长官之于属吏,交相为怨,其情皆隔而不通。"[③]在出使英法后,实际的西方体验,给了郭嵩焘更大的冲击,他总结道:"西洋君民尊卑之分本无区

---

① 冯契在为徐顺教、季甄馥主编《中国近代伦理思想研究》所作序文中特别指出"社会伦理关系"为近代伦理思想史研究中应特别注意的五个问题之一。其他四个问题分别是价值观变革、义利关系、理智与意志关系、道德品质培养。见冯契《代绪论:关于中国近代伦理思想研究的几个问题》,载徐顺教、季甄馥主编《中国近代伦理思想研究》。
② 黄宗羲:《明夷待访录》,北京:中华书局,1981 年,第 1—2 页。
③ 湖南人民出版社点校:《郭嵩焘日记》第 2 卷,长沙:湖南人民出版社,1982 年,第 170 页。

别","西洋君德,视中国三代令主,无有能庶几者;即伊、周之相业,亦未有闻焉。而国政一公之臣民,其君不以为私。"①

进入1890年代,在西学刺激下,中国士人继续思考君主制的合理性。陈炽在《庸书》中写道:"天生民而立之君,君者,群也,所以为民也。"而报馆、议院皆足以除君民之隔阂,特别是议院,"合君民为一体,通上下为一心"。陈认为议院是泰西强兵富国、纵横四海之根源。② 陈虬也说:"君者群也,王者民所归往也,皆于人起义,天子亦人。君耳而号独称天子者何也? 曰若天下一统,分国以亿万计,地丑德齐,莫能相长。天若特生一子以子元元、安天下,所谓昊天其子之也,故曰天子。"③

在甲午战争中国败局已定的1894年冬,何启与胡礼垣写下了《新政论议》,其中也谈到君主制:"横览天下,自古至今,治国者惟有君主、民主以及君民共主而已。质而言之,虽君主仍是民主。何则? 政者民之事而君办之者也,非君之事而民办之者也。"④何、胡二人此处是要提出"行选举以同好恶,设议院以布公平"⑤。

甲午战前,尚无"群学"之名,而陈炽、陈虬已从"君者群也"的角度认为君"以为民也"。甲午战后,群学的传入更提供了重新思考君主制的契机。不管是以群与小己而论,还是以拓都与幺匿而

---

① 湖南人民出版社点校:《郭嵩焘日记》第3卷,第237、393页。
② 陈炽:《庸书》,见赵树贵、曾丽雅编《陈炽集》,北京:中华书局,1997年,第107页。
③ 陈虬:《治平通议·卷七》,据光绪十九年瓯雅堂刻本影印,《续修四库全书》第952册,上海古籍出版社,2002年,第604页。
④ 何启、胡礼垣著,郑大华点校:《新政真诠——何启、胡礼垣集》,沈阳:辽宁人民出版社,1994年,第127页。
⑤ 何启、胡礼垣著,郑大华点校:《新政真诠——何启、胡礼垣集》,第128页。

论,君主也只不过是小己,是幺匿,而与其他小己或幺匿并无本质区别,皆当服从群学公例。斯宾塞《群学肄言》曾言之:"夫以天理公义言之,以众而伏于寡者,无是义也。以众而伏于寡者,以是寡者有以厚众之生也。即至今世群之所以尚有等威者,亦以齐民利安故耳。虽然,等威之义,非亘千古不变者也,治化进则将自泯焉,此犹古者国家之义,尝以一人而为一国兆民之主矣,乃今而为一国兆民之公仆。"①

正因如此,严复在《原强》后继以《辟韩》,有其内在原因。《辟韩》主张君臣之伦"盖出于不得已也","不足以为道之原",因为民既为耕织、工贾等事,若又使自卫其性命财产,则势所不能,于是"通工易事,择其公且贤者,立而为之君"。因此"君也臣也,刑也兵也,皆缘卫民之事而后有也;而民之所以有待于卫者,以其有强梗欺夺患害也"。而之所以有强梗欺夺患害,是因为"化未尽而民未善",这就预示了君主制必将有消亡的一天。②

在《天演论》中,严复曾发挥契约论的观念:"民既合群,必有群约。"③这种"群约",并不一定是书面的契约:"心之相喻为先,而文字演说,皆其后也。"约成之后,则"有背者则合一群共诛之,其不背约而利群者,亦合一群共庆之"。这个时候,并没有君、公以贵势尊位强之从,所以"实自立而自守之,自诺而自责之,此约之所以为公也"。至于尊者之约,则"非约也,令也";"约行于平等,而令行于上下之间,群之不约而有令也,由民之各私势力,而小役大,弱役强

---

① [英]斯宾塞:《群学肄言》,严复译,北京:商务印书馆,1981年,第192—193页。
② 严复:《辟韩》,载王栻主编《严复集》第1册,北京:中华书局,1986年,第34页。
③ [英]赫胥黎:《天演论》,严复译,北京:商务印书馆,1981年,第58页。

也。无宁惟是,群日以益大矣,民日以益蕃矣! 智愚贤不肖之至不齐,政令之所以行,刑罚之所以施,势不得家平而户论也,则其权之日由多而趋寡,由分而入专者,势也"。随着治化日进,通功易事之局成,则治人治于人,不能求一身而备,于是有专为治人之人,即所谓"士君子"。不过此类治人者"是群者亦以其约托之使之专其事而行之,而公出赋焉,酬其庸以为之养"。却有"霸者"乘便篡之,"易一己奉群之义,为一国奉己之名,久假而不归,乌知非其有乎?"①言"霸者"这段话为赫胥黎英文原文中所无,乃严复所加,足以说明严复对君主专制的态度。

严复对群学的引介,使以往的君臣关系转入了新的群己关系的范畴。在《原强》(修订稿)中,他强调"欲进吾民之德,于以同力合志,联一气而御外仇,则非有道焉,使各私中国不可也"②。"私中国"自始即为严复"新民德"的重要内容。

不仅如此,严复在《天演论》及其他著论中还具体介绍了斯宾塞的伦理原则,如在《论胶州章镇高元让地事》一文中,他称:"吾尝闻英人之言曰,世之公例有三焉,一曰民未成丁,功食为反比例;二曰民已成丁,功食为正比例;其三曰,群己并称,己轻群重。"③此三原则来自斯宾塞《伦理学原理》中的"论正义"一章。④ 在所译《天

---

① 〔英〕赫胥黎:《天演论》,严复译,第 58 页。

② 严复:《原强》(修订稿),载王栻主编《严复集》第 1 册,第 31 页。

③ 严复:《论胶州章镇高元让地事》,原载 1897 年 11 月 25 日《国闻报》,见王栻主编《严复集》第 1 册,第 57 页。

④ Herbert Spencer, *The Principles of Ethics*, V.2, New York and London: D. Appleton and Company, 1898, pp.7-8.

演论》中,严复也通过按语屡申此旨,不过用词稍有不同而已。① 严复评价称"此其言乃集希腊、罗马二百年来格致诸学之大成,而施诸邦国理平之际。有国者安危利菑则亦已耳,诚欲自存,赫、斯二氏之言,殆无以易也"②。可见他对此原则的重视。不过应指出,严复所谓"己轻群重"是有条件限制的,他曾说:"卢梭之为民约也,其主张公益,可谓至矣。顾其言有曰,国家之完全非他,积众庶小己之安全以为之耳,独奈何有重视国家之安全,而轻小己之安全者乎?夫谓爱国之民,宁毁家以纾难,不惜身膏草野,以求其国之安全。此其说是也。然是说也,出于爱国者之发心,以之自任,则为许国之忠,而为吾后人所敬爱顶礼,至于无穷。独至主治当国之人,谓以谋一国之安全,乃可以牺牲一无罪个人之身家性命以求之,则为违天蔑理之言。此言一兴,将假民贼以利资,而元元无所措其手足。是真千里毫厘,不可不辨者耳。"③由此可见,严复所谓"己轻群重",乃对个人立言,着眼于道德上的提高,非谓国家可以轻视小己权利。

严复对群己关系的论述,还应包括自营与合群的关系。他在所译斯宾塞的《群学肄言》中说:"群为拓都,而民为之幺匿,幺匿之所以乐生,在得其直,故所以善拓都之生,在使之各得其直。"④此处所用"直",严复认为比时人所用"权利"一词更为恰当地译出 rights

---

① [英]赫胥黎:《天演论》,严复译,第44、90页。
② [英]赫胥黎:《天演论》,严复译,第44页。
③ 严复:《〈法意〉按语》,载王栻主编《严复集》第4册,第1022—1023页。
④ [英]斯宾塞:《群学肄言》,严复译,第140页。

的含义。① 严复在所译《天演论》按语中曾批评赫胥黎"群道由人心善相感而立"之说,认为赫胥黎"倒果为因"。以严复之见,"人之由散入群,原为安利,其始正与禽兽下生等耳,初非由感通而立也。夫既以群为安利,则天演之事,将使能群者存,不群者灭;善群者存,不善群者灭。善群者何? 善相感通者是。然则善相感通之德,乃天择以后之事,非其始之即如是也"。② 严也在其他地方论述道:"凡属生人,莫不有欲,莫不求遂其欲。其始能战胜万物,而为天之所择以此。"③但"自营甚者必侈于自由,自由侈则侵,侵则争,争则群涣,群涣则人道所恃以为存者去"④。那么如何处理自营与合群的关系呢? 严复提出"人得自由,而以他人之自由为界"⑤,并认为此乃群学太平最大公例。在严复的观念中,"民直"是义务的基础,个人自由与群体自由也是可以相通的。正因如此,有学者把严复的伦理思想概括为"开明自营"。⑥ 不过"群己并称,己轻群重"的说法实际也已包含了二者存在冲突的可能性,只是严复对这一点未予深论。⑦

正是在论述群己关系和一群中人与人之间的关系时,严复引

① 严复:《与梁启超书》,原载《新民丛报》第 12 期,见王栻主编《严复集》第 3 册,第 519 页。

② [英]赫胥黎:《天演论》,严复译,第 32 页。

③ [英]赫胥黎:《天演论》,严复译,第 29 页。

④ [英]赫胥黎:《天演论》,严复译,第 30 页。

⑤ [英]赫胥黎:《天演论》,严复译,第 34 页。

⑥ 张岂之、陈国庆:《近代伦理思想的变迁》,第 230—237 页。

⑦ 严复对群己权界始终是有些不安的,见其致夏曾佑书。严复:《与夏曾佑书》(1906 年 8 月),载孙应祥、皮后锋编《〈严复集〉补编》,福州:福建人民出版社,2004 年,第 264—265 页。

入了新的义利观,即"大利所存,必其两益:损人利己,非也,损己利人亦非;损下益上,非也,损上益下,亦非"。① 以此为基础,严复批判了传统的义利观:"大抵东西古人之说,皆以功利为与道义相反,若薰莸之必不可同器。而今人则谓生学之理,舍自营无以为存。但民智既开之后,则知非明道,则无以计功,非正谊,则无以谋利,功利何足病? 问所以致之之道何如耳。故西人谓此为开明自营,开明自营,于道义又不必背也。"严复认为阐明此点为计学最大贡献。②

严复之《辟韩》发表后,虽然招一些人的嫉视,但也令维新人士大为赞赏。叶尔恺致书汪康年称:"《辟韩》一篇,尤与鄙人夙论相合,甚佩甚佩。"③谭嗣同则特地来函询问:"《辟韩》一首,好极好极。究系何人所作,自署观我生室主人,意者其为严又陵乎? 望示悉。"④谭嗣同所作《仁学》,虽思想繁杂,但"论君"一节与严复思想相合。如谭认为:"生民之初,本无所谓君臣,则皆民也。民不能相治,亦不暇治,于是共举一民为君。夫曰共举之,则非君择民,而民择君也。夫曰共举之,则其分际又非甚远于民,而不下侪于民也。

---

① 〔英〕赫胥黎:《天演论》,严复译,第 34 页。

② 〔英〕赫胥黎:《天演论》,严复译,第 34、46、92 页。严复在与人书中也提到"两利为利、独利不为利?"一点的重要性,见严复《与孝明书》(1901 年 2 月 19 日),载孙应祥、皮后锋编《〈严复集〉补编》,第 226 页。

③ 叶尔恺:《致汪康年书》(四月廿日),载上海图书馆编《汪康年师友书札》第 3 册,第 2469 页。

④ 谭嗣同:《致汪康年书》(1897 年 4 月 25 日),载上海图书馆编《汪康年师友书札》第 4 册,上海:上海古籍出版社,1989 年,第 3248 页。谭氏此论早在 1896 年 7 月即已成型,见谭嗣同《致欧阳中鹄书》(1896 年 8 月 20 日),转引自黄彰健《戊戌变法史研究》,第 33 页。

夫曰共举之,则因有民而后有君;君末也,民本也。天下无有因末而累及本者,亦岂可因君而累及民哉?夫曰共举之,则且必可共废之。君也者,为民办事者也;臣也者,助办民事者也。赋税之取于民,所以为办民事之资也。"①谭嗣同《仁学》,不仅反君主制,且反清廷,战斗性极强,被黄彰健称为"康派学人第一部有系统的哲学著作"②。

1896 年,梁启超受严复《天演论》及谭嗣同《仁学》影响,写了《〈说群〉自序》一文刊于《知新报》。该文说道:"能群焉谓之君……以群术治群,群乃成。以独术治群,群乃败。……善治国者,知君之与民,同为一群之中之一人,因以知夫一群之中所以然之理,所常行之事,使其群合而不离,萃而不涣,夫是之谓群术。"③以君为群中之一员,是受群学影响。

张灏在谈到梁启超"群"的概念时称:"如果我们考虑到中国政治文化的传统信仰,那么群的理想中涉及的价值观的变化甚至更大,因为根据传统的政治惯例,天意是政治合法化的最高依据。就政治权威的合法化来说,人民的意志从来没有得到充分的考虑,它对政治权威的有效认可只是作为天意的一个反映。换言之,人民的意志作为政治合法化标准的有效性只是派生的。"④张十分贴切地说明了由"君"到"群"的重大意义。

① 汤志钧、汤仁泽校注:《仁学》,台北:学生书局,1998 年,第 62 页。
② 黄彰健:《戊戌变法史研究》,第 12 页。
③ 梁启超:《〈说群〉自序》(1897 年 5 月 12 日),载汤志钧、汤仁泽编《梁启超全集》第 1 集,第 196 页。
④ 张灏:《梁启超与中国思想的过渡(1890—1907)》,北京:新星出版社,2006 年,第 71 页。

第二节　从"利群"到"牺牲个人以利社会"

　　戊戌变法失败逃到日本后,作为一种政治动员和学理输入,梁启超开始更多地宣传"爱国"观念,并翻译了伯伦知理《国家论》。在《新民说》中,梁对新伦理观则有了更多的论述,他说:"吾中国道德之发达,不可谓不早。虽然,偏于私德,而公德殆阙如。……今试以中国旧伦理,与泰西新伦理比较。旧伦理之分类,曰君臣,曰父子,曰兄弟,曰夫妇,曰朋友。新伦理之分类,曰家族伦理,曰社会(即人群)伦理,曰国家伦理。""旧伦理所重者,则一私人对一私人之事也。……新伦理所重者,则一私人对于一团体之事也。"正因如此,梁提出"公德"一说:"我国民所最缺者,公德其一端也。公德者何? 人群之所以为群,国家之所以为国,赖此德焉以成立者也。人也者,善群之动物也。(此西儒亚里士多德之言)人而不群,禽兽奚择? 而非徒空言高论曰:群之群之,而遂能有功者也。必有一物焉贯注而联络之,然后群之实乃举。若此者谓之公德。"①

　　"公德"之标准又在于是否"利群":"是故公德者,诸德之源也。有益于群者为善,无益于群者为恶。""公德之大目的,既在利群,而万千条理,即由是生焉。本论以后各子目,殆皆可以'利群'二字为纲,以一贯之者也。"②梁也论述到了"群"与人的关系:"群

① 梁启超:《新民说·论公德》,载汤志钧、汤仁泽编《梁启超全集》第 2 集,第 539 页。
② 梁启超:《新民说·论公德》,载汤志钧、汤仁泽编《梁启超全集》第 2 集,第 541—542 页。

之于人也,国家之于国民也,其恩与父母同。盖无群无国,则吾性命财产无所托,智慧能力无所附,而此身将不可以一日立于天地。故报群报国之义务,有血气者所同具也。苟放弃此责任者,无论其私德上为善人、为恶人,而皆为群与国之蟊贼。"①

在"群"的观照下,个人对他人及自己均有相应之责任:"人人对于人而有当尽之责任,人人对于我而有当尽之责任。对人而不尽责任者,谓之间接以害群,对我而不尽其责任者,谓之直接以害群。何也? 对人而不尽责任,譬之则杀人也;对我而不尽其责任,譬之则自杀也。一人自杀,则群中少一人;举一群之人皆自杀,则不啻其群之自杀也。"②梁在论述独立与合群关系的过程中也涉及群己问题,他认为当时"救治之策,惟有提倡独立"。不过提倡个人独立,是因为"先言个人之独立,乃能言全体之独立"。合群应有"合群之德"。所谓"合群之德",即"以一身对于一群,常肯绌身而救群;以小群对于大群,常肯绌小群而救大群"。③ "群"在梁的《新民说》中如此重要,以致张灏认为"群"的概念是他道德思想和"公德"观的核心。④

此时梁虽强调利群,但并不反对利己。他认为,"天下之道德、法律,未有不自利己而立者也"。所谓"爱他心",即"变相之爱己

---

① 梁启超:《新民说·论公德》,载汤志钧、汤仁泽编《梁启超全集》第 2 集,第 540—541 页。

② 梁启超:《新民说·论权利思想》,载汤志钧、汤仁泽编《梁启超全集》第 2 集,第 556 页。

③ 梁启超:《十种德行相反相成义》(1901 年)、《新民说·论公德》,载汤志钧、汤仁泽编《梁启超全集》第 2 集,第 285 页。

④ 张灏:《梁启超与中国思想的过渡(1890—1907)》,第 102、104 页。

心",因"凡人不能以一身而独立于世界也,于是乎有群。其处于一群之中,而与俦侣共营生存也,势不能独享利益,而不顾俦侣之有害与否"。"故善能利己者,必先利其群,而后己之利亦从而进焉。"①梁关于利群和利己的观点,思想来源是边沁、密尔、斯宾塞等人。②

　　谈群己关系,便无可避免地牵涉到自由问题。梁对自由界说曰:"自由者,奴隶之对待也。综观欧美自由发达史,其所争者不出四端。一曰政治上之自由,二曰宗教上之自由,三曰民族上之自由,四曰生计上之自由(即日本所谓经济上自由)。"其中"政治上之自由者,人民对于政府而保其自由也。宗教上之自由者,教徒对于教会而保其自由也。民族上之自由者,本国对于外国而保其自由也。生计上之自由者,资本家与劳力者相互而保其自由也。"③平民对于贵族、殖民地对于母国皆易理解,国民对于政府保其自由究作何解呢? 梁论政府成立之原理道,"政府之所以成立,其原理何在乎? 曰:在民约。……人非群则不能使内界发达,人非群则不能与外界竞争。故一面为独立自营之个人,一面为通力合作之群体。……既为群矣,则一群之务,不可不共任其责固也。虽然,人人皆费其时与力于群务,则其自营之道,必有所不及。民乃相语曰:吾方为农,吾方为工,吾方为商,吾方为学,无暇日无余力以治群事也,吾无宁于吾群中公选若干人而一以托之焉,斯则政府之义

---

① 梁启超:《十种德行相反相成义》(1901 年),载汤志钧、汤仁泽编《梁启超全集》第2集,第289页。
② 张岂之、陈国庆:《近代伦理思想的变迁》,第187—188页。
③ 梁启超:《新民说·论自由》,载汤志钧、汤仁泽编《梁启超全集》第2集,第564页。

也。政府者,代民以任群治者也"①。

在1903年赴美返日前,梁还基本倾向于强调自由的作用,曾在与乃师康有为的讨论中谈道:"若夫'自由'二字,夫子谓其翻译不妥或尚可,至诋其意则万万不可也。自由之界说,有最要者一语,曰'人人自由,而以不侵人之自由为界'是矣。"不过梁紧接着解释自由曰:"质而论之,即不受三纲之压制而已,不受古人之束缚而已。"②这就说明他还是较多从心理和意志的角度去解释自由,而不是从政治权利的角度去解释。③ 至于梁声称"自由云者,团体之自由,非个人之自由也"④,则更强调国家的自由而非个人自由了。

"群"或"社会"在梁思想中的重要性,从梁对颉德(Benjamin Kidd,1858—1916)著作的欢呼中可见一斑。梁在《新民丛报》第15号即已介绍颉德思想,称"其大旨谓当牺牲个人以顾团体,当牺牲现在以顾将来,实为前此言实利言进化者痛下一针砭"。⑤ 在《新民丛报》第17号对颉德学说的专文介绍中,梁又称颉德学说"独辟蹊径,卓然成一家言,影响于世界人群之全体,为将来放一大光明"。⑥

---

① 梁启超:《论政府与人民之权限》(1902年3月10日),载汤志钧、汤仁泽编《梁启超全集》第3集,第6—7页。

② 梁启超:《上康有为书》(1900年4月29日),载汤志钧、汤仁泽编《梁启超全集》第19集,第194页。

③ [日]小野川秀美:《晚清政治思想研究》,林明德、黄福庆译,第283—284页。

④ 梁启超:《新民说·论自由》,载汤志钧、汤仁泽编《梁启超全集》第2集,第567页。

⑤ 梁启超:《尺素六千纸·二十》(1902年9月1日),载汤志钧、汤仁泽编《梁启超全集》第3集,第604页。

⑥ 梁启超:《进化论革命者颉德之学说》(1902年10月16日),载汤志钧、汤仁泽编《梁启超全集》第4集,第1页。

颉德出生于一个清教徒家庭,父亲颉德(Benjamin Kidd,
1831—1914,与小颉德同名)是英国皇家爱尔兰警察部队的警察。
小颉德兄弟姐妹众多,也造成家庭负担沉重。颉德17岁就离开学
校,经过努力到伦敦的政府机关印度市政服务部(the Indian Civil
Service)工作,之后又有所调动,并于1877年转到税务委员会
(Board of Inland Revenue),成为一名底层职员。任职期间,他与别
人合写了《女性申请政府机关职位指南》(*Guide to Female
Employment in Government Offices*)及《政府形式手册》(*Handbook to
Government Situations*)的公务员考试书,以补贴家用。①

因受到达尔文、斯宾塞、赫胥黎等的影响,生物学在19世纪下
半期的英国备受关注。在工作之余,颉德也保持了对生物学的兴
趣,并一直对生物学界的最新动态保持关注。他在自己所设的动
物园中于不同时期养了猫、蟾蜍、青蛙、麻雀、野兔、画眉、喜鹊、鹰、
乌鸦、杜鹃等动物,还养过蜂群、蚁群等以进行研究。1884年,他在
《钱伯斯杂志》(*Chamber's Journal*)发表了第一篇研究心得,并陆
续有新作发表。对蜂群的观察无疑对颉德有重要影响,他对蜜蜂
从属于蜂群的需要印象深刻。②

但颉德在早期还是受斯宾塞影响较大的。他在1885年饲养了
大半年的野蜂以进行对比研究,并发现单个的野蜂比蜜蜂更聪明,
适应性也更强。他认为这是很奇怪的现象,并认为这牵涉到斯宾

---

① D. P. Crook, *Benjamin Kidd: Portrait of a Social Darwinist*, Cambridge: Cambridge Univer-
sity Press, 1984, pp.11–22.

② D. P. Crook, *Benjamin Kidd*, pp.26–27.

塞所称的"利他"和"利己"问题。① 他最终认为野蜂代表了进化过程中的一个早期阶段,这种早期阶段的特征是"个体的独立和福利仍被保存,群体为个体存在而非个体为群体存在"(这正是斯宾塞的观点)。② 把这种现象定位为早期阶段,则说明颉德已偏离斯宾塞的轨道。

在对生物学保持关注的同时,颉德并未忽略其他作品。在大英博物馆的阅读室里,颉德读过生物学家达尔文、斯宾塞、赫胥黎、华莱士(Alfred Wallace,1823—1913)、社会学家孔德、拉伯克(Sir John Lubbock,1834—1913)、泰勒(Sir Edward Tylor,1832—1917)、政治经济学家马歇尔(Alfred Marshall,1842—1924)、叶方斯(William Jevons,1835—1882)、密尔,以及马克思、恩格斯、亨利·乔治、爱德华·贝拉米等的作品。不过对颉德写作《社会进化论》影响最大的还是德国动物学家魏斯曼(August Weismann,1834—1914)。

斯宾塞受拉马克的影响,认为后天性状(acquired characters)可以遗传,并据此建立了他的调适(adaptation)说。魏斯曼对此提出质疑。在 1883 年,魏即宣布生殖质(germ-plasma)理论,认为生物的生殖细胞与体细胞不同,不受环境影响与考验。1887 年 10 月到 1889 年 1 月,魏斯曼做了著名的小白鼠实验,结果发现人工切除尾巴的小白鼠,子女都有正常的尾巴。连续五代,仍是如此。魏斯曼的英译论文集 1889 年在英国出版。③

魏斯曼的理论,意味着人的道德能力因后天获得,而非遗传而

---

① D. P. Crook,*Benjamin Kidd*,p.29.

② D. P. Crook,*Benjamin Kidd*,p.30.

③ 王道还:《〈天演论〉文本及其相关问题》,《新史学》第 3 卷,第 144—145 页。

来,提供了一种社会变革的可能性,因此受到一些社会改良主义者甚至社会主义者的广泛关注。颉德对此很感兴趣,特地在 1890 年与妻子一道前往德国拜访魏斯曼。除与此相关问题外,颉德还特地提到了宗教问题,问魏斯曼是否认为达尔文主义给基督教造成了困难。魏斯曼回答说:"对于轻率者来讲可能是这样的,但对于沉着者来说并未有任何障碍。……永远都会存在科学所解释不了的东西,这就是宗教将会继续存在的基础。"魏斯曼的观点具有明显的德国唯理主义色彩。颉德显然也问了魏斯曼是否认为宗教在人类进化中占有重要地位,并且从魏斯曼那里得到了肯定的答复。① 宗教,这个颉德《社会进化论》的中心问题,无疑受到了魏斯曼的影响。

不仅如此,颉德对个体生命的看法也受到了魏斯曼的影响。魏斯曼在 1881 年做了题为《生命的持续》(Duration of Life)的演讲,以对生物的观察为基础认为某种生物生命的长短取决于其种群延续的需要。② 魏斯曼的观点对颉德有直接影响。

相信进化原理,这是颉德和斯宾塞相同的地方。不过二者从人类进化史中得到的结论却完全相反。斯宾塞从自由主义的立场出发,认为自由竞争和较少的干涉是进化的最重要条件。而颉德却认为人类进化过程所昭示的是人类社会具有军事性的特征,若个人不服从于群体或民族的利益,群体和民族就可能在竞争中灭亡。③ 颉德对功利主义者的最大多数原则做了修改,认为功利主义

---

① D. P. Crook, *Benjamin Kidd*, pp.40-41.

② D. P. Crook, *Benjamin Kidd*, pp. 146-47; August Weismann, "Duration of Life", in August Weismann, *Essays Upon Heredity and Kindred Biological Problems*, V.1, Oxford: Clarendon Press, 1891, pp.9-10.

③ Benjamin Kidd, *Social Evolution*, New York: Macmillan and Co., 1894, pp.70-71.

者意指现存的最大多数,但实际上最大多数应包括尚未出生者。① 个人的这种服从或牺牲显然不是依靠理性,因为理性虽然有积极作用,却产生了个人主义、反社会、反进化等品质,是群体的解构性力量。而能克服这些障碍的只有宗教。② 颉德显然是在以一种极端自私的立场来理解理性。

颉德书中还渲染了一种白人(特别是英国人)优越论,虽然不是以种族的理由而是以"社会效率"(social efficiency)的理由,认为西方国家有责任帮助未开发地区开发社会资源。③ 这一点梁在介绍中未予涉及。

梁氏在对颉德学说的介绍中无疑捕捉到了颉德的要点,介绍其"牺牲个人以利社会(即人群)""牺牲现在以利将来"的观点,且声称颉德"首明现在必灭之理,与现在灭然后群治进之义",并总结说,"死也者,进化之大原也"。④

虽然梁此时对颉德学说的引进,不无有感而发的成分,但颉德

---

① Benjamin Kidd, *Social Evolution*, p.312.

② Benjamin Kidd, *Social Evolution*, pp.314-317.

③ Benjamin Kidd, *Social Evolution*, p.335,339.

④ 梁启超:《进化论革命者颉德之学说》(1902年10月16日),载汤志钧、汤仁泽编《梁启超全集》第4集,第2—3页。目前学者大多认为梁文译自角田柳作日文版《社会の进化》。但《社会の进化》译成于1898年,出版于1899年,而梁文从1902年出版之《泰西文明原理》开始谈起。可以认为梁文参考了角田柳作《社会の进化》,但是否另有所本,还有疑问。见ベンジャミン・キッド《社会の进化》,[日]角田柳作譯,東京:開拓社,1899年;[日]森纪子《梁启超的佛学与日本》,载[日]狭间直树编《梁启超・明治日本・西方》,北京:社会科学文献出版社,2001年,第201—202页;[法]巴斯蒂《梁启超与宗教问题》,载[日]狭间直树编《梁启超・明治日本・西方》,第431—432页。梁此时之主张牺牲,可能与此时尚主张革命及招募暗杀者有关。见丁文江、赵丰田编《梁启超年谱长编》,上海:上海人民出版社,2009年,第217、214页。

的学说,不仅强化了梁言论中的群体观念,还改变了他对宗教的看法。① 在《新民丛报》第 2 号所发表的《保教非所以尊孔论》一文中,梁还声称"彼宗教者,与人群进化第二期之文明,不能相容者也","科学之力日盛,则迷信之力日衰"。②《进化论革命者颉德之学说》发表于《新民丛报》第 17 号,而在《新民丛报》第 19 号发表的《论宗教家与哲学家之长短得失》一文中,梁已称"无宗教思想则无统一""无宗教思想则无希望""无宗教思想则无解脱""无宗教思想则无忌惮""无宗教思想则无魄力",从实用的角度来宣传宗教。梁并称:"摧坏宗教之迷信可也,摧坏宗教之道德不可也。"梁在此文中所提倡的宗教是佛教。③

　　在此之后,梁又在 1904、1905 年之交于《新民丛报》上发表《余之生死观》一文,延续了《进化论革命者颉德之学说》一文的话题。④ 在这篇论述中,梁从心理的因素来解释社会,"人死而有不死者存",此不死者,名之曰"精神"。"一社会者,一社会人之心理所造成;个人者,又个人之心理所造成也。(今之个人由有生以前之心理所

---

① 日本这段时期有关宗教的争论给梁的影响,参见[法]巴斯蒂《梁启超与宗教问题》,载[日]狭间直树编《梁启超·明治日本·西方》,第 416—439 页。
② 梁启超:《保教非所以尊孔论》(1902 年 2 月 22 日),载汤志钧、汤仁泽编《梁启超全集》第 2 集,第 678—679 页。
③ 梁启超:《论宗教家与哲学家之长短得失》(1902 年 10 月 31 日),见汤志钧、汤仁泽编《梁启超全集》第 4 集,第 29—32 页。
④ 杨度为梁之《中国武士道》所作长序是激发梁作《余之生死观》的一个重要因素。杨在序中有言:"夫今日之世界,为古人之精神所创造,将来之世界,又必为今人之精神所创造者,此人类进化之道。"见[日]森纪子《梁启超的佛学与日本》,载[日]狭间直树编《梁启超·明治日本·西方》,第 204—205 页。

造,今之心理又造成死后之个人。全世界乃至一社会亦复如是。)"①

梁还借用了严复之拓都、幺匿说来论证个人与社会之关系:"物质界属于幺匿体,个人自私之;(幺匿体又非徒有物质界而已,亦有属于非物质界者存。)非物质界属于拓都体,人人公有之。而拓都体复有大小焉,大拓都通于无量数大千世界,小拓都则家家而有之,族族而有之,国国而有之,社会社会而有之。拓都不死,故吾人之生命,其隶属于最大拓都者固不死,即隶属于次大又次大乃至最小之拓都者皆不死。"②这样,梁之最后结论为"吾辈皆死;吾辈皆不死。死者,吾辈之个体也;不死者,吾辈之群体也"③。赋予群体比个体更高的地位。④ 梁对"死"及"精神不死"的强调,显然已经背离了他之前利己与利群统一的观点。⑤

---

① 梁启超:《余之生死观》(1904—1905 年),载汤志钧、汤仁泽编《梁启超全集》第 4
  集,第 524 页。

② 梁启超:《余之生死观》(1904—1905 年),载汤志钧、汤仁泽编《梁启超全集》第 4
  集,第 528 页。

③ 梁启超:《余之生死观》(1904—1905 年),载汤志钧、汤仁泽编《梁启超全集》第 4
  集,第 529 页。

④ 除了颉德,梁还受到了美国牧师李占士(James Wideman Lee, 1849—1919)的影响。
  李氏作《人的构造》(The Making of a Man)一书,宣扬精神先于物质。该书由高桥五
  郎译为日文,名《人生哲学》,初版发行于 1893 年,并于 1903 年再版。见[法]巴斯
  蒂《梁启超与宗教问题》,载[日]狭间直树编《梁启超·明治日本·西方》,第
  436—437 页。

⑤ 依照张灏的观点,西方的国民包含了一个双重的自我——社会的自我和个人的自
  我。"一个公民有承担参与社团和为社团作[做]贡献的义务,但也被赋予由公民
  自由和权利制度保护的不可侵犯的个人的权利。因此,西方的公民被认为既是一
  个社会上的人也是一个单个的人;既在社会之中,也在社会之外。"社会的自我和
  个人的自我之间存在着紧张关系,但这种紧张关系对民主国家国民的形成是有益
  的。[张灏:《梁启超与中国思想的过渡(1890—1907)》,第 148—149 页。]关于个
  人与社会的关系,在西方也曾引起很大的争论。不过颉德的观点,显然是一种极
  端之论。

颉德之思想,不仅影响到梁启超。《万国公报》从第 121 卷即开始连载李提摩太译本,名为《大同学》。此后又出了单行本。① 陈天华在《警世钟》中也特别提到"泰西的大儒有两句格言:'牺牲个人(指把一个人的利益不要)以为社会(指为公众谋利益),牺牲现在(指把现在的眷恋丢了)以为将来(指替后人造福)。'这两句话,我愿大家常常讽诵"②。陈之言论,显然从梁启超而来。章太炎在《〈社会通诠〉商兑》一文中也引用到颉德《社会进化论》中的内容,不过章氏所引,似从日文版《社会の進化》而来。③ 至于刘师培,也屡次征引到颉德之"爱他"说。④

第三节　伦理学书籍中之"社会"观

旧伦理不能适应新形势,这是清末的知识分子多能感受到的。⑤ 在此情境下,伦理学学理的输入,以及伦理教科书的编纂便

---

① ［日］森纪子:《梁启超的佛学与日本》,第 200—201 页。
② 陈天华:《警世钟》,载刘晴波、彭国兴编,饶怀民补订《陈天华集》,长沙:湖南人民出版社,2008 年,第 72 页。
③ 太炎(章太炎):《〈社会通诠〉商兑》,《民报》第 12 号,1907 年 3 月 6 日,总第 1741 页。
④ 《社会主义史大纲译者附识》,原载《天义》第 16—19 卷,1908 年 2 月,见万仕国辑《刘申叔遗书补遗》,第 971 页;《无政府主义之哲理同理想》,原载《天义》第 16—19 卷,1908 年 2 月,见万仕国辑《刘申叔遗书补遗》,第 982 页。
⑤ 梁启超:《新民说·论公德》,载汤志钧、汤仁泽编《梁启超全集》第 2 集,第 539 页;蔡元培:《〈中等教育伦理学〉序》,载［日］元良勇次郎《中等教育伦理学》,麦鼎华译,上海:广智书局,1906 年(1903 年初版)。

逐渐被提上了日程。① 1902 年 8 月颁布的《钦定学堂章程》指出，"中国圣经垂训，以伦常道德为先，外国学堂于智育体育之外，尤重德育，中外立教本有相同之理。今无论京外大小学堂，于伦理修身一门视他学科更宜注意，为培养人才之始基"②。确立了伦理、修身科在新学制中的地位。

1902 年底，张之洞等在《筹定学堂规模次第兴办折》中，建议小学设"修身"课，中学设"伦理"课，高等学校改修"道德学"，区分了伦理、修身课的名称格局。③ 张百熙曾在议奏中解释说："惟修身偏重私德，伦理兼及公德。小学既课修身，应如原定中学改课伦理。"④陆费逵曾对修身书与伦理书的区别表示："修身书，示人以实践道德之规范，当就其本国之习惯，折衷贤哲之学说，而由主持风化者及多数教育家斟酌定之。苟与其国情不合，或为主持风化者所不欲，则虽有至精之学说，不可得而采用也。伦理学则异是，以研究行为学理为目的。各国之习惯，各家之学说，无论其偏激平正，皆为研究之资料。参酌损益，而定出种种科条，以为人生行为最高之理想。一时之利害，舆论之向背，可不顾也。盖修身为一国国民行为之标准，而伦理则世界学者研究之学理也。"⑤张、陆对修

---

① "伦理学"一词的传入，可见黄兴涛、曾建立《清末新式学堂的伦理教育与伦理教科书探论——兼论现代伦理学学科在中国的兴起》，《清史研究》2008 年第 1 期。

② 《钦定京师大学堂章程》，朱有瓛主编《近代学制史资料》第 2 辑上册，上海：华东师范大学出版社，1987 年，第 753 页。

③ 黄兴涛、曾建立：《清末新式学堂的伦理教育与伦理教科书探论——兼论现代伦理学学科在中国的兴起》，《清史研究》2008 年第 1 期。

④ 张百熙：《议奏湖广总督张等奏次第兴办学堂折》，载朱有瓛主编《近代学制史资料》第 2 辑上册，第 65 页。

⑤ 陆费逵编：《伦理学大意讲义》，上海：商务印书馆，1913 年，第 1—2 页。

身与伦理区别的理解截然不同。从中也可看出,二者的区分在实践中很难把握,因此,后来"修身"和"伦理"的用法,很快即混同了。各级修身课名称的不同,主要也只在于内容深浅不同而已。①

据黄兴涛、曾建立统计,清末译编和自编的伦理、修身类教科书达近百种,②当然程度不一。其中一些教科书对社会的成立、社会与个人的关系及社会的一般规则做了相应探讨。

对于"社会"的范围,这些书籍较多认为"社会"广狭不一。如樊炳清所译井上哲次郎、高山林次郎《伦理教科书》中说:"社会之称,其范围之广狭,而固无一定界限。小之则一乡一党之舆众,大之则四海万邦之人类,苟为组成之人民,而其生存幸福与共利害者,则得而称之曰社会。"③麦鼎华所译元良勇次郎《中等教育伦理学》也说:"社会之范围,不能一定。小自亲戚朋友之集合,大至人类全体,皆云人类社会。"④杨志洵之《中等修身教科书》说:"社会者,吾人所居之天成之团体。以广义而言,全球人类为一社会。以狭义言之,全国人民为一社会。以最狭义言之,士农工商之群,各为社会。"⑤蔡元培所编之《修身教科书》也认为:"凡趋向相同、利害与共之人,集而为群。苟其于国家无直接之关系,于法律无一定

---

① 黄兴涛、曾建立:《清末新式学堂的伦理教育与伦理教科书探论——兼论现代伦理学学科在中国的兴起》,《清史研究》2008年第1期。

② 黄兴涛、曾建立:《清末新式学堂的伦理教育与伦理教科书探论——兼论现代伦理学学科在中国的兴起》,《清史研究》2008年第1期。

③ [日]井上哲次郎、[日]高山林次郎:《伦理教科书》,樊炳清译,武汉:江楚编译局,无出版时间,第1页上。

④ [日]元良勇次郎:《中等教育伦理学》,麦鼎华译,上海:广智书局,1904年第三次印,第31页上。

⑤ 杨志洵:《中等修身教科书》,上海:文明书局,1906年,第30页下。

之限制者,皆谓之社会。是以社会之范围,广狭无定。小之或局于乡里,大之则亘于世界。"①

虽"社会"之范围无定,然最重要者为国家范围内之社会。如樊炳清译《伦理教科书》曰:"于实际上,与国家之事业相联带者甚多,故不妨通世界而有所谓人类社会者存。然日本自有日本社会之特质,欧美诸国自有欧美诸国社会之特质。是皆本源于其国家之特性,彼此有不可相淆者。"②蔡元培《修身教科书》也说:"然人类恒因土地相近,种族相近者,建为特别之团体,有统一制裁之权,谓之国家。所以弥各种社会之缺憾,而使之互保其福利者也。故社会之范围,本无界限,而以受范于国家者为最多。"③杨志洵所编之《中等修身教科书》则曰:"世界非黄金世界,将择其适于天演者。舍国民之思想而何取乎? 故兹所论之社会,则狭义之社会也。"④至于土山湾印书馆所出之《哲学提纲伦理学》,则直接译 De Societatc Civili 为"国会"。⑤

对于社会成立之机制,这些书籍一般也做了探讨。樊炳清所译《伦理教科书》曰:"与国家无直接之关系,因而不在一定法律制度之下,唯其生存幸福与同利害之人民之间,所有之结合体,称之曰社会。"⑥张纯一《伦理学》则认为"社会本人事保持安生乐利之

---

① 蔡振:《(订正)中学校用修身教科书》,上海:商务印书馆,1912 年 5 月 9 版,第 61 页。
② [日]井上哲次郎、[日]高山林次郎:《伦理教科书》,樊炳清译,第 1 页上。
③ 蔡振:《(订正)中学校用修身教科书》,第 61 页。
④ 杨志洵:《中等修身教科书》,第 31 页上。
⑤ 姚准:《哲学提纲伦理学》,上海:土山湾印书馆,1921 年重印,第 213 页。
⑥ [日]井上哲次郎、[日]高山林次郎:《伦理教科书》,樊炳清译,第 1 页上。

道,自然而为交际,以互相结合者也"。①

　　社会与个人之关系如何呢? 麦鼎华所译《中等教育伦理学》曰:"个人与社会之关系,非机械之比,固有精神血脉以相联贯,实成一有生机体。个人之荣枯,即共社会之盛衰,同其运命。故生于一国社会之上者,当以自己为主位。""吾人既生于发达已久之社会,则吾人对社会之关系,比之父子之关系,亦无不可。"②在此情形下,个人对社会有应尽之义务:"夫吾人之义务,虽因其种类境遇,各有不同,然不外进则力谋公益,及退则勉求不害他人。""谋公益,非必以己身,而供他人之牺牲也",但如有必要,则"或为祖先,或为父母,或为亲戚朋友,或为社会全体","固不可爱惜身命"。③ 陆费逵《伦理学大意讲义》则批判了边沁、密尔等所代表之个人、社会独立说和黑格尔代表之个人为社会手段说(当然均是在陆所理解之下),提倡社会与个人关系的"完全论","个人与社会分离而为单独,则不成价值,必相待而成意义,故加完全说。以心理学的社会学的考察,则应曰:第一须理会人人所居之社会如何而顺应之;第二须理会人人性能如何而谋其满意。必为统一的又为合理的,如是而已矣。所谓顺应社会者,遵由其社会之秩序也。使人人性能统一的、满意者,伸人之自由也。合而言之,遵由社会之秩序,而伸人人自由之谓也"。换句话说,即"我乃小社会,社会乃大我也"④。

　　以上二著还基本上以个人与社会之利益趋于协和,而樊炳清

---

① 张纯一:《伦理学》,上海:广学会,1911 年,第 72 页。
② [日]元良勇次郎:《中等教育伦理学》,麦鼎华译,第 16 页下、第 16 页上。
③ [日]元良勇次郎:《中等教育伦理学》,麦鼎华译,第 16 页上、第 27 页上。
④ 陆费逵:《伦理学大意讲义》,第 42 页。

所译《伦理教科书》则宣扬纯然利他之精神:"吾人之安宁幸福,不问细大,俱社会由直接或间接,而赐与吾人之恩惠耳。果然,则吾人之对社会,不可无当尽之义务。即不计一身一家之利益,而普为社会公众,以求增其利福是也。夫为溥公益,拓世务,为社会而成就永久之功业,甘置一身之利害于不顾,斯勿愧为社会之一员。纯然利他之精神,乃道德之尤高尚者。"①

王国维所译元良勇次郎《伦理学》注意到"社会"所带来的正义观上的变化:"古代各人相互之正义的概念,大为社会的概念所吸收,而变其观念之意味,计一个人之利害时,务不反于公共之利害,至以社会之利害为最上之标准,而助社会之进化者名之曰正,反是则名之曰不正。"②麦鼎华所译《中等教育伦理学》也强调"公德之基础","即增加社会之幸福"。③ 至于具体的原则,"自由以他人之自由为界"的原则屡次被强调,④个人应享权利最重者为生命、财产、名誉三项。社会与个人利益在一般情况下是统一的,但在发生冲突的时候,还是要以社会为重,"有时己与社会不能两利,则不得不据群学己轻群重之理,宁献身以利社会也"。⑤

---

① [日]井上哲次郎、[日]高山林次郎:《伦理教科书》,樊炳清译,第2页上。
② [日]元良勇次郎:《伦理学》,王国维译,载谢维扬、房鑫亮主编《王国维全集》第16卷,杭州:浙江教育出版社,2009年,第646页。
③ [日]元良勇次郎:《中等教育伦理学》,麦鼎华译,第10页下—第11页上。
④ [日]元良勇次郎:《中等教育伦理学》,麦鼎华译,第17页上;法贵庆次郎讲,胡庸诰、路黎元、吴阳实、范鸿准合编:《伦理学》,无出版社、出版时间,第62页;张纯一:《伦理学》,第90页;蔡振:《(订正)中学校用修身教科书》,第63页。
⑤ 张在此引用了严复所译斯宾塞群学保种三大公例:"民未成丁,功食为反比例;民已成丁,功食为正比例;群己并重,则舍己为群。"见张纯一《伦理学》,第79页。

第四节 "社会"之强化及消解

赴日之前,刘师培也是"公德"观的重要提倡者。他所称的公德,自然包括了国家和社会。他解释"公德"之定义曰:"公德者,由个人对于一群者也;私德者,由个人对于一身一家者也。"[1]刘师培之《伦理教科书》特别偏重"社会伦理":"社会伦理者,即个人对于一群之伦理也。社会合众人而后成,故个人即为社会之分子。就个人而言之,谓之幺匿,或谓之小己。合一群而言之,谓之拓都,或谓之团体。拓都为幺匿之范围,幺匿为拓都所限制。此即个人与社会之关系也。"刘认为,社会之成立,在于保存生存,社会对人有重要作用,一曰"人非社会,不能自奉",二曰"人非社会,则不能自卫"。是以个人之苦乐,悉由社会之苦乐而分:"未有社会皆乐而个人独苦者,亦未有社会皆苦而个人独乐者。保全社会,正所以保全一身。身在社会之中,未有社会不保全而能保全一身之理。"[2]

公德之范围既为一群,而中国之民,却"上不与国接,中不与群接,惟受范于一族之中"。[3] 中国伦理思想中国家伦理和社会伦理不甚发达,其原因即是"家族思想为之阏隔"。[4] 其结果是有私德

---

① 《公德篇》,原载《警钟日报》1904年4月10日、11日,见万仕国辑《刘申叔遗书补遗》,第144页。
② 刘师培:《伦理教科书》,载钱玄同整理《刘申叔遗书》,第2059—2060页。
③ 刘师培:《伦理教科书》,载钱玄同整理《刘申叔遗书》,第2058页。
④ 刘师培:《伦理教科书》,载钱玄同整理《刘申叔遗书》,第2058页。

而无公德："社会之伦理,皆由家族伦理而推,而一群之公益不暇顾矣。"①

为提倡公德之故,刘师培又对传统之义利观进行批判："昔仓颉之造字也,自营曰私,背私曰公。然按之社会之公理,则未必尽然。夫人生之初,莫不有自营自私之念。然兴利除害,非一己之力所能胜也。必与人相赖相倚而己乃有以自存。此公德所由起也。"②"盖野蛮之民,无公共之观念,知利己,而不知利物之亦为利己。及人群进化,知利物之正为利己,于是牺牲一己之私益,以图公益之保存。是则公与私,正互相表里。利他心者,又即利己心之变相,曷尝有相背之义哉?"③

刘论述过中国之所以缺乏社会伦理的三个方面原因。其一为宗法制度之阻碍。"中国自三代以来,帝王有帝王之宗,士民有士民之宗,农人有农人之宗,故以宗法治家,即以宗法治国,使贵者不至降为贱,卑者不敢抗其尊,以维天下之治安。秦汉以降,民间习俗相沿,仍宗法时代之遗风。既存宗法之遗风,此中国之伦理所由偏崇家族也。"④刘论到中西之不同所在:"西洋以人为本位,中国以家为本位。故西洋以个人为幺匿,社会为拓都。拓都幺匿之间,别无阶级。而中国则不然。个人社会之间,介以家族。"⑤这明显是受了严复的影响。

---

① 刘师培:《伦理教科书》,载钱玄同整理《刘申叔遗书》,第 2058 页。
② 刘师培:《伦理教科书》,载钱玄同整理《刘申叔遗书》,第 2058 页。
③ 刘师培:《伦理教科书》,载钱玄同整理《刘申叔遗书》,第 2058 页。
④ 刘师培:《伦理教科书》,载钱玄同整理《刘申叔遗书》,第 2047 页。
⑤ 刘师培:《伦理教科书》,载钱玄同整理《刘申叔遗书》,第 2057—2058 页。

其二为君主制度之压制。刘总结中国人民公德不修及社会伦理薄弱的原因之一为中国"无真公私"。无真公私,乃由于专制政体之进化,使中国所谓公德者,皆指对于一家一姓而言,非对于国民团体者言:"观中国之解公字者,或借为王公之公,又与官字同义。此非三代以后始然也。"刘解释说,《诗经》讲"雨我公田,遂及我私","其所谓公者,皆专属之朝廷之君主";"后世以降,暴君代作,据本非己有之物以为公,而于民所自营之业目为私。于民则禁其为私,于己则许其为私。盖至此而中国无真公私矣。乃其励民也,则又托公而忘私之名,以使之忠于一姓。及其图公事、谋公益,则又加以束缚,使之不获自由。此人民所由先私而后公也"。① 在此问题上,刘师培挖掘了顾亭林之说曰"合天下之私,以成天下之公","有公无私,此后代之美言,非先王之圣训"。②

其三则为"无完全之社会"。刘说,"故欲人民有公德,仍自成立完全社会始。欲成立完全社会,贵于有党。党也者,万物之公性情也。无论何物,均有吸力及爱力。党也者,由相爱相吸二力而成者也","民各有党,又必自事各有会始。事各有会,庶对于社会之伦理可以实行也"。既有社会之后,则人人均可委身于社会之中。③

有社会,则必有社会之规则。刘认为:"使个人之所为,与他人无与,则不必谋于一群,而一群不得施其干涉。故有完全自主之权。然所行所为,不可不属于社会者,必一己之外,利害有涉于他人。利害既涉于他人,则不得不受社会之节制。此社会规则所由

---

① 刘师培:《伦理教科书》,载钱玄同整理《刘申叔遗书》,第2058页。
② 刘师培:《伦理教科书》,载钱玄同整理《刘申叔遗书》,第2058页。
③ 刘师培:《伦理教科书》,载钱玄同整理《刘申叔遗书》,第2071页。

起也。"社会规则之要点,则在于权利义务互相平均,是以知有己而不知有人,或知有人而不知有己,皆有所偏。①

赴日以后,受无政府主义思想影响,②刘的国家观与之前几乎呈相反之势。③ 如刘在赴日前曾论"新中国之宗教者,以国家为至尊无对,以代上帝。一切教义,务归简单;且随人类之智识,经教会若干议员之允可,可得改良。既经群认为教义,则背之者为叛国家,由众罚之,以代地狱;有功于国家,若发明家、侵略家、教育家,由众赏之,以代天堂"④。其对国家之推崇无以复加。而接受无政府主义以后,则曰:"国家者,非能保卫人民者也,乃以蹂躏人民为善策者也。国家之主权,均握于少数在上之人,则所谓人民为国家服役者,即为少数在上者服役已耳。"⑤刘所办之《天义报》宣称宗旨为:"破坏固有之社会,颠覆现今一切之政府,抵抗一切之强权,以实行人类完全之平等。"⑥

---

① 刘师培:《伦理教科书》,载钱玄同整理《刘申叔遗书》,第 2060 页。
② 刘赴日后对无政府主义的接受过程,可见[日]嵯峨隆《近代中国の革命幻影——劉師培の思想と生涯》,東京:研文出版,1996 年,第 81—84 頁。
③ 关于刘师培对无政府主义之接受,从较综合的因素去考虑,可见经盛鸿《论刘师培的三次思想变化》,《东南文化》1988 年第 2 期;陈奇《信仰支撑的崩坍——刘师培堕落原因再探》,《史学月刊》2002 年第 6 期。较多从思想发展方面去考虑,见王汎森《刘师培与清末的无政府主义运动》,原载《大陆杂志》第 90 卷第 6 期(1995),收入王汎森《中国近代思想与学术的系谱》,台北:联经出版公司,2003 年,第 221—239 页。
④ 无畏(刘师培):《醒后之中国》,原载《醒狮》第 1 期,1905 年 9 月 29 日,见万仕国辑《刘申叔遗书补遗》,第 446 页。
⑤ sun sou(刘师培):《论国家之利与人民之利成一相反之比例》,原载《衡报》第 1 号,1908 年 4 月 28 日,见万仕国辑《刘申叔遗书补遗》,第 1025 页。
⑥ 《天义报广告》,原载《民报》第 15 期,1907 年 9 月 25 日,见万仕国辑《刘申叔遗书补遗》,第 652 页。

　　"实行人类完全之平等"之后的社会究竟是何形态? 可从刘《人类均力说》一文窥其一斑。他说:

　　　　夫均力主义者,即以一人而兼众艺之谓也。欲行此法,必破坏固有之社会,破除国界,凡人口达于千人以上,则区画[划]为乡。每乡之中,均设老幼栖息所。人民自初生以后,无论男女,均入栖息所;老者年逾五十,亦入栖息所,以养育稚子为职务。幼者年及六龄,则老者授以文字,五年而毕(……)。由十龄至于二十龄,则从事实学。此十年中,半日习普通科学,即知识上之学是也;(……)半日习制造器械,即民生日用必需之物也,均以老者为老师。(……)夫民生日用之物,不外衣、食、居三端。三端而外,厥惟用物。习艺之期,既限以十年,故年逾二十,即可出而作[做]工。及若何之年,即服若何之工役,递次而迁。及年逾五十,则复入栖息所之中。①

　　刘此文,以"人类平等"为出发点,显然更强调平等而非自由。相似之思想还在《无政府主义之平等观》一文中有所表露。②《天义报》第 3 卷何震复幸德秋水函称:"幸德君及堺君之意,在于实行人类完全之自由,而震意则在实行人类完全之平等。立说之点,稍有不

---

① 申叔(刘师培):《人类均力说》,原载《天义报》第 3 卷,1907 年 7 月 10 日,见万仕国辑《刘申叔遗书补遗》,第 705 页。

② 申叔(刘师培):《无政府主义之平等观》,原载《天义报》第 4、5、7 卷,1907 年 7 月 25 日,见万仕国辑《刘申叔遗书补遗》,第 732 页。

同。"①表明了他们与幸德秋水的不同。不过这只是刘和何早期的看法,这时他们对无政府主义理论的了解还很有限。② 随着对无政府主义理论的关注,他对克鲁泡特金学说有了更多的介绍和吸收。③

刘总结克鲁泡特金学说要点为"欲以自由集合之团体,代现今之国家政府,以共产之制代现今财产私有之制"。这种主张,以克氏互助说和无中心说为学理基础。于互助说,克鲁泡特金认为"人类有互相扶助之天性",并认为应从宽大处解释达尔文之"生存竞争"说。克并引《物种起源》道:"动物进化,当代竞争以协和。及竞争易为结合,斯其种益迁于良。所谓良种,非必赖其强与巧也。其所尚,惟在扶持结合。"④于无中心说,克则认为"各物之作用,均由各体调和而成,决不受中心及外界之支配"。⑤

刘师培总结克鲁泡特金之要旨曰:"以上二说,均援引科学,而其重要之旨,则在于证明人类之自然结合。故所著《无政府主义之

---

① 震(何震):《幸德秋水来函案语》,原载《天义报》第 3 卷,1907 年 7 月 10 日,见万仕国辑《刘申叔遗书补遗》,第 711 页。

② 日本外务省 9 月 16 日报告称:"张继及刘师培与本邦社会主义者之间在语言上尚不能进行充分沟通,因此不能进行细微的研究与解释。"此时张、刘已组织了社会主义讲习会,并请幸德秋水和堺利彦做了两次报告。见郑匡民《社会主义讲习会与政闻社》,载郑匡民《西学的中介:清末民初的中日文化交流》,成都:四川人民出版社,2008 年,第 443 页。

③ 不过,在日本"直接行动派"看来,刘师培等虽努力学习他们,但是与他们还尚有一段距离,刘等"未必真正地理解社会主义"。见郑匡民《社会主义讲习会与政闻社》,《西学的中介:清末民初的中日文化交流》,第 473—474 页。

④ 申叔(刘师培):《苦鲁巴特金学术述略》(今译苦鲁巴特金为克鲁泡特金),原载《天义报》第 11、12 卷合册,13、14 卷合册,见万仕国辑《刘申叔遗书补遗》,第 888 页。

⑤ 申叔(刘师培):《苦鲁巴特金学术述略》,载万仕国辑《刘申叔遗书补遗》,第 890 页。

哲学》既引科学证明,至其要归,复谓各体彼此调和,则成自然之秩序;彼此失调和,则冲突以生。"所谓"自然之秩序",即"人类互相扶助而成共产无政府之社会"。①

在互助观的影响下,刘对义利观也有了新的看法,认为:"昔儒家者流,分义、利为两途,以义为公,以利为私;以义为天理,以利为人欲。以为人欲净尽,天理乃存。宋儒、明儒,均昌此说。由平昔观之,觉立说稍近迂疏。然近岁以来,观于中国人心之陷溺,然后知挽回中国之人民,必首辨义利之界。"②刘进一步评论道:"戴(震)氏自居于圣贤,敢为骇俗之论,然名为骇俗,实则败俗。盖中国人民富于自营之念,特囿于前修学术,故以利己为讳言。及戴氏之说昌,以为理寓于欲中,不必讳言自利,而焦、阮诸氏又竞和其说,治汉学者咸便之。今则边沁、弥儿之言,渐由西方输入,均以乐利标其宗,而功利学派之书,复以非利物不能利己,且谓人类只有利己心,利他则为变相。此说一昌,民竞趋利。蓄于心者为功利,对于外者为强权。又以戴氏之书,亦以营利为美德,足破前儒义利之辨,而民德之肆,乃不可胜言矣!"③

虽以"人类互相扶助而成共产无政府之社会"为目标,但刘师培心中之理还有更高者,即斯撒纳尔(Max Stirner)之无政府主义。斯氏之无政府主义,认为社会主义"除灭资本家、富豪而代之以社会",如是则"社会挟资本、经济,可以命令吾人也"。因此,"社会自

---

① 申叔(刘师培):《苦鲁巴特金学术述略》,载万仕国辑《刘申叔遗书补遗》,第890页。

② 《论近日人心之陷溺》,原载《申报》1907年1月26日,见万仕国辑《刘申叔遗书补遗》,第464页。

③ 申叔(刘师培):《非六子论》,原载《天义报》第8—10卷合册,1907年10月30日,见万仕国辑《刘申叔遗书补遗》,第816—817页。

由主义,仅能除富济贫,与以一般之自由。至于个人绝对之自由,仍无由发现也"。那么真正之自由如何呢?"人道上自由,乃人间完全之自由也。其自由达于最上之域,无何等之制限,又无何等之私曲,以各具自由之状态";"我于人道之社会,不得有人己之见存,一任人人各现其个人之性。人人各忘其为己之心,盖视人犹己者神也"。①刘师培评论斯氏之主张曰:"盖斯氏之旨有二。一以国家之虚妄与宗教同,一以无政府而有团体,仍不足以达进化之极境。"并举花蕊为例:"今征之植物,凡花蕊未放之先,合众瓣于一苞;及其既放,则众瓣各自呈露。以此例征之人类,则合个人于团体之中者,状犹瓣含于一苞之中也。众瓣含于一苞之为未放之花,则众人合于一团体,亦为未进化之民。"②刘评价克鲁泡特金学说曰:"苦氏(即克鲁泡特金——引者)言无政府归于自由结合,异于斯氏个人无政府之说也。""苦氏之说,则用之无政府之世,足以便民。若斯氏之说,则较苦氏为尤高,然近今之人民决无此程度。盖近今之民,决不能舍群而独立,故无政府之后,惟苦氏自由集合之说,最为适宜;异日物质文明倍为进步,或一切事物可以自为自用,则斯氏之说,或有实行之一日。"③刘总结说:"欲求最上之进化,必至个人各遂我性始。斯氏所言,诚确论也。"④由极端之自由出发,

①《斯撒纳尔无政府主义述略案语》,原载《天义报》第 8—10 卷合册,1907 年 10 月 30 日,见万仕国辑《刘申叔遗书补遗》,第 824—825 页。

②《斯撒纳尔无政府主义述略案语》,见万仕国辑《刘申叔遗书补遗》,第 825 页。

③ 申叔(刘师培):《苦鲁巴特金学术述略》,见万仕国辑《刘申叔遗书补遗》,第 894 页。

④《斯撒纳尔无政府主义述略案语》,见万仕国辑《刘申叔遗书补遗》,第 825 页。

实意味着社会之消解。① 不过刘之认同还只在理想上,他当时宣扬之无政府主义,还主要为社会无政府主义一派。②

小　结

清末"群"及"社会"话语的形成,带来了伦理观念上的重大变化。原有的"三纲""五伦"中的公共伦理方面被新的群己关系、国家—个人关系、社会—个人关系取代。新的群己关系、国家—个人关系、社会—个人关系主张小己或个人在一群或一社会下的平等关系,对君主制是一个有力冲击。在"社会"话语之下,即"绝迹不与人交者",仍对社会有应尽之义务,是对个人与其生存环境关系的重新界定。

正如严复、梁启超等人及晚清伦理教科书中所表现的那样,晚清知识分子在论述群己关系或社会与个人关系的时候,多强调两者之间的一致,但同时也指出当两者发生冲突时应以群或社会为重。更有甚者,如梁启超借颉德之学说,提倡个人为社会牺牲。至于刘师培无政府主义一派,在"平等"与"自由"的观照下,排斥"国

---

① 刘的主张虽主要从平等、自由之理想出发,但也受到儒家"大同"思想和德性观及道家思想影响。见路哲《中国无政府主义史稿》,第 61 页;张灏《危机中的中国知识分子:寻求秩序与意义》,高力克、王跃译,北京:新星出版社,2006 年,第 192、201 页;王汎森《反西化的西方主义与反传统的传统主义——刘师培与"社会主义讲习会"》,载王汎森《中国近代思想与学术的系谱》,第 234 页。
② 参见申叔(刘师培)《欧洲社会主义与无政府主义异同考》,《天义报》第 6 卷,1907 年 9 月 1 日,见万仕国辑《刘申叔遗书补遗》,第 770—771 页。

家",强调由互助构成的新社会。但对斯撒纳尔个人无政府主义的同情,对团体的排斥,实已消解了"社会"。①

---

① 清末同样宣扬无政府主义的《新世纪》一派,则与此不同,因刘师培同时还受到道家学说的影响。见路哲《中国无政府主义史稿》,第61页。

第三部分

民初"社会"话语的流行与"社会"内涵的转变

第七章　民国初年"社会"话语的流行与内涵转变

　　民国初年的新文化运动,因其在近代中国思想和政治史上的重大意义,一直是学界关注的重点之一。[①] "社会"是新文化运动中的一个关键词。有学者注意到:"从五四青年的文字中可以看到,他们往往在摸索各种问题的解决办法之后,归纳到'社会'上来,认为是黑暗的'社会'造成这一切。"[②]鉴于此,有学者提出"五

---

① 近年来的研究,对"新文化运动"的多歧性有了更多认识。甚至有学者提出,"新文化运动"是在五四运动后由国民党和江苏教育会所发动。不过本章所称的"新文化运动",还是按学界的惯常用法。相关研究,参见欧阳军喜《国民党与新文化运动——以〈星期评论〉〈建设〉为中心》,《南京大学学报(哲学·人文科学·社会科学版)》2009 年第 1 期;桑兵《"新文化运动"的缘起》,《澳门理工学报(人文社会科学版)》2015 年第 4 期;周月峰《五四后"新文化运动"一词的流行与早期含义演变》,《近代史研究》2017 年第 1 期;桑兵《〈新青年〉与新文化运动》,《学术月刊》2020 年第 5 期;周月峰《错位的"战场":孙中山与胡适的"新文化运动"》,《广东社会科学》2021 年第 1 期。

② 王汎森:《"主义时代"的来临——中国近代思想史的一个关键发展》,收入王汎森《思想是生活的一种方式:中国近代思想史的再思考》,北京:北京大学出版社,2018 年,第 170 页。

四研究的'社会史'化",其中一层含义就是"五四前后'社会'作为一个论域的产生以及如何替代其他主题的历史"。①

事实上,黄碧云早就注意到五四运动"除了是文化运动外,也是政治运动,但并非是一单纯的政治运动,而是非常重视'社会改造'的运动",并就民国建立初期(1912—1915)和五四时期的"社会"观念,做了探讨。② 不过黄文对民国建立初期"从注意政治转移到社会方面"的原因,分析并不明确;对于民国建立初期和五四时期"社会"话语的内在关联,也关注不够。邹小站在一篇文章中提醒,"谈到新文化运动的兴起,人们也往往只将民初的政治、社会情况看作一般性的历史背景,对其兴起之初的思想倾向、思想议题与民初思想之间的关联少有深度的发掘"。邹文所挖掘的与新文化运动之兴起有关系的民初思想倾向,主要包括从国家主义、强有力政府论到关注个人权利、个性解放,从政治改造到思想文化改造,以及对孔教的批判。③ 事实上,如果考虑到"社会"话语从民国建立初期到新文化运动兴起,以及"五四"前后的演进,认识会有一些不同。本章拟先由转向"社会"这一角度考察民国建立后中国知识界的重要动向,再探讨"五四"前后"社会"内涵的转变。

---

① 杨念群:《"五四"九十周年祭——一个"问题史"的回溯与反思》,北京:世界图书出版公司,2009 年,第 15 页。此书后增补为《五四的另一面——"社会"观念的形成与新型组织的诞生》(上海:上海人民出版社,2019 年)。
② 黄碧云:《清末民初知识分子的"社会"观念》,台湾"清华大学"硕士学位论文,1996 年。
③ 邹小站:《民初思想与新文化运动的关联》,《湖南科技大学学报(社会科学版)》2019 年第 4 期。

第一节　转向"社会":民国建立初期(1912—1915)中国知识界的新动向

1.民国成立后国会政治的运行及时人反思

如同有学者所言,"民国建立之后,言论界的重心是政治"。① 国会是人民主权和民国的象征,国会又与政党密不可分。正是在对民初国会与政党政治运行实践的反思中,民初知识分子逐渐把视野扩大到了政治以外。

在临时参议院北迁前后,各大政党次第成立。② 北京临时参议院在 1912 年 4 月 29 日召开第一次大会,到了 1912 年 7 月,章士钊已对当时主要政党根本否定,发为"毁党造党"之论。章氏言:"政党,救国美名也,然在今日,无论何党皆未易以此名奉之。必欲奉

---

① 王汎森:《"主义时代"的来临——中国近代思想史的一个关键发展》,载王汎森《思想是生活的一种方式》,第 167 页。
② 同盟会于 1912 年 3 月 3 日改组为政党,统一共和党于 1912 年 4 月 11 日成立,统一党于 1912 年 3 月 2 日成立,共和党(合并了统一党主要势力)于 1912 年 5 月 9 日成立,民主党成立于 1912 年 9 月 27 日。由同盟会、统一共和党及其他党派合并的国民党成立于 1912 年 8 月 25 日,由共和党、民主党、统一党三党合并而成的进步党成立于 1913 年 5 月 29 日。见张玉法《民国初年的政党》,台北:"中研院"近代史研究所,1985 年,第 2 章第 2—3 节。

之,非毁而再造不可。"①章之言论,并非对政党制度根本否定,而是认为当时之政党有意气而无政纲,故发为此论。至1912年11月,黄远庸对政党则已有根本怀疑,黄氏称:

> 自有此三党(指共和党、民主党、国民党——引者),而雄才大略之袁君,得以操纵而左右之,而政治监督之基础益坏。自有此三党,入主出奴,党同伐异,而中国几无公是非,无真毁誉。一般无耻之官僚,反得利用为护符,而立于不败之地。自有此三党,而烂头烂胃之徒,纷纷蠢动,皆足分党中之余润以为活,而徒以痛苦吾真正之国民。自有此三党,而吾国民始无同仇敌忾之心。自有此三党,而金钱重于政策,极力植其党徒,于是吾国民始无廉耻无气节。自有此三党,全国稍有才力聪明之士,各据旗帜,奋矢相攻,彼此立于不共戴天之地,而全国乃骚然内讧,以坐待他人之宰割。②

黄此时简直以政党为万恶之渊薮。12月19日,黄更在《少年中国周刊》发为"不党"之言,认为:"然今日政党之甘为万恶之傀儡,则

---

① 章氏之言论受到了众多非议,吴稚晖即为反对者之一。但吴持论之根据乃就实行上着眼,而于章氏所指当时政党之缺点,则未能作有力之反击。见行严(章士钊)《毁党造党》,《民立报》,1912年7月27日,收入章含之、白吉庵主编《章士钊全集》第2卷,上海:文汇出版社,2000年,第441页;吴敬恒《政党问题——致〈民立报〉记者》,收入章含之、白吉庵主编《章士钊全集》第2卷,第448—453页。
② 黄远庸:《三党合并论》,1912年11月27日,原载《少年中国周刊》,收入《远生遗箸》卷1,北京:商务印书馆,1984年增补影印版,第4—5页。

国家之忧也。"①

1912年底,正式国会选举开始。相对于1909年咨议局选举而言,选举规模扩大了24倍。② 但选举规模的增加并没有相应带来时人对其合法性的认同。相反,选举中所暴露出来的问题,更增加了知识分子对议会政治的质疑。在众议院及地方议会议员选举时,《时事新报》即一直跟踪报道,针对议员买票之行为,做了很多揭露,甚至称当选之议员与清代捐官之知县、知府相似,为"捐班议员"。③《民立报》亦报道说初选选票价格有二角到五角,复选票价可以达到一二百元,参议员的选票价格更高。④ 其他选举之乱象,如强迫选举等事,也层出不穷。⑤

1913年4月8日正式国会开幕后,临时参议院时期的"乱象"并未消失,反而因政治形势恶化而有愈演愈烈之势。因选举议长问题,竟然又出现之前临时参议院"不死不活"之现象,即每以不足法定人数无从开议。⑥《申报》至于讽国会为"茶寮",意为"人人发

① 黄远生:《不党之言》,1912年12月19日,原载《少年中国周刊》,收入《远生遗箸》卷1,第19页。但其实黄远庸之后并未能真正脱党,在进步党成立后,尚任进步党交际科主任。(张玉法:《民国初年的政党》,第120页。)

② 选举规模扩大给国会选举造成的影响,参见张永《民国初年的进步党与议会政党政治》,北京:北京大学出版社,2008年,第144—148页。

③ 老圃:《捐班议员》,《时事新报》,1913年1月9日,第2张第2版。

④ 张永:《民国初年的进步党与议会政党政治》,第129页。

⑤ 散人:《江苏省议会星散之原因》,《时事新报》,1913年3月1日,第1张第2版。

⑥ 上之:《不足法定人数有感》,《申报》,1913年4月23日,第1版。此时争论问题为选举议长细则,国民党主张议长选举用有记名,共和党、民主党、统一党三党主张无记名。对于细则的起草,国民党主张两院合起草,其他三党主张分院起草。至4月24、25日方分别通过议长、副议长互选规则,参议院采记名投票法,众议院采无记名投票法。见张玉法《民国初年的政党》,第305—306页。

言,而无一静听者"①。5月7日,因讨论大借款问题,国民党众议
院议员吕复、陈策忽将钉在桌上之墨盒拔下,投掷向代理议长陈国
祥。② 之后国会乱斗之情况屡现,不仅增加了双方的恶感,更加重
了国会"捣乱"之名。③ 在1913年5月时,一直参与党事的章炳麟
对政党、议会大为失望,在致黎元洪书中,章言道:"浃旬以来,默观
近状,乃知中国之有政党,害有百端,利无毛末,若者健稳,若者暴
乱,徒有议论形式之殊。及其偕在议院,胡越同舟,无非以善腾口
舌为名高,妄扩院权为奉职,奔走运动为真才,斯皆人民之蠹蠹,政
治之秕稗,长此不息,游民愈多,国是愈坏。"章甚至进而称"夫政党
本为议院预备,而议院即为众恶之原〔源〕"。④

　　幕后人物之操纵、政党分子之复杂都增加了政党活动的乱象
和国会议事的难度。国会议员自定年俸为6000元,⑤舆论对议员
之失望达于极点。《申报》评论说:"夫议员月俸五百元,使在平时
不为巨也。其亦知今日值财政之困、以借债为国之时代乎? 议员
而能实心为国、议事有当,费此六千元一年不为巨也,其亦知开会

---

① 上之:《茶寮议会》,《申报》,1913年4月30日,第1版。
② 思南:《众议院纪事》,《时事新报》,1913年5月12日,第2张第1版;《众议院纪
　　事》,《宪法新闻》第6期,1913年5月18日;一子:《议院之悲观》,《时事新报》,
　　1913年5月13日,第1张第2版。
③ 5月12日,因大借款速记录,进步党议员曹汝霖与速记科科长张僧鸾发生冲突。
　　无名:《武力议会》,《申报》,1913年5月9日,第2版;《参议院国党行凶详情》,
　　《时事新报》,1913年5月17日,第2张第1版。
④ 章太炎:《与副总统论政党》(1913年5月),载汤志钧编《章太炎政论选集》,北京:
　　中华书局,1977年,第648—649页。
⑤ 后来调整为5000元。见《议院法》(1913年9月27日公布),《东方杂志》第10卷
　　第5号,1913年11月1日。

三月,终日捣乱而未有一事之成绩乎? 行政部之腐败不待言矣,然仅以此事行政部与立法部比较,转觉行政部之人员尚有良心而所谓议员者良心丧尽矣。呜呼,议员!"①

梁启超曾描述国会从初始之肩负众望到迅速失去人望之过程说,"(国会——引者)自肇建以来,声光销歇,日甚一日,未及三月,而天下之望殆已尽去",甚至"凡百秽德,众所具瞻,不待吾之指数,抑亦非吾之所更忍言也"。② 以今日眼光看,这些评论不免有过当之处,后来当事人亦有反省。③ 但这些评论却在很大程度上代表了当时一般人对国会的观感。时人对道德问题的反思,正是在民国建立后国会政治运行的背景下进行的。

2. 对道德问题的关注

"民主非德不立"④,严复早在翻译《法意》时,就已注意到道德对民主政治之重要。民国建立之后,"共和国尚道德"之说不绝于

---

① 无名:《议员俸金》,《申报》,1913 年 7 月 11 日,第 2 版。

② 梁启超:《国会之自杀》,《庸言》第 1 卷第 15 号,1913 年 7 月 1 日。

③ 吴贯因曾言:"民国初元之国会,其建白不满人意,故当时之报章,盛指摘之,即鄙人亦尝指摘之焉。虽然,在今日而问诸前此言论家之天良,鲜有不悔其指摘之过当者也。"吴贯因:《追评民国初元国会之程度》,《大中华》第 1 卷第 8 期,1915 年 8 月 20 日。

④ 相同意思者在《法意》中有多处表述,见[法]孟德斯鸠《法意》,严复译,北京:商务印书馆,1981 年,第 29、32 页。

耳。① 在时人看来,道德问题并未因革政而好转,反而是每况愈下。② 李燕民有感于人心风纪之沦丧,投函《独立周报》论述道:"光复之后,道德日益堕落,凶狡者狼狈横行,卑鄙者蝇狗倚附,举横逆苟且、世所不齿不齿之言行,前所自掩惟恐不及者,今乃暴之于光天化日下,而恬不知耻,且不为怪。似社会一切伦纪防闲,悉随专制政体以澌灭,不足凭吾人所践守也者。"回应章士钊毁党造党之论,白坚武认为非"毁人造人"不可③。而有人认为"合而观之,举国宁止无一完人,举国几无一不可杀之人"④。

张东荪曾在1915年初反思道:"今之政府固为吾人所不满意,然设使吾人而组织政府,国之大必非二三人所能治理也,能与吾人共事者有几人乎?"张反思之结论曰:"中国国运之兴也,不在有万能之政府,而在有健全自由之社会。而健全自由之社会,惟由人民之人格优秀以成之。"⑤张将论述的重心由政府转移到"社会",而"社会"的入手渠道,则在个人。

这一时期的知识分子谈到道德、人格之时,所指究竟是谁的道

---

① 见荄兹《论国民当以道德心为巩固共和之根本》,《独立周报》第1年第9期,1912年11月17日;茹诲(范茹诲):《道德与威权之消长谈》,《进步》第9卷第1号,1915年11月。

② 张灏曾论述普世王权在传统文化观念上的意义。从这个意义上讲,辛亥革命后王权的彻底瓦解不啻思想史上的一大标志。见张灏《中国近代思想史的转型时代》,收入张灏《时代的探索》,台北:联经出版事业股份有限公司,2004年,第37—60页。

③ 李燕民:《兴王学以救时(投函)》,《独立周报》第1年第5期,1912年10月20日。

④ 孤翔:《时事抗议(一)》,《独立周报》第28—29合期,1913年4月20日。

⑤ 张东荪:《中国之将来与近世文明国立国之原则》,原载《正谊》第1卷第7号,1915年2月15日,收入左玉河编《中国近代思想家文库——张东荪卷》,北京:中国人民大学出版社,2015年,第62、68页。

德、谁的人格？恐怕主要还是指精英阶层的道德、人格。如梁启超
在 1913 年初即言，所谓"国中之中坚"，竟成"最下流之人"："我国
今日，固未尝无所谓上流社会者，其所谓上流社会，在国中固亦常
占中坚之地位。然其人格之卑污下贱，则举国亦无出此辈之右。
盖在中国今日之社会，非巧佞邪曲险诈狠戾不足以自存，其稍稍自
好之士，已入于劣败之数。其能崭然现头角者，皆其最工于迎合恶
社会而扬其波者也。故名则上流社会，而实则下流莫此为甚。以
最下流之人而当一国之中坚，国人共矜式焉，则天下事可知
也。"①对此时的知识分子来说，政党与议员之无党见、自私、易被收
买操纵等特点给他们留下了深刻印象，前文讨论舆论对政党和国
会观感之变迁时对政党党员、议员之道德问题，已多有描述，兹不
再论。此处特讨论民初知识分子对道德问题产生原因之探讨、提
出之解决方案及部分知识分子自身之反思。

　　对于造成道德堕落之原因，时人多注意到社会变迁之影响。
如杜亚泉认为："今日就政治言，其势力已破坏殆尽。微特专制政
治之势力，固不能复容。即共和政治之势力，亦未易成立。他如强
权盛而旧道德之势力失，迷信破而旧宗教之势力堕。个人独立，女
权扩张，而家族制度男女关系之旧风习，均不能维持其势力。"在此
情境下，新道德、新宗教、新风习，势力不盛，社会之精神遂陷于"惝
恍无凭"之"怀疑时代"。"怀疑时代"之下，"其弥漫于吾社会之间
者，物质之势力也。物质之种类甚多，而其代表之者则为金钱。今

---

① 梁启超：《欧洲政治革进之原因》，《庸言》第 1 卷第 5 号，1913 年 2 月 1 日。

日之独占势力于吾社会者,金钱而已矣"。① 范丽海则直接评论说:
"须知我国今日之乱源,论者每以为旧道德堕落而然。深探其实,
则因旧道德之不足以支配新学问、新事业而然。"②黄远庸也认为少
数人无耻之病根,一由于国民无道德之根柢,二由于现代思潮之
薄弱。③

既然如此,如何提高国民道德呢? 大致可分为三派,一派主张
回复传统之旧道德(如提倡朱学、王学),另一派提倡新道德(其中
又可分为对传统道德加以抛弃者和对传统道德加以改造者),还有
一派提倡各种宗教以巩固道德。返旧与提倡宗教以巩固道德者此
处不论,④就开新一派而言,如汪精卫就提出人道主义为救世良方:
"然则求可以进中国之民德者,宜莫人道主义若矣。人道主义,以
博爱平等自由为质。博爱者,由人类之良心而生者也。能博爱,则
己欲自由,必不夺人之自由。"⑤杜亚泉也认为应提倡克罗帕得肯
(克鲁泡特金——引者)协力互助之说,以矫正生存竞争说带来之
恶影响。⑥ 且杜亚泉欲改造旧道德以合新时势之需要:"然则今后
之道德当若何? 曰,变其不合时势者一二端可已。变者什一,不变

---

① 伧父(杜亚泉):《论社会变动之趋势与吾人处世之方针》,《东方杂志》第 9 卷第 10
　号,1913 年 4 月 1 日。
② 丽海(范丽海):《评亚飞〈中国以伦理改革为必要说〉》(原文附于所评文后,此标
　题为笔者加),《进步》第 5 卷第 1 号,1913 年 11 月。
③ 黄远庸:《无耻之由来》,《远生遗箸》卷 1,第 52—54 页。
④ 民初宗教之勃兴,可参见韩华《民初孔教会与国教运动研究》,北京:北京图书馆出
　版社,2007 年。
⑤ 汪精卫:《〈民德报〉发刊词》,《东方杂志》第 9 卷第 11 号,1913 年 5 月 1 日。
⑥ 伧父(杜亚泉):《精神救国论》,《东方杂志》第 10 卷第 1、2 号,1913 年 7 月 1 日、8
　月 1 日。

者仍什九也。"需要改变之内容包括:改服从命令之习惯而为服从法律之习惯,推家族之观念而为国家之观念,移权利之竞争而为服务之竞争。①

《进步》杂志主编范皕诲针对民初之乱象,提出"革心"主张。范首先提出,"共和为世界最高尚之政体",但为何在中国"行之而不能无害"呢? 这是因为:"共和与专制之间,有鸿沟焉,名曰革命;共和国民与专制国民心理之间,有鸿沟焉,名曰革心。革命而未革心,则虽共和矣,而国民心中所习惯者专制也,所欣羡者,亦惟专制。一语言之间,无非专制之名词;一动作之间,不脱专制之故态。"②范之"革心",实"思想"之代名词,非仅道德而已。

值得注意的是,这一时期部分知识分子不仅批评社会、他人之道德,甚至对自身及知识分子阶层也产生了怀疑。③ 杜亚泉在1914年有言:"是故吾侪今日,不必讨论吾侪之社会,当如何改革。但研究吾侪之个人,当如何改革而已。不必悬想吾侪之社会,当改革之使成如何之社会,惟考念吾侪之个人,当改革之使成如何之个人而已。……吾侪欲改革社会,而不从个人着手,不从自己之个人着手,不揣其本而齐其末,则其改革之结果,亦惟有增官僚之腐败,纵

---

① 高劳:《国民今后之道德》,《东方杂志》第10卷第5号,1913年11月1日。

② 皕诲(范皕诲):《吾国共和之前途》,《进步》第4卷第5号,1913年9月。值得说明的是,范皕诲此时为基督教青年会书报部干事,他的"革心"思想,可能与青年会"人格救国"宗旨相关。不过从不同背景下所提出的相似思想,更能反映一个时代的风气变迁。

③ 近代知识分子自我形象的转变,参见王汎森《从新民到新人——近代思想中的"自我"与"政治"》,收入王汎森编《中国近代思想史的转型时代——张灏院士七秩祝寿论文集》,台北:联经出版事业公司,2007年,第171—200页。不过王先生关注点集中在清末与五四时期,对民国肇建初期知识分子的自我怀疑,未有关注。

党人之暴乱已耳。于社会何益之有哉?"①在中日"二十一条"交涉结束后,梁启超曾沉痛地说,众人深恶痛绝之官僚、党人,皆"士大夫"也,"士大夫学无专长,事无专业,无一知而无一不知,无一能而无一不能,谓此一群士大夫不可用,更易一群,其不可用如故也"。②

在这种对自身之怀疑与批判下,出现了一股忏悔思潮,其中最著名者当然就是黄远庸。③早在1914年初,黄远庸就提出知识分子应该忏悔:"然则今日非吾人怨望愤恨烦闷之时,乃吾人椎心泣血深自忏悔之时也。非吾人日暮途远倒行逆施之时,乃吾人闭门反省补过迁善之时也。故须知中国今日成此局面,吾人自身实负有十分之九之罪恶。"④1915年帝制运动兴起后,黄远庸因不愿附从帝制运动而远遁美国,但对自己一度之软弱,怀有深深的内疚。他在致章士钊信中言:"远本无术学,滥厕士流,虽自问生平并无表见,然即其奔随士夫之后,雷同而附和,所作种种政谈,至今无一不为忏悔之材料。盖由见事未明,修省未到,轻谈大事,自命不凡。亡国罪人,亦不能不自居一分也。"⑤黄并论述道:"夫欲改革国家,必须改造社会。欲改造社会,必须改造个人。社会者国家之根柢

① 伧父(杜亚泉):《个人之改革》,《东方杂志》第10卷第12号,1914年6月1日。
② 梁启超:《痛定罪言》,《大中华》第1卷第6期,1915年6月20日。
③ 除黄远庸外,如白坚武于1915年提出"今国民忏悔之期至矣,政府忏悔之期亦至矣"。(白惺亚:《政治忏悔论》,《甲寅》第1卷第8号,1915年8月10日发行)当然,随着政治形势日趋紧张,亦有人对"忏悔"说提出质疑,如黄戮民投函《甲寅》,称:"今日者贼梗于心,柴生于膈,其奚从忏悔之也?"(黄戮民:《国家与我:致〈甲寅〉杂志记者》,《甲寅》第1卷第10号,1915年10月10日。)
④ 远生(黄远庸):《消极之乐观》,《庸言》,第1、2号合刊,1914年2月15日,收入《远生遗箸》卷1,第116—123页。
⑤ 黄远生(黄远庸):《释言》,《甲寅》第1卷第10号,1915年10月10日。

也,个人者社会之根底也。国家吾不必问,社会吾不必问,他人吾亦不必问。且须先问吾自身。吾自身既不能为人,何能责他? 更何能责国家与社会?"①黄所提出之答案是:"继自今,提倡个人修养,提倡独立自尊,提倡神圣职业,提倡人格主义。"②他声言"余固知今日之与余同具忏悔观念者,正不乏人也"③。这种知识分子对自身的怀疑与否定,既表达了他们对改造自身之渴望,又表明一种新势力兴起之必要。

无论是"革心"还是"忏悔",这一时期知识分子在"社会"层面对于道德问题的立论,主要是针对精英层的,这与在政治思想和政治问题上主要针对普通民众是有区别的。

3. 对民众政治思想与政治意识的关注

选举政治,本以选举人为最后之裁判。政党政治,也以民意为后援。1912 年,当章士钊发为"毁党造党"之论时,黄远庸即深以无真正之民意基础为忧,"政党既为舆论政治之媒介,则政党之分立,即舆论政治之分野"。"惟国民不能人人参与政治,故以政党为之代表","惟政党不能孤立而居代表之名,故必有真正一部之舆论为之后援"。政治家最后之手段,在于"诉之于最后之舆论",而"最后舆论之所从出",则"不外国民政治思想发达,对于一政策之是非,有完全或不甚完全之判解力"。但中国国民之程度,"恐吾人不能

---

① 远生(黄远庸):《忏悔录》,《东方杂志》第 12 卷第 11 号,1915 年 11 月 10 日。
② 远生(黄远庸):《忏悔录》,《东方杂志》第 12 卷第 11 号,1915 年 11 月 10 日。
③ 远生(黄远庸):《忏悔录》,《东方杂志》第 12 卷第 11 号,1915 年 11 月 10 日。

不为痛心也"。①

后来舆论对国会议员不满时,即有论者悲叹国民心理之不能表达:"吾民今日殆日在捣乱中过日子耳。……嗟乎国民,汝而欲借汝所举之代表间接以亡我民国也,则亦已耳。如不欲任亡国之咎,则汝虽不能撤销汝之代表,汝独不能一表现其所委托于代表之真正心理乎? 独不能一表现今日国会之主张实非汝之心理乎? 独不能切责汝所举之代表使改邪而归正乎? 呜呼,国民,汝慎无自馁,汝实负最终裁判之责,而亦握最终裁判之权者也。存亡之机,间不容发,念之哉! 念之哉!"②

在国会与政府争执之时,李大钊谓总统、议员同为民选,然皆不可恃:"黎庶之患,不患无护权之政制,患在无享权之能力。"李得出结论说:"夫权,非能假人,亦非能假诸人者。享之不胜,自为强有力者所袭取耳!"③之后当袁世凯政府与国会因宪法问题而争执之时,更有论者担心国民不能为国会之后盾:"国会果能得国民之后盾乎? 未可知也。后日有必至之现象,则以官僚为前锋,而武力为后劲,此恐非宪法所能束缚,亦非国会所能抵抗。"④

国会停顿后,谷钟秀曾悲愤地写道:"今日之国会,无论程度如何,确由完全民选而来,谓国会成绩寥寥,诚无可讳饰。而必诋其不足代表真正人民之公意,不知真正之公意安在?"⑤但是谷后来也

---

① 黄远生:《铸党论》,1912 年 8 月 20 日,《远生遗箸》卷 2,第 93—102 页。

② 希真:《谨疏国会之成绩以告国民》,《时事新报》,1913 年 6 月 1 日,第 1 张第 1 版。

③ 李钊(李大钊):《论民权之旁落》,《言治》第 1 年第 3 期,1913 年 6 月 1 日,中国李大钊研究会编注:《李大钊全集》第 1 册,北京:人民出版社,2006 年,第 40—43 页。

④ 《宪法纷争之究竟》,《时事新报》,1913 年 10 月 28 日,第 1 张第 2 版。

⑤ 谷钟秀:《国会之究竟》,《正谊》第 1 卷第 1 号,1914 年 1 月 15 日。

不得不承认,国会停顿后所出现之复古趋势乃"进化必经之阶级",因"一国之政治,一群政治能力之返影也。故大多数之人民有如何之程度,即政治上呈如何之现象,此不可逃之事实也"。①

平心而论,假如国会解散后袁世凯政府能够选贤任能,实行所谓"强善政府""保育政策",②那么时人对第一次国会试验,未必会有过多依恋。无奈如汪馥炎所述:"民国建立未三载,而政象诡谲,愈演愈奇。在昔国基初奠,党派鸱张。世风凉薄,民德未纯。议论以意气争持,行事则阴私讦诟,朝野倾轧,不可终日。"于是强善政府、保育政策之议起。无奈"赣宁之役"后,"政尚独裁,强固有之,未见其善","社会民气萧索,几绝生机,不暇救亡,遑言保育"。言至此,汪笔锋一转,论道:"社会根基深厚,人民自治之能力,足使政府慑而不敢侮;社会根基薄弱,政府强制之压力,每迫人民畏而不能伸。故社会善良,进而改革政治,政治、社会,乃日相得以彰。社会不善良,而徒希望政治修明,不独政治修明不可期,而社会元气先已为之销损矣。"③汪在此所称之社会根基薄弱,主要指人民之政治知识和参政实力。

黄远庸继梁启超主编《庸言》时期,慨然以"社会"为重点:"事

---

① 谷钟秀:《论政治复古》,《正谊》第 1 卷第 4 号,1914 年 4 月 15 日。

② "强善政府""保育政策",似从梁启超语而来,惟梁启超《中国立国大方针》中初称"强有力政府""保育政策",后在《进步党宣言书》和《进步党党章》中称"强善政府"。见梁启超《中国立国大方针》(1912 年 12 月—1913 年 1 月),载汤志钧、汤仁泽编《梁启超全集》第 8 集,第 420、424 页;《进步党宣言书》《进步党党章》,载章伯锋、李宗一主编《北洋军阀》第 1 卷,武汉:武汉出版社,1990 年,第 458—463 页。梁文印成后,共和建设讨论会曾印 2 万册,后又在《庸言》报刊登,影响甚广。(丁文江、赵丰田编:《梁启超年谱长编》,上海:上海人民出版社,2009 年,第 403 页)

③ 汪馥炎:《社会与舆论》,《甲寅》第 1 卷第 4 号,1914 年 11 月 10 日。

到今日,吾人已深知一社会之组织美恶,决非一时代一个人一局部之所为。在此大机轴中,一切材料及动静,无不为其因果。而向者之徒恃政论或政治运动以为改革国家之道者,无往而非迷妄。"鉴于此,黄提出《庸言》"于政治的记述以外,凡社会的理论及潮流,与社会事实,当为此后占有本报篇幅之一大宗也"。① 在黄看来,过去国人多把改良政治寄希望于个人或族姓,不知中国社会为何物,甚而不知中国政治为何物,如今方悟到社会或种族方为政治之根本。从此,将来之希望无穷。

朱执信在二次革命后逃到日本,他把议会政治之失败归结于国民心理无共是共非:"即如中国骤从专制而至共和,其人民只知有共和,而于共和一名辞之内包(各属性),初未尝领会,则其所共是非者之范围至疏阔也。"在此情景下,一旦政治出现反动,"则神武总统总揽统治权,国会党祸之说代之而兴",这是因为"国民心理之所共是非者,太茫漠而无限界也"。② 以此论之,国会之腐败,人民责无可逃:

> 夫国会本无固有之势力,皆假之于人民。而人民方委命于袁,斯固无责于国会。即日议员可以利诱势劫者,吾人民其遂能以谓责不在己耶。……换言之,则议员之选举属于政治之事。而政治之事,在各个人初未认为自己之事,虽于政治之

① 远生(黄远庸):《本报之新生命》,《庸言》第 1、2 号合刊,1914 年 2 月 15 日,收入《远生遗箸》卷 1,第 102—106 页。
② 前进(朱执信):《革命与心理》,《民国》第 1 年第 4 号,1914 年 8 月,收于广东省哲学社会科学研究所历史研究室编《朱执信集(增订本)》上,北京:中华书局,2013 年,第204 页。

害恶甚畏恶之,而不知倒恶政府立良政府者,各个人有能动之力,非徒受动者也。既已以受动者自安,则于组织国家机关之事,亦似代国家为此选举而不悟其为自己为之。从而其所选者恶,亦曰国家之组织此议会恶而已,不计己之选之之恶也。故于新选之议员未有一二举动,而谤声满于国中。此其证议员之不适任者为多乎? 抑证选民之无责任者为多乎? 吾知智者不踌躇而选后之答案也。由是观之,人民以政治为非己事者,国会腐败之根源,而袁氏之势劫利诱未足算也。①

1914 年 11 月,在日本协助章士钊办《甲寅》杂志的陈独秀发表《自觉心与爱国心》一文,②批判盲目的"爱国心",并把矛头指向民众无"自觉心":"盖一国人民之智力,不能建设共和,亦未必宜于君主立宪,以其为代议之制则一也。代议政治,既有所不行,即有神武专制之君,亦不能保国于今世,其民无建设国家之智力故也。民无建国之力,而强欲摹拟共和,或恢复帝制,以为救亡之计,亦犹瞽者无见,与以膏炬,适无益而增扰耳。夫政府不善,取而易之,国无恙也。今吾国之患,非独在政府。国民之智力,由面面观之,能否建设国家于二十世纪,夫非浮夸自大,诚不能无所怀疑。"③

----

① 前进(朱执信):《革命与心理》,《民国》第 1 年第 4 号,1914 年 8 月,收于广东省哲学社会科学研究所历史研究室编《朱执信集(增订本)》上,第 209—210 页。

② 关于此文争议及前后情况,参考唐宝林、林茂生编《陈独秀年谱》,上海:上海人民出版社,1988 年,第 63—65 页;任建树《陈独秀大传》,上海:上海人民出版社,1999 年,第 98—105 页。

③ 独秀(陈独秀):《自觉心与爱国心》,《甲寅》第 1 卷第 4 号,1914 年 11 月 10 日,收入任建树主编《陈独秀著作选编》第 1 卷,上海:上海人民出版社,2009 年,第 146—150 页。

《东方杂志》主编杜亚泉早就认为虽然国已共和,但人民对共和之原理未尝有多少了解:"我国民之推翻专制创立共和者,固欲于事实上维持国家之势力,非欲于原理上主张天赋之人权。是以民国成立以后,政府间有非共和的行动,受反对党之责难者,一般论者,辄以'国家为前提'之一语,抵制反对党,袒助现政府。意即但求事实上之利,则于共和之原理如何,不妨暂置之勿论。"①戴季陶也认为国民对共和立宪政治,毫无感觉。他举了一个生动的例子:

> 一日予在某处,晤一退伍军人,其人为革命时曾充北伐军营长者,与谈往事,颇多兴趣。其人慷慨激昂,论当日议和之非,最后慨然太息曰:"我们正欲拼命疆场,他们忽然共和了。"予忽然闻此奇绝之语,初不能索解,卒然问曰:"共和为何?"其人曰:"革命便革命,革命尚未成功,他们南北忽然讲起和来,说甚么共和不共和,岂不气人。"听至此,始知此君以为共和即南北媾和之谓,共是共同,和是和议,共同和好,从事止兵,是之谓共和。妙想天开,真足令人绝倒。

基于此,戴开出药方:"而今而后,欲使共和巩固,不先从根本上作〔做〕起,使人人了解共和真义,一般人民尚不解共和为何物,欲其保障共和,不亦难乎?"戴接着说:"欲国基巩固,政治良美,非造成

---

① 伧父(杜亚泉):《共和政体与国民心理》,《东方杂志》第 9 卷第 5 号,1912 年 11 月 1 日。

国民良美之公意不可。"①

如何造成"国民良美之公意"？提倡孔教的张尔田在 1914 年认为应当要求实行约法上集会、出版、言论三大自由，从而养成"真正市民"。② 身在日本之李大钊认为应当从事于国民教育，则"十年而后，其效可观"③。梁启超也认为运用现代政治所必需之条件，"舍社会教育外更有何途可致者？"④

以教育（非仅学校教育）提高国民智识，或许已为老生常谈。但从知识分子在此前后不约而同地把关注点放在民众之共和观念和参政实力上，可以看到风气之转变。而正是在"造成国民良美之公意"的背景下，戴季陶提出要改革文字："一国的发达与否，全在人民智识程度的高低。开发人民智识，有许多方法，最要紧的便是文字。文字工〔功〕用，在于普及。作文的人要是只求高深，不顾看文字的人明白不明白，就是作文字的大罪过。……中国不仅至〔只〕是政治专制，连文字也是专制的。"⑤黄远庸在主编《庸言》之始即认为徒恃政论或政治运动改革国家之道乃是迷妄，同时亦提出"今有一物最足激励感情发抒自然之美者，莫如文学。窃谓今日中国，乃文艺复兴时期。……自今以往，将纂述西洋文学之概要，

---

① 思秋楼主（戴季陶）:《一知半解》,《民国》第 1 年第 1 号,1914 年 5 月 10 日,收于唐文权、桑兵编《戴季陶集》,武汉：华中师范大学出版社,1990 年,第 695—701 页。
② 张尔田:《民意》,《甲寅》第 1 卷第 4 号,1914 年 11 月 10 日。
③ 李大钊:《论民权之旁落》,《言治》第 1 年第 3 期,1913 年 6 月 1 日,收入中国李大钊研究会编注《李大钊全集》第 1 册,第 40—43 页。
④ 梁启超:《政治之基础与言论家之指针》,《大中华》第 1 卷第 2 期,1915 年 2 月 20 日。
⑤ 季陶（戴季陶）:《独语》,《民国》第 1 年第 4 号,1914 年 8 月 10 日,收于唐文权、桑兵编《戴季陶集》,第 801—806 页。

天才伟著,所以影响于思想文化者何如,冀以筚路蓝缕,开此先路"。① 新文化运动中的文学革命,可视为此种想法的延续。

1917 年,陈独秀在一次讲演时说:"我们中国多数国民口里虽然是不反对共和,脑子里实在装满了帝制时代的旧思想,欧美社会国家的文明制度,连影儿也没有。"陈并进一步评论道:"袁世凯要做皇帝,也不是妄想;他实在见得多数民意相信帝制,不相信共和,就是反对帝制的人,大半是反对袁世凯做皇帝,不是真心从根本上反对帝制。"②《青年杂志》创办于 1915 年 9 月。在相当于发刊词的《敬告青年》中,陈独秀说道:"青年之于社会,犹新鲜活泼细胞之在人身。……社会遵新陈代谢之道则隆盛,陈腐朽败之分子充塞社会则社会亡。"③陈在 1914 年即认识到"一国人民之智力,不能建设共和,亦未必宜于君主立宪"④,其视"伦理的觉悟"为"最后之觉悟",⑤并明确以"介绍西方学说,改造社会"为《新青年》唯一之宗

① 《本报之新生命》,初载于《庸言》,收入《远生遗箸》卷 1,第 103—106 页。黄并在其后致书章士钊,谓"至根本救济,远意当从提倡新文学入手。综之,当使吾辈思潮,如何能与现代思潮相接触而促其猛省"。(黄远庸:《释言》,《甲寅》第 1 卷第 10 号,1915 年 10 月 10 日。)
② 陈独秀:《旧思想与国体问题——在北京神州学会讲演》,原载《新青年》第 3 卷第 3 号,1917 年 5 月 1 日,收入任建树主编《陈独秀著作选编》第 1 卷,第 333 页。
③ 陈独秀:《敬告青年》,原载《青年杂志》第 1 卷第 1 号,1915 年 9 月 15 日,收入任建树主编《陈独秀著作选编》第 1 卷,第 162 页。
④ 独秀:《自觉心与爱国心》,《甲寅》第 1 卷第 4 号,1914 年 11 月 20 日,收入任建树主编《陈独秀著作选编》第 1 卷,第 149 页。
⑤ 陈独秀:《吾人最后之觉悟》,原载《青年杂志》第 1 卷第 6 号,1916 年 2 月 15 日,收入任建树主编《陈独秀著作选编》第 1 卷,第 201—204 页。

旨,①可以说是民国建立初期(1912—1915)知识界对精英道德和民众政治意识关注的延续。

　　林毓生把第一代知识分子(戊戌时期)和第二代知识分子(新文化运动时期)的思想倾向共同概括为"借思想文化以解决问题的途径",并把这种思想倾向归因于"一元论和唯智论思想模式的中国传统文化倾向"的影响,同时认为"社会政治条件"对这种思想倾向的影响"不是决定性的,而只是辅助因素"。② 实则即使我们承认中国知识分子心目中有根深蒂固的"借思想文化以解决问题的途径",也不代表他们在任何时候都坚持以"借思想文化以解决问题"为优先。比如林曾经举以为例的梁启超,虽然在戊戌时期曾经主张变法之本在开民智、开学校、变科举,但同时又说"一切要其大成,在变官制",而"变官制"的核心,又在于开议院。③ 也就是说,不能把"借思想文化以解决问题的途径"和知识分子具体的政治主张等同起来,否则就不能解释为何戊戌年间随着政治机会的出现,改良派迅速转向政治活动,以及为何新文化运动后期也同样转向政治活动。

　　儒学通常被称为"道德实践"之学,对道德的关注,自为传统儒学的重心。陆宝千在论晚清名儒倭仁"根本之图在人心不在技艺"时认为,此处之"人心",对上而言,乃指"君心之诚正",对下而言,

① 陈独秀:《答孔昭铭(介绍西学)》,原载《新青年》第 2 卷第 4 号,1916 年 12 月 1 日,收入任建树主编《陈独秀著作选编》第 1 卷,第 276 页。

② 林毓生:《中国意识的危机》,贵阳:贵州人民出版社,1988 年,第 48 页。

③ 梁启超:《论变法不知本原之害》(1896—1897 年),载汤志钧、汤仁泽编《梁启超全集》第 1 集,第 31 页;梁启超:《古议院考》(1896 年 11 月 5 日),见汤志钧、汤仁泽编《梁启超全集》第 1 集,第 125 页。

乃指"社会风气"。同时陆论倭仁学术之大端时将其归纳为三点:格君心、正风俗、重讲学,其中尤以讲学为主,盖"以讲学为手段,对上而言,以之格君心,对下而言,以之正风俗"。[①] 民国建立初期知识分子对道德和民众政治意识的关注,诚然有儒家思想的影响在。不过这里应当注意三点不同:第一,"社会"概念的产生对时人的思维模式产生了重大影响。社会有机体观念自清末开始即逐渐流行,在社会有机体观念之下,社会与政治的关系受到相关理论的影响,超出于传统儒家之外。第二,在对"人心"的考虑上,与儒家传统偏重道德不同,自严复提出"民智""民德""民力"之后,对"民智"的关注即占据一个比较重要的位置。第三,共和政治的实现带来了政治参与的扩大。梁启超在1913年5月对共和政治之实践进行反思,把共和国之"政本"归于"多数之人民及其代表"。[②] 在此前提下,精英的道德和民众的政治意识才显得尤其重要。

应当注意,虽然民国建立初期随着对实际政治运行的反思,精英的道德和民众的政治意识受到关注,"社会"也渐渐成为知识界论述的重心,新文化运动的兴起即与这一转向有关。不过,因政局的转换,并非所有出现这一动向的知识分子都坚持了这一转向。随着洪宪帝制运动的推进,梁启超等进步党人,朱执信、戴季陶、谷钟秀等国民党人,又纷纷投入迫切的政治活动中去了。但是,随着新文化运动影响日趋扩大,研究系(原进步党)和国民党人又纷纷

① 陆宝千:《清代思想史》,上海:华东师范大学出版社,2009年,第329、332页。
② 梁启超:《多数政治之试验》(1913年5月16日),载汤志钧、汤仁泽编《梁启超全集》第8集,561页。

汇入其中,加上新势力,①形成强有力的"运动"洪流,"社会"的重要性在"五四"前后日益凸显。② 只是在这时,其内涵与指向也发生了重大变化。

第二节 "五四"前后"社会"话语的流行与"社会"内涵的转变

五四运动前后,对"社会"的论述不仅在数量上增加了,"社会"的内涵也发生了重大变化。

1. 无政府主义、社会主义的传播与"社会"话语的流行

如第五章所述,无政府主义和社会主义,在晚清时已有一定传播,无政府主义者尤为"改造社会"之先锋。1911 年 9 月,江亢虎在上海组织"社会主义研究会",出版《社会星》杂志,介绍"社会主义"学说。武昌起义后,江组织成立"中国社会党",提倡"纯粹社会主义"。实则,江氏的"社会主义"不过是一种社会政策而已。③

---

① 此处所谓"新势力",主要指新成长起来的"学生辈"。关于"五四"前后的"学生辈",参见马建标《学生与国家:五四学生的集体认同及政治转向》,《近代史研究》2010 年第 3 期。

② 当然,此处只是从直接源头上来讲,无意否认其后的政治局势(如张勋复辟、俄国十月革命、五四运动、巴黎和会等)和世界思潮(如社会主义在全球范围内的流行)所带来的影响。

③ 师复:《孙逸仙江亢虎之社会主义》,原载《民声》第 6 号,1914 年 4 月 18 日,见葛懋春、蒋俊、李兴芝编《无政府主义思想资料选》上,北京:北京大学出版社,1984 年,第 287—289 页。

1912 年 11 月,沙淦、太虚等人脱离中国社会党,另创"社会党",提倡"极端社会主义",接近于无政府主义。但是沙淦、太虚等人对无政府主义的了解不够,其宣扬的主张颇多附会与矛盾之处。①

民国成立初期,对无政府主义了解较深并努力加以宣传的是刘师复。刘师复在清末为革命党人,曾因谋炸广东水师提督李准炸伤左腕,后不得已截去左手。1912 年 4 月,刘在广州建立无政府主义社团——晦鸣学舍。7 月,刘因信仰无政府主义,废去姓氏,改名为师复。② 晦鸣学舍编辑出版《晦鸣录》,宣传无政府主义,后改名为《民声》。

《晦鸣录》第 1 期刊登了师复所作《无政府浅说》,对无政府主义做了大致介绍,将其主要内容概括为取消强权,破除私有财产制度,实行共产主义,消灭阶级差异。师复论述道德与强权之关系时说:"人类道德之不良,由于社会之恶劣;社会之恶劣,由于有政府。若万恶之政府既去,人类道德必立时归于纯美,不必俟久远高深之教育者也。"师复也谈到无政府主义者的"社会"观:"将来无政府之世,无私产,无家族,社会为个人之直接团体,个人为社会之单纯分子,人人各为社会尽力工作,所获得之幸福(即以工作而得之衣食住交通等等),己与人共享之,所作所为,无一非为己,亦无一非为人。"③

师复《无政府共产主义释名》一文还将无政府主义与社会主义

---

① 路哲:《中国无政府主义史稿》,福州:福建人民出版社,1990 年,第 134 页。
② 路哲:《中国无政府主义史稿》,第 136—137 页。
③ 师复:《无政府浅说》,原载《晦鸣录》第 1 号,1913 年 8 月 20 日,见葛懋春等编《无政府主义思想资料选》上,第 272—273 页。

做了区分。他谈道:"无政府党未有不主张社会主义者,故无政府主义可以兼赅社会主义;社会党则多数不主张无政府主义者,故社会主义不能代表无政府主义。又况'社会主义'一语,近世已习用为集产社会主义之简称,尤与无政府党所主张相抵触。"①这里的"集产社会主义",主要用于指社会主义中马克思一派的主张。

1915 年,陈独秀在《青年杂志》第 1 卷第 1 号上即称,近代文明,"最足以变古之道,而使人心社会划然一新者,厥有三事",即人权说、生物进化论、社会主义。② 可见陈对社会主义,不仅熟悉,且比较认可。

新一波"社会主义"思潮的传入,以及无政府主义思潮在"五四"前后的泛滥,与俄国十月革命及欧洲的社会主义潮流有关。十月革命爆发后,《民国日报》在 1917 年 11 月 10 日、11 日、13 日、20日做了连续报道。③ 但是这些报道多是对俄国政局的记载,关于俄国革命的理念方面的内容还比较少。1917 年 11 月号《太平洋》杂志上的一篇文章,对俄国革命的理念有所涉及。这篇文章在解释十月革命的原因时说:"俄民以处于极端贵族专制政体之下,阶级嫉视之观念已深。晚近新兴工商业渐渐发达,资本家与劳动社会

---

① 师复:《无政府共产主义释名》,原载《民声》第 5 号,1914 年 4 月 11 日,见葛懋春等编《无政府主义思想资料选》上,第 280—281 页。

② 陈独秀:《法兰西人与近世文明》,《青年杂志》第 1 卷第 1 号,1915 年 9 月 15 日。

③ 《突如其来之俄国大政变》,上海《民国日报》1917 年 11 月 10 日;《俄国大政变之情形》,上海《民国日报》1917 年 11 月 11 日;《俄国大政变之混乱》,上海《民国日报》1917 年 11 月 13 日;《俄国大局之混乱》,上海《民国日报》1917 年 11 月 20 日。转引自吕延勤主编《马克思主义在中国早期传播史料长编(1917—1927)》上册,武汉:长江出版社,2020 年,第 1—6 页。

相互嫉视,阶级观念又复增强一度。"①这些内容涉及俄国革命中的阶级对立。

首先以"社会革命"称呼俄国革命的,就笔者目前所见,乃是《劳动》上所发表的《俄罗斯社会革命之先锋李宁(列宁——引者)事略》。《劳动》是吴稚晖等无政府主义者在五四运动前所办的一份刊物。② 这篇文章称,"现在我们中国的比邻俄国,已经光明正大的〔地〕做起贫富一班齐的社会革命来了"③。

到了 1918 年 7 月 1 日,李大钊在《法俄革命之比较观》中盛赞俄国革命,称法兰西革命是 18 世纪末期之革命,"是立于国家主义上之革命",俄国革命是 20 世纪初期之革命,"是立于社会主义上之革命",并称赞其为"世界的新文明之曙光"。④ 10 月,他进一步欢呼,"一战"的结束,不是"联合国"的兵力战胜德国的兵力,而是"德国的社会主义战胜德国的军国主义",俄罗斯的革命"不独是俄罗斯人心变动的显兆,实是廿世纪全世界人类普遍心理变动的显兆"。⑤

---

① 沧海:《革命后之俄罗斯政变》,《太平洋》第 1 卷第 8 号,1917 年 11 月 15 日,载吕延勤主编《马克思主义在中国早期传播史料长编(1917—1927)》上册,第 8 页。

② 中共中央马克思恩格斯列宁斯大林著作编译局研究室编:《五四时期期刊介绍》第 2 集(上),北京:生活·读书·新知三联书店,1979 年,第 167 页。

③ 持平:《俄罗斯社会革命之先锋李宁事略》,《劳动》第 1 卷第 2 号,1918 年 4 月 20 日,见吕延勤主编《马克思主义在中国早期传播史料长编(1917—1927)》上册,第 11 页。

④ 李大钊:《法俄革命之比较观》,原载《言治》第 3 册,1918 年 7 月 1 日,见张士儒、韩立成主编《李大钊全集》第 3 卷,石家庄:河北教育出版社,1999 年,第 56—59 页。

⑤ 李大钊:《Bolshevism 的胜利》(1918 年 10 月 15 日),原载《新青年》第 5 卷第 5 号,见张士儒、韩立成主编《李大钊全集》第 3 卷,第 105—110 页。

新潮流不仅来自俄罗斯和欧洲,也来自日本。《每周评论》介绍说:"吉野博士平日喜谈社会主义,在帝国大学政治史讲坛上,专讲社会主义的历史,所以他所组织的黎明会亦带几分社会主义色彩。"①

李大钊等的欢呼得到了青年的回应。罗家伦在《新潮》创刊号上宣称"现在的革命,不是以前的革命了! 以前的革命,是法国式的革命。以后的革命,是俄国式的革命";"以前法国式的革命,是政治革命;以后俄国式的革命,是社会革命"。② 傅斯年也表示:"中欧各国起了社会革命了! 俄国式的革命到了德意志了。从此法国式的革命——政治革命——大半成了过往的事;俄国式的革命——社会革命——要到处散布了。"③

风声所播,从 1919 年 5 月 5 日起,以马克思 101 周年诞辰为契机,《晨报》刊登了"马克思研究"系列文章,包括马克思的《劳动与资本》(今译《雇佣劳动与资本》)、考茨基(Karl Johann Kautsky,1854—1938)的《马克思的经济学说》和《马氏唯物史观概要》等文章。④ 1919 年 9 月,《新青年》也出版了"马克思研究号"。⑤ 此号文章包括顾兆熊《马克思学说》、黄凌霜《马克思学说批评》、周作人

---

① 原文字句顺序有误,据内容稍作调整。见《日本政治思想的新潮流》,《每周评论》第 7 号,1919 年 2 月 2 日。

② 罗家伦:《今日之世界新潮》(1918 年 11 月 20 日),《新潮》第 1 卷第 1 号。

③ 孟真(傅斯年):《社会革命——俄国式的革命》,《新潮》创刊号,1919 年 1 月 1 日。

④ 吕延勤主编:《马克思主义在中国早期传播史料长编(1917—1927)》上册,第 30 页。

⑤ 此号所标日期为 1919 年 5 月,据刘维、杨琥考证实际出版时间为 1919 年 9 月。见杨琥《李大钊〈我的马克思主义观〉一文若干问题的探讨》,载牛大勇、欧阳哲生主编《五四的历史与历史中的五四——北京大学纪念五四运动 90 周年国际学术研讨会论文集》,北京:北京大学出版社,2010 年,第 319—323 页。

所译《俄国革命之哲学的基础(下)》、陈启修《马克思的唯物史观与贞操问题》、陈溥贤《马克思的唯物史观》《马克思奋斗的生涯》、刘秉麟《马克思传略》,以及李大钊《我的马克思主义观(上)》。在这组文章中,马克思的生平,共产主义社会的特点、剩余价值观、唯物史观、阶级斗争学说,都得到了介绍。不过在此时,并不是所有译、作者都完全同意马克思的学说。比如顾兆熊谈到了"修正派"对马克思学说的批评,并称"我们对于这些问题的意见,大致是与修正派相同的"。① 黄凌霜作为无政府主义者,更是谈到了无政府主义者对马克思学说关于国家组织方面的批评。②

潮流所及,"社会主义"风靡全国。《新潮》在介绍新出的《解放与改造》时,特以"注重社会主义"为标榜。③ 周佛海在 1920 年底宣称"社会主义为救现代社会一切恶弊的万能药","近一年来谈社会主义的杂志很多,虽其中也有短命的,但是都似乎有不谈社会主义,则不足以称新文化运动的出版物的气概"。④ "不谈社会主义,则不足以称新文化运动的出版物",足见"五四"后社会主义与新文化运动不可分割的关系。

在社会主义思潮的影响下,《新青年》所传播的民主主义得到了扩展。如李大钊在《劳动教育问题》一文中所说,"Democracy 就是现代唯一的权威","战后世界上新起的那劳工问题,也是 Democracy 的表现。因为 Democracy 的意义,就是人类生活上一切福

① 顾兆熊:《马克思学说》,《新青年》第 6 卷第 5 号,1919 年 9 月。
② 凌霜:《马克思学说批评》,《新青年》第 6 卷第 5 号,1919 年 9 月。
③ 《书报评论:〈解放与改造〉》,《新潮》第 2 卷第 2 号,1919 年 12 月。
④ 周佛海:《实行社会主义与发展实业》(1920 年 12 月 10 日),《新青年》第 8 卷第 5 号。

利的机会均等。劳工们辛辛苦苦生产的结果,都为少数资本家所垄断、所掠夺,以致合理工作的生产者,反不得均当的分配,断非Democracy 所许的"。① 陈独秀也根据杜威的观点,把"民治主义"分为政治的民治主义、民权的民治主义、社会的民治主义、生计的民治主义四个方面,提出在以"社会生活向上"为目的的前提下,政治和经济两方面的民治主义是达到上述目的的两大工具。在这两大工具中,"应该置重社会经济方面的",认为"关于社会经济的设施,应当占政治的大部分",而"社会经济的问题不解决,政治上的大问题没有一件能解决的",也就是说,"社会经济简直是政治的基础"。②

社会主义的传播,巩固了"社会"一词在"五四"前后的核心地位。《时事新报》副刊《学灯》发表启事称,特别欢迎关于"社会问题""劳动问题""产业组合""妇女问题以及其他社会改良问题之著作与译稿"。③ 戴季陶观察到,"今年所发生的新出版品,无论是月刊、旬刊、周刊,都是注目在社会问题,政治问题差不多没有人去研究"④。

虽然"社会主义"与"社会问题""社会改造"不是一事,但三者之间有正向的相关关系。依戴季陶的概括,"社会改造"运动,包括

① 守常(李大钊):《劳动教育问题》,《每周评论》第 9 号,1919 年 2 月 16 日。

② 陈独秀:《实行民治的基础》,《新青年》第 7 卷第 1 号,1919 年 12 月。

③ 《〈学灯〉启事》,载吕延勤主编《马克思主义在中国早期传播史料长编(1917—1927)》上册,第 47 页。

④ 季陶(戴季陶):《政治问题应该研究不应该研究》,《星期评论》第 24 号,1919 年 11月,载唐文权、桑兵编《戴季陶集》,第 1056 页。

"女子解放运动"和"劳动者解放运动"两个方面。[①]

2. 从精神到物质——"社会"内涵的转变

"社会"与"社会主义"包罗万象。随着知识界对社会主义了解的增加,马克思主义的影响逐渐增大,其所主张的唯物史观也随之越来越受到认可。到了 1920 年 11 月,杨端六在其《马克思学说评》一文中承认"近来我国人多鼓吹社会主义,就中尤以马克思学说为最流行"。[②]

陈溥贤的《马克思的唯物史观》一文较早介绍了马克思的唯物史观。陈文说:"生产关系的总和,就构成社会上经济上的构造,这就是社会真正的基础了。在这基础之上,再构造法制上政治上的建筑物,适应社会的意识形态。"该文还提到"物质生活的生产方法,可以决定社会的、政治的及精神的一切生活的过程。人类的意识不能决定其存在,人类的社会的存在倒可以决定其意识"[③]。这就把唯物史观的核心内容表述了出来。

李大钊在其《我的马克思主义观》一文中也介绍到马克思的唯物史观,总结说"凡是精神上的构造,都是随着经济的构造变化而变化",并提出"我们主张以人道主义改造人类精神,同时以社会主

---

① 季陶(戴季陶):《劳动者解放运动与女子解放运动的交点》(1920 年 3 月 1 日),《建设》第 2 卷第 2 号,载唐文权、桑兵编《戴季陶集》,第 1155 页。

② 杨端六:《马克思学说评》,《太平洋》第 2 卷第 7 号,1920 年 11 月 5 日,见吕延勤主编《马克思主义在中国早期传播史料长编(1917—1927)》上册,第 428 页。

③ 渊泉(陈溥贤):《马克思的唯物史观》(二),《晨报》1919 年 5 月 6 日,第 7 版。

义改造经济组织。不改造经济组织,单求改造人类精神,必致没有效果"。①

1919 年 12 月,《建设》杂志刊登了胡汉民《唯物史观批评之批评》一文。该文梳理了马克思《哲学的贫困》《共产党宣言》《〈经济学批评〉序文》等著作中关于唯物史观的论述,并介绍了士探拉(Rudolf Stammler,1856—1938)、巴拉奴威士奇(Tugan-Baranovsky,1865—1917)、卞斯天(Eduard Bernstein,1850—1932,今译伯恩斯坦)等人对唯物史观的批评。但是最后,胡得出结论说,"唯物史观经济一元论的论据,并不因此动摇"②。

对于唯物史观在中国的传播具有标志性意义的,应该是 1920年 8 月《共产党宣言》全译本的发行。毛泽东回忆称,陈望道所译《共产党宣言》是让他建立起马克思主义信仰的三本重要作品的其中之一。③

在社会主义和唯物史观的影响下,经济问题成为知识界关注的重心。戴季陶谈道:"人类的一切进行,都从经济的进步来的。一个时代的思想,受那一个时代经济组织的影响很大。"胡汉民也开始谈论"中国一切思想的变迁,并不是甚〔什〕么精神生活的影响,都是经济生活的影响"④。唯物史观与社会主义不可分割,以至于林云陔在 1919 年 10 月宣称,社会主义,"近已成为'经济的命运

---

① 李大钊:《我的马克思主义观》,载张士儒、韩立成主编《李大钊全集》第 3 卷,第242、251 页。

② 胡汉民:《唯物史观批评之批评》,《建设》第 1 卷第 5 号,1919 年 12 月。

③ 〔美〕埃德加·斯诺(Edgar Snow):《红星照耀中国》,董乐山译,北京:新华出版社,1984 年,第 135—136 页。

④ 季陶(戴季陶):《经济发展史》,《星期评论》第 11 号,1919 年 8 月 17 日。

之机械的理论'"①。

随着唯物史观的传播,知识界开始用它来分析中国的历史与社会,其中有代表性的是戴季陶《从经济上观察中国的乱原》、胡汉民《中国哲学史之惟物的研究》(按:书名中"惟物"现为"唯物",下同),以及李大钊《由经济上解释中国近代思想变动的原因》。

戴季陶在文章中指出,欧美所发生的社会问题,根源在于其本国资本家组织的机器生产。中国所发生的社会问题,原因并非本国的资本家组织的机器生产,而是"外国输入的资本家组织的机器生产"。与此相应,欧美出现"农民的工人化""直接生产的工人奴隶化"等社会现象,而中国则出现的是从前家庭手工业者和农业生产者,"受外来机器制造品的压迫,多数变了失业者"。戴文同时指出,此前革命事业的失败、革命党的破裂,根本原因都是"生活问题",而不是"政治上的破落户"或者"思想上的破产者"。②

胡汉民《中国哲学史之惟物的研究》一文,是以唯物史观为指导,对两千年的中国哲学,所做的综合性、概观性研究。文章开宗明义提出:"物质生产的方法变化,一切社会的关系跟着变化。人类所有种种感情、想象、思考,以及人生观,其根据都在社会的生活状态之上,即从物质的组织及跟此发生的社会的关系而起。"综合作者之意,社会的生活状态,对中国哲学的影响可以包括两个方面。其一,社会生活状态的变化是特定哲学产生的原因。比如先秦哲学,该文即认为乃"共产制度(主要指井田制——引者)崩坏之

---

① 云陔(林云陔):《唯物史观的解释》,《星期评论》纪念号,1919 年 10 月 10 日。
② 戴季陶:《从经济上观察中国的乱原》,《建设》第 1 卷第 2 号,1919 年 9 月。

后,最大多数人生活不安的问题,是有强权的人掠夺多数人的衣食,无强权的人衣食被夺不能生活的问题",社会思潮因而激起"非常的反动","由是产生老子以次的哲学";其二,哲学演变的倾向,及其在社会上的接受程度,取决于"心情的要求",而这种"心情的要求",是社会生活状态所决定的。比如该文在谈到由老子、墨子往慎到、尹文法治主义的过渡,以及由孔子儒学到孟、荀儒学过渡的时候即作此解释①。

李大钊《由经济上解释中国近代思想变动的原因》一文,在开篇就提出,"凡一时代,经济上若发生了变动,思想上也必发生变动"。换句话说,"经济的变动,是思想变动的重要原因"。在具体分析中国的状况时,李认为,中国受到欧洲各国资本制度和日本的二重压迫,"全国民渐渐变成世界的无产阶级",农业经济受到了巨大压迫而发生动摇,与此相应,大家族制度便难以持续,反孔思想便应运而生。②

在唯物史观的影响下对当时社会的分析,关于自杀问题的讨论是一个集中的表现。自杀问题不是这一时期才有的,不过在这一时期的讨论中,由于唯物史观的传播,更多人把自杀的原因归结于社会方面。如同李大钊所表示的,"自杀流行的社会,一定是一种苦恼烦闷的社会。自杀现象背后藏着的背景,一定有社会的缺陷存在"③。陈独秀也表示,"个人的行为或者不能说全没有意志

---

① 胡汉民:《中国哲学史之唯物的研究》,《建设》第 1 卷第 3 号,1919 年 10 月。
② 李大钊:《由经济上解释中国近代思想变动的原因》(1920 年 1 月 1 日),载张士儒、韩立成主编《李大钊全集》第 3 卷,第 437—438 页。
③ 李大钊:《青年厌世自杀问题》,原载《新潮》第 2 卷第 2 号,1919 年 12 月 1 日,见张士儒、韩立成主编《李大钊全集》第 3 卷,第 404 页。

自由的时候,但是造成他的意志以前,他的意志自由去选择信仰行为以后,都完全受环境暗示的支配,决没有自由的余地"。为此,陈提出自杀的救济方法,除了改造人生观,更重要的是"解除社会的压迫",也就是"改造道德的制度的组织"。① 青年毛泽东也表示,"一个人的自杀,完全是由环境所决定"②,并且认为,为了"警觉我们未死的同类,就不能不高呼'社会万恶'"③。

唯物史观最终的落脚点在于对当下问题的政策。陈溥贤在介绍唯物史观时早就表示,以道德说教的方式补救社会组织的缺点必定是无效的,"要想改革社会,必定是要组织一个没有做坏事必要的社会出来,为最快的路径,最好的方法"。④ 施存统宣称,"要解决社会各种问题,惟有找他〔它〕的根本所在","根本问题一解决了,枝叶问题当然是迎刃而解"。而这个根本问题是什么呢? 就是经济问题。"社会的经济组织一有了变动,其余的一切组织都跟着变动。"由此,施存统开始批判单纯对教育普及甚至自由恋爱的宣传,认为"不把私有财产制度根本推翻,教育那〔哪〕里会普及","私有财产制度打破,儿童可以公育","自然可以实现自由恋爱

---

① 陈独秀:《自杀论——思想变动与青年自杀》,原载《新青年》第 7 卷第 2 号,1920年 1 月 1 日,见任建树主编《陈独秀著作选编》第 2 卷,第 148、154 页。

② 毛泽东:《对于赵女士自杀的批评》,载中共中央文献研究室、中共湖南省委《毛泽东早期文稿》编辑组编《毛泽东早期文稿(1912.6—1920.11)》,长沙:湖南出版社,1990 年,第 413 页。

③ 毛泽东:《"社会万恶"与赵女士》,载中共中央文献研究室、中共湖南省委《毛泽东早期文稿》编辑组编《毛泽东早期文稿(1912.6—1920.11)》,第 425 页。

④ 渊泉(陈溥贤):《马克思的唯物史观》,《晨报》1919 年 5 月 5—6 日、8 日,载吕延勤主编《马克思主义在中国早期传播史料长编(1917—1927)》上册,第 36 页。

了"。结论是:"经济问题不根本解决,一切问题也不能根本解决。"①

1920年6月,《申报》开始出版"社会经济丛书"。为丛书所作的出版预告表示,"经济组织的改造,是社会改造的基础"。该预告还表示:"自去年以来,中国思想界,应着全世界改造的潮流,激动起来。由空泛的文化运动,向着经济组织改造运动进行。"②这大致可以表示此一时期的基本趋向。

甚至"革命"本身的定义在唯物史观的影响下也发生了变化。戴季陶表示,革命的最大原因,在于"社会组织的缺陷,不单是压迫着许多人,使他丧失生活地位,并且使多数人,不能获得生活必须的技能"。因此现阶段革命的目的就是"中国国家和社会的改造"。③ 对比梁启超在1904年对"革命"所下之定义,④可知"革命"含义之变化。

1915年,商务印书馆所出《辞源》解释"社会"称:"多人结合为

---

① 存统(施存统):《为什么要从事根本的改造》,《觉悟》(《民国日报》副刊)1920年5月27日,载吕延勤主编《马克思主义在中国早期传播史料长编(1917—1927)》上册,第302—303页。

② 《"社会经济丛书"第一期出版预告》(1920年6月1日),《申报》1920年6月6日,第2版。

③ 戴传贤(戴季陶):《革命!何故?为何?——复康君白情的信》,原载《建设》第1卷第3号,1919年10月,载吕延勤主编《马克思主义在中国早期传播史料长编(1917—1927)》上册,第124,130页。

④ 最广义,"社会上一切有形无形之事物所生之大变动";次广义,"政治上之异动与前此划然成一新时代者";狭义,"以武力向于中央政府"。见梁启超《中国历史上革命之研究》(1904年2月14日),载汤志钧、汤仁泽编《梁启超全集》第4集,第273页。

一体而互有关系者,即个人之精神结合体也。"①这种"社会"观无疑是对此前"社会"认识的总结。到了邢墨卿 1934 年出版的《新名词辞典》,则这么解释"社会":"人们在历史的条件所赋予之一定的经济的、政治的、观念的关系之下所结合成功的组织。这随着生产关系的变迁而变迁,有原始共产社会、封建社会、资本主义社会等的区别。"②辞典的编撰有一定滞后性,但是也大致可以看出"社会"概念的内涵从 1910 年代到 1920 年代的转变。

王汎森在研究"五四"前后的思想界时发现,新文化运动开始之后的两三年间,主张"整体的"社会改造或社会革命者渐多,出现了一种"唯社会"观。这种"唯社会"观是一个连环:"'社会'是极重要的,但'社会'是令人痛恨的,'社会'是可以被改造的,改造之后的'社会'可以是极光明的。"③正如本节所言,俄国十月革命发生后,外部因素与内部因素相结合,社会主义与无政府主义在中国广泛传播,其中马克思主义逐渐取得了优势地位。这些思想的传播,不仅塑造了"社会"话语在"五四"前后的核心地位,还逐渐改变了"社会"的内涵。受唯物史观影响,思想界越来越倾向于从生产和经济方面来理解"社会"。"社会"在"五四"前后的核心地位及其内涵的转变,是王汎森所称"唯社会"观的基础。

---

① 方毅等编:《辞源》午集,上海:商务印书馆,1915 年,第 183 页。
② 邢墨卿编:《新名词辞典》,上海:新生命书局,1934 年,第 68—69 页。
③ 王汎森:《思想是生活的一种方式:中国近代思想史的再思考》,北京:北京大学出版社,2018 年,第 170 页。

第三节　从"国民"到"阶级"："社会"的分裂

五四运动前后,不仅"社会"的内涵渐渐偏重物质或经济,"阶级"观念也越来越成为"社会"观念的一个重要组成部分。由于对近代中国"阶级"概念的形成,已有较多研究成果,①此节拟以恽代英为个案,探讨"阶级"观念在五四运动后对青年的影响。

1.朴素的阶级观

1919 年 9 月 9 日,恽代英在写给王光祈的信中曾说道:"我信安那其主义已经七年了,我自信懂得安那其的真理,而且曾经细心的〔地〕研究。"②若恽说不误,他信仰无政府主义是在 1912 年。1912 年,在国内传播无政府主义的主要是刘师复及其组织的晦鸣

---

① 相关研究,参见李林《米勒博士与他的〈论中国的社会理论:二十世纪阶级概念的形成〉》,《近代史研究》1988 年第 3 期;邓丽兰《阶级话语的形成、论争与近代中国社会》,《历史教学》2009 年第 4 期;栗荣《"阶级"概念的起源与中共早期的理论认知》,《党史研究与教学》2012 年第 2 期;陈红娟《〈共产党宣言〉汉译本中"阶级"概念的源起、语义与理解(1900—1920)》,《中共党史研究》2017 年第 8 期;赵利栋《"五四"前后中国马克思主义传播中的阶级与阶级斗争观念》,载中国社会科学院近代史研究所编《中国社会科学院近代史研究所青年学术论坛 2001 年卷》,北京:社会科学文献出版社,2002 年,第 70—106 页;王贵仁《20 世纪早期中国社会的阶级观念论析》,《史学月刊》2011 年第 7 期;王奇生《从"泛阶级化"到"去阶级化":阶级话语在中国的兴衰》,《苏区研究》2017 年第 4 期;陈红娟《中共革命话语体系中"阶级"概念的演变、理解与塑造(1921—1937)》,《中共党史研究》2018 年第 4 期。
② 恽代英:《致王光祈》(1919 年 9 月 9 日),载李良明主编《恽代英全集》第 3 卷,北京:人民出版社,2014 年,第 101 页。

学舍。当然,恽也可能接触到清末李石曾、吴稚晖等人在巴黎出版的《新世纪》或者刘师培等人在日本出版的《天义报》。无政府主义者主张废除私有财产制度,消除阶级差异,这说明早在 1912 年时,恽即有了一定的阶级观念。

1916 年,随着政治氛围的松动,无政府主义者重新开始活跃。原社会党南京支部的成员在"无政府主义讨论会"的基础上成立了"群社",并编辑出版《人群》《周年报告》各一册。[①] 1917 年 1 月,北京大学学生赵太侔、黄凌霜、袁振英等成立了无政府主义组织"实社"。[②] 7 月,实社出版《实社自由录》,宣传无政府主义,并由李石曾题写书名、吴稚晖作跋,以做推广。在此之前,《民权报》《国风日报》《顺天时报》《法言》曾发表他们介绍无政府主义的文章。[③] 1917 年 6 月 16 日,恽代英在日记中记载了南京《人群》通信处及北京"实社"联络人太侔,说明他注意到了这两处活动。恽且评论道:"安那其之讲论今又渐就发达。"[④]25 日,恽代英收到群社成员杨志道寄来的《人群》一份。次日,他在回信中介绍了他的想法。恽提出,自己非主张集产,也非主张国家社会主义,因此,借助于"代表富人阶级、贵人阶级之政府"乃根本谬误。但是推翻此等政府,恽又认为不可。因为,"阶级界限之存在","亦非全无其存在之必要",若不从根本上扫灭其存在之原因,则此等阶级界限不能绝对破坏,"即破坏矣,不旋踵而又发生"。其存在之原因,"即谬误之学

---

① 路哲:《无政府主义史稿》,福州:福建人民出版社,1990 年,第 158 页。

② 凌霜(黄凌霜):《答思明君》,载实社编《实社自由录》,上海:民声社,1917 年 7 月,第 4 页。

③ 路哲:《无政府主义史稿》,第 159 页;《实社白事》,载实社编《实社自由录》,无页码。

④ 《恽代英日记》,1917 年 6 月 16 日,载李良明主编《恽代英全集》第 1 卷,第 476 页。

说及一般人道德心之太薄弱也"。所以,恽反对革命、暗杀等办法,而主张,"解决之根本方法",在于"发明真理,培植民德",并认为"以二、三十年教育之力,即足达此境"。① 当然,恽也不认为教育乃唯一之方法,作为实行之预备,应"组织一切公共团体,练习将来处理大同之法乃今日之事也"。②

1917 年 10 月,恽代英与梁绍文、冼震、黄负生创立互助社。虽然互助社的成立,受到基督教青年会和儒家修身说的影响,但正如恽自己所言,组织公共团体本也是实现无政府主义的预备之一。因此,互助社的成立,应当说也受到了恽所持的无政府主义思想的影响。恽且明言,"互助社"的命名,来源于克鲁泡特金。③

1918 年 6 月,在寄给《劳动》的一封信中,恽谈到"人心窳败之本原",虽然也有"社会谬误之制度、不正之压力"等原因,但更重要的,是"常人多无充分的生活能力,以与此等制度、压力相奋斗"。④ 在发表于《青年进步》的一篇文章中,恽提到"故吾等苟略有更积极的精神,更实在之能力,团体之中更能互助奋斗之事,更能预备持以与恶势力相接触","何往而不操必胜之权哉"。⑤ 可见恽此时将改造自身品行,加以团体生活之训练,视为到达理想社会

---

① 恽代英:《致志道函》(1917 年 6 月 26 日),载李良明主编《恽代英全集》第 1 卷,第282—283 页。

② 《恽代英日记》,1917 年 6 月 16 日,载李良明主编《恽代英全集》第 1 卷,第 477 页。

③ 恽代英:《互助社的第一年》(1918 年 10 月),载李良明主编《恽代英全集》第 2 卷,第 113 页。

④ 恽代英:《武昌来函》(1918 年 6 月 20 日),原载《劳动》第 1 卷第 4 号,见李良明主编《恽代英全集》第 2 卷,第 84 页。

⑤ 恽代英:《一国势力之养成》(1918 年 10 月),原载《青年进步》第 16 册,见李良明主编《恽代英全集》第 2 卷,第 98 页。

之途径。

随着马克思主义在中国的传播,恽对暴力革命说逐渐有了更多认识,但他在初始时期并不认同。1919 年 4 月,他在日记中写道:"吾等旗帜果即与过激派完全一致乎?吾自信无政府主义,即信当即刻为实际之预备,当以建设为破坏之手段,当速养民智民德,即大同生活之习惯,当使不正当之阶级畛域自然消灭。"①10 月 21 日,他评论说:"人家说我是过激派。其实,我很可惜俄国过激派的大试验不立根本于共产主义的上面,而立他〔它〕于集产主义上面,以至用力多,成功少,结果或者还不免失败。这岂非大失着吗?"②

马克思主义的传播,最先影响到恽代英的是唯物史观。他在 1920 年 7 月的一篇文章中说:"我从一方面很信唯物史观的意见,他说道德是随经济而演化的。"③1920 年底,他进而谈道:"在经济状况变迁之后,无论人类愿意与否,旧社会自然而且必然的随着崩坏。此外留得与人类努力的,只有在新的经济状况之下,讨论建设新社会。"恽代英对唯物史观的吸收,受到了胡汉民、戴季陶等的影响。④

---

① 《恽代英日记》,1919 年 4 月 6 日,见李良明主编《恽代英全集》第 3 卷,第 207—208 页。

② 《恽代英日记》,1919 年 10 月 21 日,见李良明主编《恽代英全集》第 3 卷,第 321 页。

③ 恽代英:《怎样创造少年中国?》(1920 年 7 月、9 月),见李良明主编《恽代英全集》第 4 卷,第 124 页。

④ 恽代英:《儿童公育在教育上的价值》(1920 年 12 月),见李良明主编《恽代英全集》第 4 卷,第 279—280 页。

2. 阶级观之深化

恽代英早期的阶级观,虽然受无政府主义的影响,但是似也受到中国传统的贫富观念影响,而不全是依生产关系所作区分。① 1919 年,他在谈到 1917 年自己思想转变的经历时,也是谈觉悟到了"贫富阶级"的"荒谬绝伦"。②

1920 年接受陈独秀的委托翻译考茨基《阶级争斗》一书,是恽代英对阶级问题认识深化的一个契机。考茨基在书中提倡阶级斗争,认为"劳动阶级与资本阶级间的阶级战争,是一切实业国家普遍的现象"。③ 考茨基也提到马克思和恩格斯所作的《共产党宣言》,认为《共产党宣言》"给了现代社会主义一个科学的根据"。④ 特别值得注意的是,考茨基在书中区分了一般贫困者和工人阶级,认为"二者之间最大的[个]分别,是下流乞丐是寄生者,工人却是近代社会生活最重要的根基"。⑤

但是,考茨基不赞成暴力革命,而提倡工人从事国会活动,这

---

① 由"贫富"的角度来理解阶级,在近代中国并不是个别现象。见赵利栋《"五四"前后中国马克思主义传播中的阶级与阶级斗争观念》,载中国社会科学院近代史研究所编《中国社会科学院近代史研究所青年学术论坛 2001 年卷》,第 70—106 页;王贵仁:《20 世纪早期中国社会的阶级观念论析》,《史学月刊》2011 年第 7 期。

② 恽代英:《我们与中国的前途》(1919 年 9 月 27 日),见李良明主编《恽代英全集》第 3 卷,第 104 页。

③ [德]考茨基:《阶级争斗》,恽代英译,1921 年 1 月,见李良明主编《恽代英全集》第 4 卷,第 313 页。

④ [德]考茨基:《阶级争斗》,恽代英译,1921 年 1 月,见李良明主编《恽代英全集》第 4 卷,第 431 页。

⑤ [德]考茨基:《阶级争斗》,恽代英译,1921 年 1 月,见李良明主编《恽代英全集》第 4 卷,第 414 页。

与恽代英长期以来不支持暴力革命的想法相合。1919年下半年,他在给朋友的信中说:"我信我并非决不参加流血事业,总只认他〔它〕是最后手段,亦只认他〔它〕是利害参半的手段。"①恽在早期甚至对政治运动也不认同。他对政治运动看法的转变,始于"五四"运动前后。1919年5月3日,恽了解到朝鲜独立运动后作如下评价:"余自身常不愿为此行险之举动。然于其能行险为此举动者,未尝不深服之。余自问所以不为此行险举动者,未始不有计较利害之私心。然亦觉在事理上,吾人宁于较安全而较有利益之事,应多用心,故更无大勇心以去此私心。"②可见直到此时,恽虽在理性上承认政治运动的合理性,但并不愿亲身去做。

北京的"五四"运动发生后,恽于5月7日从友人来信中读到北京发生学生示威的消息,他评论道:"读之泣下,卖国贼万死不足以蔽其辜。吾等懦夫固不欲为示威事,亦中情不敢为也。"③恽开始反思自己对政治运动的观点。8日,他在报上进一步读到有关北京学生运动的消息。他说:"恨不躬逢其盛。此役总可痛惩卖国贼,不至使无忌惮也。"④可见,恽在此时已跃跃欲试了。此后,他积极联络武汉学界,并起草《武昌学生团宣言书》,声援爱国学生,直接参与了五四运动。武昌学生团列名者18校、4376人,在湖北历史上也是破天荒的事件。⑤

---

① 恽代英:《致业裕》(1919年秋后),见李良明主编《恽代英全集》第3卷,第111页。
② 《恽代英日记》,1919年5月3日,见李良明主编《恽代英全集》第3卷,第224页。
③ 《恽代英日记》,1919年5月7日,见李良明主编《恽代英全集》第3卷,第226页。
④ 《恽代英日记》,1919年5月8日,见李良明主编《恽代英全集》第3卷,第227页。
⑤ 恽参与"五四"运动的情况,参考李良明、钟德涛主编《恽代英年谱》,武汉:华中师范大学出版社,2006年,第119—138页。

　　对政治运动的参与及新的认识,使恽扩展了他原来持有的教育观,而将政治运动视为教育之一法。他评论说:"今日所为,即教育之一种手段,且以其刺激性稍强,故尤为有效力之教育。"①不过这样的观点,并未超出无政府主义的范围。直到 1921 年,他还说道:"教育家必同时兼营各种社会事业,办学校,只是完成他社会运动的一个手段。换过来亦可以说,社会运动,只是完成他教育事业的一个手段。"②

　　五四运动的成绩,增强了恽代英的信心。1919 年 6 月 11 日,他看到曹汝霖免职的消息后写道:"政府亦有所惮矣。"他进而评论道:"惟愿吾国国民能善用此民气,以一扫政治界中之妖气耳。"③正如恽所言:"今日所以言救国,言平民政治者,正以有几分把握也。"④

　　直到 1920 年 10 月,恽还不赞同把暴力革命作为推翻资本家的办法,而是提出:"最好莫如利用经济学的原理,建设个为社会服务的大资本,一方用实力压服资本家,一方用互助共存的道理,启示一般阶级。而且靠这种共同生活的扩张,把全世界变为社会主义的天国。"⑤为了暴力革命的事,他曾与刘仁静在北京"争论经月",

① 恽代英:《复复初》(1919 年 7 月 8 日),见李良明主编《恽代英全集》第 3 卷,第 70 页。

② 恽代英:《教育改造与社会改造》(1921 年 4 月 20 日),见李良明主编《恽代英全集》第 4 卷,第 474 页。

③ 《恽代英日记》,1919 年 6 月 11 日,见李良明主编《恽代英全集》第 3 卷,第 248 页。

④ 恽代英:《复复初》(1919 年 7 月 8 日),见李良明主编《恽代英全集》第 3 卷,第 72 页。

⑤ 恽代英:《未来之梦》(1920 年 10 月),见李良明主编《恽代英全集》第 4 卷,第 247—248 页。

并总想避免暴力革命。①

恽代英阶级观念的最终转变,出现在 1921 年下半年之后。1921 年 7 月,新成立的共存社主张"以积极切实的预备,企求阶级斗争、劳农政治的实现,以达到圆满的人类共存",可视为恽初步接受马克思主义,以及阶级斗争的标志。② 1922 年 6 月,恽在致少年中国学会同人的信中说,"群众的集合,及他的本能的冲动力量,是我们改造惟一的武器","冷静、周到、敏捷、决断的指导群众,是我们的责任",提倡"我们应研究唯物史观的道理,唤起被经济生活压迫得最利〔厉〕害的群众,并唤起最能对他们表同情的人,使他们联合起来,向掠夺阶级战斗"。③ 恽最终完全接受以暴力革命的方式从事阶级斗争,可能与加入中国共产党有关。④ 而恽之所以加入中

---

① 恽代英:《致胡业裕》(1920 年 10 月),见李良明主编《恽代英全集》第 4 卷,第 262 页。

② 当然,这种接受未必是彻底的。如共存社成员吴化之在回忆中所说:"那时代英和多数社员的思想中还是觉得最好不要流血,尽量用和平手段达到社会变革的目的。"参见李良明、钟德涛主编《恽代英年谱》,第 195 页;吴化之《我们的师表》,载人民出版社编辑部《回忆恽代英》,北京:人民出版社,2015 年,第 123 页。

③ 恽代英:《为少年中国学会同人进一解》(1922 年 6 月 1 日),见李良明主编《恽代英全集》第 4 卷,第 25—31 页。

④ 关于恽代英的入党时间,有 1921 年底上海入党说、1922 年春四川入党说。李良明等判断恽入党时间在 1922 年 2 月以前。潘大礼综合各说,认为恽代英乃是于 1922 年 8 月在上海加入中国共产党的,笔者赞成潘说。见李良明、钟德涛主编《恽代英年谱》,第 195 页;潘大礼《恽代英入党问题再考》,《兰台世界》2005 年第 7 期。

国共产党,一方面是 1920 年之后中国思想界迅速分化的结果,[1]另一方面可能也是受到身边朋友的影响。[2] 在接受马克思主义并加入中国共产党后,恽的思想出现了反转,即政治革命被提到了优先位置。他说:"我们只有推倒军阀,改良政治,发达实业,才能使各种人都有他相当的生活。所以改良教育,只有从政治革命下手。"[3]

3.革命与群众

恽代英的心中,有一种强烈的责任意识。这种意识的萌发,至

---

[1] 1920 年,中国共产党上海发起组已经成立,并陆续推动在各地建立党的组织。1921 年 7 月,中共一大制定纲领,主张"革命军队必须与无产阶级一起推翻资本家阶级的政权,必须支援工人阶级,直到社会的阶级区分消失为止",并且"承认无产阶级专政,直到阶级斗争结束,即直到消灭社会的阶级区分"。1921 年 7 月初,在少年中国学会南京会议上,针对是否应当确定主义的问题,恽所在并一度甚为重视的少年中国学会发生了激烈的争议。恽亲身参与了这次会议,对会议上所发生的争论有切身感受。参见《中国共产党第一个纲领》(1921 年 7 月),中央档案馆编:《中共中央文件选集》第 1 册(1921—1925),北京:中共中央党校出版社,1991 年,第 3 页;《南京大会纪略(节录)》,载张允侯、殷叙彝、洪清祥、王云开编《五四时期的社团》第 1 册,北京:生活·读书·新知三联书店,1979 年,第 352—365 页。

[2] 利群书社的李书渠在恽代英的朋友圈子里是比较早加入中国共产党的。1921 年10 月,林育南以共存社代表的身份赴俄国参加远东人民代表大会(又称远东民族大会、远东劳动者大会),1922 年 3 月回国,加入了中国共产党,当选为武汉社会主义青年团学生运动委员会委员长,并于 1922 年 5 月开始主持中国劳动组合书记部武汉分部,其对于恽代英的影响应当比较大。参见《代表调查表》,载中共一大会址纪念馆编《中共首次亮相国际政治舞台(档案资料集)》,上海:上海人民出版社,2016 年,第 302—313 页;中共湖北省委组织部、中共湖北省委党史资料征集研委员会、湖北省档案馆编《中国共产党湖北省组织史资料》,武汉:湖北人民出版社,1991 年,第 15 页。

[3] 恽代英:《怎样做不良教育下的学生?》(1923 年 11 月 3 日),原载《中国青年》第 3期,见李良明主编《恽代英全集》第 5 卷,第 139 页。

少可追溯到 1917 年的庐山之行。① 他在谈到这段经历时说,在庐山时,因阅读《世界亡国稗史》,了解到朝鲜未亡国时的景象,和当时的中国很相似,因此想到朝鲜并非没有烈士,也不是没有示威运动,但是因为国民实力太差,所以不免亡国。由此,恽想到中国南北上下、文武老少,到底将怎么样呢? 从而萌发了一种主动担当、舍我其谁的意识。1919 年 9 月,他在致王光祈的信中,将这一点表达得更为明确。他说:"我们中国已成的势力,没有一种可以靠得住。……唯一可靠的希望,只有清白纯洁懂得劳动互助的少年,用委曲合宜的法子,斩钉截铁的手段,向前面做去。"②在另一场合,他说:"南方同北方,安福系、研究系同国民系,武人、政客同学生,都是一样昏、一样惰、一样把国家的事当自己玩意,或者就自己的利益去办理他。这是可以把国事倚靠他的么? 中国的唯一希望是在我们——我们便是说恽子毅同恽子毅的朋友。"③

五四运动,恽代英热情参与。这使他接触到一般民众,并增强了对未来的信心。谈到未来,他说:

> 我很信靠我同我的朋友的力量,一定可以养成更大的善势力。很信这善势力是中国各方面欢迎的,很信中国一定可以靠他们得救。我总说很信,我实在仿佛同看见了一样,仿佛

---

① 《恽代英日记》,1919 年 9 月 26 日,见李良明主编《恽代英全集》第 3 卷,第 309 页。
② 恽代英:《致王光祈》(1919 年 9 月 9 日),见李良明主编《恽代英全集》第 3 卷,第 99 页。
③ 恽代英:《我们与中国的前途》(1919 年 9 月 27 日),见李良明主编《恽代英全集》第 3 卷,第 103 页。

同 John of Arc（贞德）看见法国要靠她得救一样。我很喜欢我自己现在有如此深切的信心，明确的觉悟。因为这加增了我极多的勇气同兴味。我现在在奋斗的中间，明明看见我们是一定得胜的。①

同月，他又写道："我今年很有些觉悟……应觉我们是中国唯一可靠的救星（这是游庐后最大的觉悟）。其实说起来，这并不是我觉悟了一个什么新道理，这道理多少我原知道，但是我以前只仿佛是知道（know），现在我简直觉得了（feel），不但是觉得，我简直像看见了一样（see）。所以我说我觉悟了，便是说我从我含糊笼统的知识中间，得了个真知确见的知识。"②由知道（know）到觉得（feel）到看见（see），恽对自己和同侪的力量越来越有信心。

恽代英的自我认同，与他对群众的看法形成鲜明的对比。1919 年 2 月，他谈到中国的国民时说，"中国大事业之百无一成，有最大两因：一国民彼此无信用可言，一国民无处群能力（即协同作〔做〕事之习惯）。由今不变，终于散沙之国民乎？"③

但是，并非"恽子毅同恽子毅的朋友"就可以救中国，"国民"虽有缺点，也是不可放弃的力量。通过参加五四运动，恽对群众有了进一步的了解。武汉学生联合会之组织，学生对于各校代表是否诚心爱国，颇有微词；北大学生与北京高师学生，亦因意见之争模

---

① 恽代英：《致王光祈》（1919 年 9 月 9 日），见李良明主编《恽代英全集》第 3 卷，第 100 页。

② 《恽代英日记》，1919 年 9 月 26 日，见李良明主编《恽代英全集》第 3 卷，第 309—310 页。

③ 《恽代英日记》，1919 年 2 月 1 日，见李良明主编《恽代英全集》第 3 卷，第 164 页。

糊了斗争焦点。他引用孔子之言说:"鸟兽不可与同群,吾非斯人之徒与而谁与?"恽并解释称:"所谓斯人,即指此等群众。今日令吾等不能满意之斯人,即是孔子所指之斯人。"①由此,他想到,"自此以后之群众,吾意必仍是与此等斯人同一之程度也"。他提出应对的办法为:"吾等之责务,乃在就此等程度之人类,而谋所以善处之。如此,然后可以自存于社会。"最根本的就是"以我等高尚之脑筋,引导社会,驱使社会。如此,社会才有进化,人类之德智才有进化"②。

他在致张景武的信中写道:"代英所觉为重要之事,在唤醒工商界及多数平民。"③他视民众运动为教育手段之一,并表达对当日群众的看法:"今日群众,本渐有平民思想之觉悟,正可因势利导。"④他在谈到进行之法时说道:

> 我们的扩张团体,人人应该盼望做太阳系,教他的周围的人做行星,教这等行星周围的人做他的卫星——不仅如此,我们还要教行星都进而为太阳系,教卫星都进而为行星,再教他们自己还去得他的卫星。如此的轮回促进,总教国内生出许

① 《恽代英日记》,1919 年 5 月 16 日,见李良明主编《恽代英全集》第 3 卷,第 233 页。标点稍有改动。
② 《恽代英日记》,1919 年 5 月 16 日,见李良明主编《恽代英全集》第 3 卷,第 233—234 页。
③ 恽代英:《复复初》(1919 年 7 月 5 日),见李良明主编《恽代英全集》第 3 卷,第 62 页。
④ 恽代英:《复复初》(1919 年 7 月 8 日),见李良明主编《恽代英全集》第 3 卷,第 70—71 页。

多太阳系,那时才是百足之虫,死而不僵。①

　　从"恽子毅同恽子毅的朋友"和群众的关系来讲,群众的"弱点"有时反而可以成为优势。恽曾表示:"革命事业的进行,少不了利用群众弱点。"②当然,这种"利用"是有前提条件的。他说:"民众固可利用,但利用民众的总策源地,须得有个真诚互相了解的团体,这中间修养革命家的品性,研究群众心理,静观时变。"同时,"群众弱点只能利用去破坏,不能利用去建设。所以在破坏的事纵然极顺遂的前进时,不可不有极真诚、极切实的团体,去在背后做建设的事。所以在大群众运动中,总少不了进取纯洁的小组织"。③　"团体""小组织",实居于中心地位。

　　恽代英先是对少年中国学会抱有很大希望。他在1921年1月曾说,"中国唯一的希望,或者在少年中国学会身上了"。④　不过,随着中国思想界的分化,少年中国学会在1921年7月南京年会时内部分歧即大为显现,此后,恽代英曾希望少年中国学会转变为"波歇维式的团体",但显然未能成功。⑤

① 恽代英:《我们与中国的前途》(1919年9月27日),见李良明主编《恽代英全集》第3卷,第104页。
② 恽代英:《革命的价值》(1920年10月10日),见李良明主编《恽代英全集》第4卷,第215页。
③ 恽代英:《致胡业裕》(1920年10月),载李良明主编《恽代英全集》第4卷,第261—262页。
④ 恽代英:《少年中国学会的问题》(1921年1月),载李良明主编《恽代英全集》第4卷,第304页。
⑤ 恽代英:《致杨钟健》(1921年11月),载李良明主编《恽代英全集》第4卷,第533页。

即使是在接受马克思主义并加入了中国共产党之后,恽代英对工人仍不能说是完全放心。他说,"工人如在产业进步的地方,或有一部分确能有阶级觉悟","但若推之全国,则殊未合"。他举例说,在四川,"工人分散而不易团结,不感共同的经济利害,自非异人必难有阶级觉悟,必彼仍充满了小资产阶级的心理与感情。若以彼等为遂可恃,亦未必可信也"①。

这时,恽显然更强调党的核心作用:"中国必须要有组织的群众,所以中国要注意工会与党。……中国需要有组织的群众,最要是须有伟大的为主义结合的党。中国没有这种党,便不能有任何方法指挥无组织的群众,以完成破坏事业。换一句话,没有党,便没有革命。"②

如同研究者所指出,马克思学说在中国传播初期,受互助论的影响,最初的翻译者与诠释者多从社会协作的角度来阐释社会主义,阶级概念的语义指向社会协作而非斗争。③ 但是在两种因素的共同作用下,阶级斗争和阶级路线逐渐得到接受。一是"五四运动后兴起的以阶级互助合作为基本内容的空想社会主义实验,在现实中普遍遭遇困境";二是"各地工人运动蓬勃发展,马克思主义与工人运动开始结合起来,促进了无产阶级革命运动发展,也使早期马克思主义者看到了阶级革命的力量,开始重视阶级斗争理论在

---

① 恽代英:《中国社会革命及我们目前的任务——致存统》(1923 年 6 月 15 日),原载《先驱》第 23 期,见李良明主编《恽代英全集》第 5 卷,第 82—83 页。

② 恽代英:《革命与党》(1923 年 12 月 20 日至 1924 年 1 月 20 日),原载《新建设》第 1 卷第 2、3 期,见李良明主编《恽代英全集》第 5 卷,第 301 页。

③ 陈红娟:《〈共产党宣言〉汉译本中"阶级"概念的源起、语义与理解(1900—1920)》,《中共党史研究》2017 年第 8 期。

中国革命中的应用"。① 阶级斗争理论获得认同,与其作为革命有效渠道的特性是分不开的。如同蔡和森所讲,"阶级战争"和"无产阶级专政"是实现社会主义的必要方法。②

恽代英的例子,是阶级观念在"五四"前后被青年接受的一个很好体现。恽受无政府主义影响,长期强调互助,对阶级斗争比较排斥。不过在 1920 年代上半期中国思想界急剧分化的情况下,更多的人认识到此前所主张的和平道路难以行得通了。在认识深化之后和朋辈的影响下,恽接受了马克思的阶级斗争理论并加入了中国共产党。

不过值得注意的是,即使在加入中国共产党之后,恽对待工人阶级的态度仍然是暧昧的。相对于工人这一阶级,他更强调的是中国共产党这一团体的核心作用。

小　结

"社会"概念的产生及"社会"话语的形成,于清末即在时人对世界的认识(社会性质的判定)、对历史的认识(社会阶段划分),以及伦理、政治思想上产生了广泛影响。民国建立初期,知识精英和

① 王贵仁:《20 世纪早期中国社会的阶级观念论析》,《史学月刊》2011 年第 7 期。
② 对此,毛泽东予以认同,指出:"我看俄国式的革命,是无可如何的山穷水尽诸路皆走不通了的一个变计。并不是有更好的方法弃而不采,单要采这个恐怖的方法。"参见《蔡林彬给毛泽东》(1920 年 8 月 13 日)、《毛泽东给萧旭东蔡林彬并在法诸会友》(1920 年 12 月 1 日),载蔡和森《蔡和森文集》上,北京:人民出版社,2013 年,第 56、63 页。

民众的政治参与程度有很大提高。随着对政治乱象的体验,知识界渐渐把论述重心由政治(尤其是制度建设)转移到"社会"方面,包括精英的道德和民众的政治思想。新文化运动的兴起,即与此种转移有关。

五四运动前后,社会主义和无政府主义思潮在中国广泛传播。在各派"社会主义"之中,马克思主义获得了越来越广泛的影响力。唯物史观和阶级斗争是马克思主义的核心。在唯物史观的影响下,"社会"在越来越重要的同时,内涵也发生了变化,生产和经济方面得到了更多的强调。

不仅如此,由于五四运动之后"社会改造"时代的来临,马克思主义的阶级斗争作为解决现实问题的有效途径,逐渐受到认可。"社会"概念不仅在侧重点上出现了变化,构成也发生了改变。由恽代英的例子可以看出,这些变化并非轻而易举完成的。而且,即使在知识分子转向马克思主义之后,马克思主义经典理论与他们对中国现实的分析之间,仍有亟待弥合的缝隙(比如恽对工人阶级的看法)。

结 论

第一节 晚清民初的"社会"概念

英语中的 society(法语中的 société,德语中的 Gesellschaft)出现以后,其含义随着社会、政治环境的变化,在不同的区域和时代,侧重点也不断变化。与此相应,"社会"概念在中国的生成,同样具有鲜明的阶段性特征。

洋务运动时期,在"几千年未有之变局"的形势下,中国迫切需要了解新的对外交往原则。《万国公法》的引入,即以此为背景。在《万国公法》中,society 多被译为"国",某种程度上正可以反映中国近代的"国家"观念与"社会"观念从产生时即具有相伴生的关系。在洋务运动后期,变革的需要扩展到了内治上,如此方有《佐治刍言》的翻译。在《佐治刍言》中,society 多被译为"会""国""一会一国",反映了译者认识到 society 与 state 的不同,却又无合适的译词来表达。

甲午战争后,"维新"成了时代潮流。如同康有为、梁启超等人所展示的,士大夫们不再把希望仅仅寄托于自上而下的变革(虽然也很期待),反而积极地联络同志、积聚实力。这种努力与严复对西方"群学"的学理性介绍相结合,大大丰富了甲午后"群学"的内涵和深度。"群"的两层含义(作为名词的"群"和作为动词的"合群"),完美地契合了时代的需要。Society 被译为"群",既因其原语境下用法的复杂性,也与时代特色紧密相关。而正是在对"群"和"合群"的强调下,康有为较早接触了日文中的"社会"一词,并在望文生义的误解或生搬照用下较多使用了此词。

从戊戌年末到 20 世纪初的几年间,是"群""人群"和"社会"相互竞争的时期。本书以梁启超为例,通过梳理他在此时期的知识来源及所作文章,描述了他对几词的具体使用及用"社会"一词所表达的内容。首先应当注意的是,对"群""人群""社会"的强调本身在这一时期即为一项重大的思想变动,这既是一系列的政治事件如戊戌政变、"庚子勤王"失败给梁所带来的影响,也是由于梁对新的学理的接触。在此前提下,"社会"对"群""人群"的取代又反映了当时"东学"的大量输入及影响,以及"社会"一词所能提供的经过日语著述界定的更复杂和准确的丰富含义。

通过对梁使用"社会"一词情况的梳理,可以发现"社会"往往是在与"国家"互补而非对立的情况下被使用的。在谈到二者的不同时,也往往指"社会"涵盖比"国家"更广的内容。此外,"社会"本身在梁的眼中也并非那么值得信任,反而是需要克服、战斗和改良的。这与学界对西欧"市民社会"与"国家"对立情形的了解有很大不同。

"社会"概念在晚清的形成是一件大事,它无论在对历史的认识上还是在理解个体与周围世界的关系上都对时人产生了重大影响。比如中国"社会性质"问题,虽然不可避免地是进化论传入以后的新现象,但也同"社会"概念形成有关。当时依据进化原则有各种各样的社会分期,其中影响最大的还是严复的分法。他通过翻译并评述《社会通诠》,提供了一个有说服力的社会进化次序,并据以判定中国社会具有"宗法而兼军国"的性质。在提供这一进化次序和对中国社会性质下一判定的同时,他也批评了当时国人所表现出来的一些特征,如"守旧""排外""排满"等。值得注意的是,严复对中国应出宗法而进军国的主张几乎无人质疑,对守旧的批评也未引起争议。在清末引起最大争议的是他对"排满"的批评,这当然是同清末的政治环境相关的。同时不能忘记,他把周、孔定为"宗法社会之圣人"的做法从根本上动摇了孔教在中国的地位,影响深远。

"社会"概念的形成也带来了晚清知识分子对周围世界秩序认识的变化。从这一角度去理解时人把"社会主义"称作"社会中心主义",把无政府主义视为完全"正当之社会",提供了观察清末政治思想的另一视角。同时,通过对孙中山和部分同盟会人士所主张的"社会革命""社会主义"具体内容做一考察,更可看出时人对"社会"或"社会主义"含义的理解。

同样,"社会"概念在伦理上也导致了较为根本性的变革。"三纲"或"五伦"中的公共伦理方面被新的群己关系、社会—个人关系、国家—个人关系所取代。在"社会"的观照下,原本互无关系之个体被纳入一整体之中。晚清知识分子在论述群己关系或个人与社会关系的时候,多强调二者的一致性,但同时也间或指出两者发生冲突时应以群或社会为重。也有人在某种社会背景下主张个人要为社会牺牲。至于刘师培等无政府主义者,虽排斥"国家"而强调"社会",但在对绝对"平等"与"自由"的主张下,对斯撒纳尔个人无政府主义的向往,不啻消解了"社会"。

民国建立后,共和制度的建立使中国政治的发展进入新阶段,其基本特点是政治参与的扩大。在新形势下,时人对政治运行的思考超越了晚清比较集中的关于政治制度的讨论,而有了更为广阔的内容,比如对政治参与者道德问题的强调和对民众政治思想、政治意识的关注,都有了一些新的特征。在这一过程中,"社会"逐渐进入了论述的中心。到了五四运动前后,随着新文化运动的扩展,"社会"的重要性进一步增强,不过其内涵也逐渐发生了变化。且随着"阶级"话语逐渐产生影响,"社会"产生了分裂。

"社会"("会""国""一会一国""群""人群")在近代中国的历程,说明了某一概念诞生并产生影响,固然有外来因素的影响(域外学说、思潮),但以哪种形态呈现,以及内涵侧重哪些方面,与时代的关注点及需要密切相关,而域外学理、思潮的传入,本身也是时人主动努力的结果。

第二节　全球视野下的近代中国"社会"概念生成

古德斯布罗姆(Johan Goudsblom,1932—2020)在谈起"社会"

概念在西方的生成时说,17 和 18 世纪,英语中的 society,法语中的 société,德语中的 Gesellschaft,分别在贵族和资产阶级那里获得了发展。对于专制主义时代的贵族来说,la haute société、die gute Gesellschaft、hight society 代表了上层统治圈,且与声望、品位、礼仪等相关联。在资产阶级那里,society、société、Gesellschaft 首先指区别于教会、等级(estate)、基尔特等的新型组织,其范围逐渐扩大,延伸到与国家范围相同,甚至出现人类社会之说。① 正如第一章第一节胡克尔、霍布斯、洛克、卢梭、雷纳尔的论述中所表明的,首先,"社会"暗含了一定的世俗性;其次,"社会"暗含了区别于国家(政府)的对抗性;最后,"社会"也暗含了一定程度上为自身利益而自由结合的方式。

把目光转移到东方,情形就有些不同。秋元律郎在谈到日本"社会"概念的形成时说,明治时期日本的启蒙思想是以对外的危机为背景,以在与西洋列强对抗的过程中形成近代国家作为课题的。因此,虽然这一时期有输入自由民权观念及功利主义的道德观,作为批判传统思想(主要是儒家思想)的工具,但其指向主要是形成近代国家的基盘。正如"社会"在西周那里曾被译为"相生相养之道",而此"相生相养之道""始于夫妇,半于父子,成于君民政府"所显示的,日本"社会"概念在形成期不具备与政治权力的对抗性。② 斋藤毅在研究"社会"概念在日本的形成时曾总结日本知识分子在翻译和理解 society 一词时面临困境的三个原因:第一,西洋

---

① Johan Goudsblom, *Sociology in the Balance*: *A Critical Essay*, New York: Columbia University Press, 1977, pp.15-18.

② [日]秋元律郎:《日本社会学史——形成過程と思想構造》,東京:早稲田大学出版部,1979 年,第 10—15 頁。

社会是以自由平等为基础的横向结构(当然是在当时日本人的理解下),而日本社会是以身份为基础的纵向结构;第二,"社会"概念以组成社会之"个人"概念的成立为前提,而日本并无类似概念;第三,"社会"是一抽象概念,内涵复杂。① 除了中日两国的社会结构有所不同,斋藤毅的其他两种概括也大致适用于中国。

那么,与西方及日本相比,近代中国的"社会"概念生成有什么特色呢? 在论述中国近代思想的特征时,李泽厚说:

> 中国近现代是一个动荡的大变革时代。随着这种政治、经济、军事、文化各方面剧烈的震荡、变革,中国近代思想在短短几十年内,从封建主义到社会主义,像雷奔电驰似的,越过了欧洲思想发生成熟的数百年行程。这样,一方面就使整个思想带有浮光掠影的特征,对好些问题经常一掠而过,未能得到广泛深入的展开,未能产生比较成熟、完整、系统、深刻的思想体系,在理论领域显得肤浅、贫乏和杂乱;但是,另一方面这又使思想紧紧随着时代急迫课题迅速前进,密切联系了人民生活中的重大实际问题。②

由"社会"概念在中国的生成,我们可以看到,从 society 集中传入中国的 1860 年代,到"社会"概念重新界定的 1920 年代初,短短60 年间,西方从 17 世纪到 20 世纪近 3 个世纪有关"社会"的各种学说纷至沓来。其背后既有英国的自由主义,法国的民主主义,也

---

① [日]齋藤毅:《明治のことば—東から西への架け橋》,東京:講談社,1977 年,第175—181 頁。
② 李泽厚:《中国近代思想史论》,北京:人民出版社,1979 年,第 475 页。

有德国的国家主义,还有流派众多的社会主义,以及相关思想在不同国家内部的不同时期所体现的不同特征,这就使得中国"社会"概念在生成的过程中,相关的理论背景显得异常纷杂,甚至可以说当"社会"话语刚刚流行的时候,就已经同时有自由主义、民主主义、国家主义和社会主义等思想在传播。这种思想来源的纷杂性可称为近代中国"社会"概念生成的第一大特征。

　　其次,近代中国的"社会"概念生成是在中国面对西方侵略,从而扩大对外交往的背景下进行的。从中国士人较多接触 society 这一词语始,一直到作为本文研究时段下限的 1920 年代初期,中国始终面临着国家生存的危机感。如同在 16 和 17 世纪的英国,"社会"(多被称为"公民社会"或"政治社会")与"国家"(多用 commonwealth)并没有严格的区分一样,在"社会"概念传入中国早期,"国"与"众""会",以及"群"的翻译都并没有体现像 18 世纪的法国那样的"社会"和"国家"之间明显的对抗性。甚至在"社会"话语流行后,如同梁启超对"社会"一词的使用所体现的那样,"社会"与"国家"之间,更多的还是互补,而非对立。这就使得中国的"社会"话语主流,与自由主义所设想的有很大不同。这与日本的情况有些类似。

　　再次,从严复认为中国社会"民智已下""民德已衰""民气已困",[1]到梁启超认为当日之中国社会乃"久经腐败之社会","几无一部分而无病态",[2]再到恽代英以群众为"鸟兽不可与同群"之

---

① 严复:《原强》,原载《直报》1895 年 3 月 4 日至 9 日,见王栻编《严复集》第 1 册,北京:中华书局,1986 年,第 13 页。

② 梁启超:《新民说·论私德》,载汤志钧、汤仁泽编《梁启超全集》第 2 集,北京:中国人民大学出版社,2018 年,第 640、643 页。

"斯人之徒",①中国社会的主体部分(民众)并未受到充分信任(这也可以部分解释为什么"社会"与"国家"经常是互补而非对立)。在这种情况下,要改变中国的命运,只能像梁启超那样依赖"中等社会",②或如恽代英那样依靠"恽子毅同恽子毅的朋友"(及其组成的团体)。③ 对"社会"价值在理念上的推崇,与对现实"社会"看法的消极性④同时并存。这可以看作近代中国"社会"概念生成的第三大特点。

最后,正如"群"同时包含作为名词的"群"和作为动词的"合群"两层含义一样,甲午战争以后,中国已经进入一个急剧变革的时代。在这个时代当中,"社会"(以及"群")概念的生成提供了一种"思想资源"和"概念工具"⑤,并被立刻用到了实际的政治和思想活动中去。这种能动性可称为近代中国"社会"概念生成的第四大特点。

---

① 《恽代英日记》,1919年5月16日,见李良明主编《恽代英全集》第3卷,北京:人民出版社,2014年,第233—234页。

② 《中国历史上革命之研究》,原载《新民丛报》第46—48合号,1904年2月14日,见汤志钧、汤仁泽编《梁启超全集》第4集,第274页。

③ 恽代英:《我们与中国的前途》(1919年9月27日),见李良明主编《恽代英全集》第3卷,第103页。

④ 这与王汎森所讲的新文化运动时期的"唯社会"连环相近。参见本文第七章第二节"小结"。

⑤ 此处借用王汎森的提法。在论述"思想资源"和"概念工具"时,王汎森说:"每一个时代所凭借的'思想资源'和'概念工具'都有或多或少的不同,人们靠着这些资源来思考、整理、构筑他们的生活世界,同时也用它们来诠释过去、设计现在、想像〔象〕未来。人们受益于思想资源,同时也受限于它们。""社会"及其相关概念,即可视为这种"思想资源"和"概念工具"的一种。参见王汎森《"思想资源"与"概念工具"——戊戌前后的几种日本因素》,收入王汎森《中国近代思想与学术的系谱》,石家庄:河北教育出版社,2001年,第150页。

附录一:《申报》"社会"使用情况整理(1873—1894)

作者	题名	例句	含义	时间	来源
四明山烂柯樵子	论邪教点蜡事	忆数年首曾见烧蜡一事。首事者贿串差甲,借梵院以建社会,以数百斤黄蜡浇之成烛,名曰点蜡。	集会	1873 年 6 月 30 日	
	崇实奏	据供有在热河朝阳县贿买大小签,假冒办公拿贼为名,到处讹抢,并竖立赵家沟太平社会黄旗,进边抢掠,抗拒官兵,请饬查拿等语。	团体	1873 年 8 月 8 日	《京报》
	崇实奏	又据管带、练军、调署朝阳县知县陈本植禀,获冒充该县社会在边抢劫并随同股匪抗拒官军之匪犯刘喜汶一名。	疑应为"社首"	1874 年 1 月 26 日	《京报》

作者	题名	例句	含义	时间	来源
弁左寿民	哭金芝芩茂才七古有序	乡民……辛未冬十一月借社会之名,觞酒豆肉招饮,芝芩往,果堕其计。	节日集会	1875 年 7 月 21 日	
	闹社会	至若大街,铺面极多,人烟稠密,捐数较大。故除延僧施食外,或佐以清音,或间□杂耍,甚至施放烟火,高唱莲花彩台……易曰社会。于是游人之纷至沓来,妇女之遗簪堕珥,奇闻种种,故事重里。即如上月十八日,为果子行大街社会,是日晚间,游人极多。	节日集会	1875 年 9 月 8 日	
	瑞联片	查该军自驻朝阳以来,叠据该管总庆祥并署朝阳县知县王樊会禀,督率马步官军暨社会人等,先后拿获各案贼匪百余名。	含义不明	1876 年 2 月 29 日	
	纪郭夫人出殡威仪	沿途观者更不可以数计,靡不以先睹为快,亦尽有随之而行如看社会者。	节日集会	1877 年 10 月 31 日	
	武员不法	金陵易架桥地方于前月杪由该处居民设盂兰盆会……巡夜委员王把总国祥闻本段社会,恐因人众滋事,随带勇丁沿街弹压。	节日集会	1878 年 9 月 19 日	
	拟募捐晋豫赈银赈米疏	每见杭俗,崇信神佛,于社会佛诞等日,趋之若鹜。	节日迎神赛会	1878 年 11 月 4 日	
	禁扮纱船台阁示	尔等须知迎赛社会,理宜诚敬。	节日集会	1879 年 4 月 17 日	

作者	题名	例句	含义	时间	来源
	劝修邑庙示	仰图邑殷质绅商行号、庄铺暨各社会柱干、首事人等知悉,自示之后,务各争先慨助。	团体	1881 年 2 月 15 日	
	新台开演	鄞县城隍庙现已修理,焕然一新,惟映墙尚未修筑。乃各社会因神诞在迩,咸欲演戏,以申庆贺之忱。	团体	1882 年 7 月 4 日	
	东报汇录	又言日本某处庙中有社会,颇为热闹。	节日迎神赛会	1882 年 11 月 10 日	
	邑庙落成	宁郡修造邑庙现已落成……各店铺及各社会择于十三日起演戏敬神。	团体	1882 年 11 月 16 日	
	定期赛会	宁城五都神会,素著灵应。……然各业艰难,力有未逮,想届期各社会谅不能如己卯年之斗靡争华、异常热闹也。	节日迎神赛会	1883 年 4 月 29 日	
	永禁都神会告示	自后都神各社会永远禁止。	节日迎神赛会	1883 年 5 月 14 日	
	甬上近闻	后见各社会标红以及知单之上,皆有夜会等字,宗太守闻知,深恐滋事,传谕不准出赛夜会。乃各社会以为爵献甚多,两日断不能蒇事。	节日迎神赛会	1883 年 10 月 31 日	
	严禁社教示	尔等须知,私立社会教堂,妖言惑众,大干例禁。	团体	1884 年 9 月 22 日	
	甬上杂闻	宁郡每逢九月间,如府主、白龙王……等庙皆迎神赛会,斗丽争华。今以海氛不靖,防务綦严,故各社会皆议停赛。	节日迎神赛会	1884 年 10 月 20 日	

作者	题名	例句	含义	时间	来源
	袁江尺素	局栈既兴高采烈,铺面亦踵事增华,清明社会较往岁加意铺张。	节日集会	1885 年 4 月 20 日	
	虎林剩语	讲艺重名山,与诸君夏屋同居,岂徒月夕花晨,□棹湖滨联社会?抽帆离宦海,笑太守春婆一梦,赢得棕鞋桐帽,扶筇花下听书声。	团体	1885 年 5 月 7 日	
	推广轮舟	若兹,则日本人所设邮船社会,虽经重订新意,恐不能独操胜算矣。	公司	1886 年 2 月 23 日	
	论法国党祸	一曰共和党,分为随命党、革命党及过激党,又另分为社会党。……唯过激及社会党,恐煽惑既多,将固结不可解散。	专有名词	1886 年 4 月 27 日	东京日报
	崎阳述事	伦敦发来电报云,英国社会党于上月二十一日集议。	专有名词	1886 年 12 月 2 日	
	欧洲兵备	刻下白、瑞两国政府及军人社会,无不绸缪未雨。	阶层	1887 年 4 月 3 日	日本报
	东妇改装	近时立有妇人社会,大率摩拟洋俗。	团体	1887 年 5 月 2 日	日本报
	鄞县示谕汇录	尔等须知迎赛社会,理宜诚敬。	节日迎神赛会	1887 年 5 月 14 日	
	新辑石印五经味根录及联章题文告白	因出十余年积存,搜罗各省善本及本省院馆社会各课,与夫友人窗稿。	团体	1887 年 9 月 29 日至 10 月 5 日	
	西电译登	本月十七号伦敦来电云,德国社会党渐致蔓延,政府恶之。	专有名词	1888 年 2 月 1 日	日本报

作者	题名	例句	含义	时间	来源
	观赛马答问	试观中国各处社会演戏之地,人虽多,尚未甚也。	节日集会	1888 年 11 月 9 日	
	上海可识顺、陈春记在四马路经办奉赈第廿七次收捐旬单	又来第八批双凤镇毛子云翁募凤林禳□社会同人减席费两元。	团体	1888 年 11 月 13 日	
	书悯佃文后	惟是春秋之报赛,社会之公举,保正图差必须浃洽,茶坊、酒馆之相与游观。	节日迎神赛会	1888 年 12 月 5 日	
	西事汇译	事因近来社会党势大力增,凡职工社会之无业者流,乘机煽动,故此举。	专有名词、阶层	1889 年 3 月 23 日	罗马府发报
	东瀛胜景	崎岖立神船厂附近有狐为祟,水夫社会多被其殃。	阶层	1889 年 6 月 19 日	
	筹办山会萧三县赈捐绅董公启	如有各社会经费充裕者,劝其酌提一半助赈。	团体	1889 年 11 月 3 日	
大一山人	论交答问	每遇庆吊社会,一二老师宿儒,岸然道貌,高坐堂庑,侃侃而谈。	集会	1889 年 11 月 20 日	
	浙赈求己议	社会移赈。凡赛会伤财,本属无谓。	节日迎神赛会	1889 年 12 月 9 日	

作者	题名	例句	含义	时间	来源
	续述会景	宁波赛会情形已详前报。兹又悉各社会中最奇者,如开路老文会,扮有马车彩阁,风云会扮有大头戏。	团体	1891 年 5 月 30 日	
	袁江杂录	特邑尊以每当社会之期,辄有女巫男觋、信女善男共宿于庙中。鱼龙混杂。殊属不成事体。	节日迎神赛会	1891 年 11 月 13 日	
	甬上杂言	坐堂会之大柱催令各爵献早日标红,以便将路程派定。各社会执事则预备一切器,以免临期债事。	团体	1892 年 5 月 3 日	
	详述兵民滋闹	总柱遵谕传知各社会切勿再由大校场经过,以免再滋事端。	团体	1892 年 5 月 14 日	
	东学潜踪	有榜于树者云,为祈国家之安泰,正社会之秩序,养斯民之元气,所以严斥从来之外侮、巩固万世之国基。	今义	1893 年 5 月 28 日	
	详述南市大火	城厢内外各社会洋龙数十架亦协力救援。	团体	1894 年 4 月 5 日	
	东岳盛会	金陵南城外东岳庙例出社会,以三日为期。	节日集会	1894 年 5 月 10 日	
	试演水龙	本月二十日为沪上各社会试演水龙之期。	团体	1894 年 6 月 21 日	
	循例赛龙	沪城各社会洋龙,择于今日在南门外大校场中比赛。	团体	1894 年 6 月 23 日	

说明:本表制作使用了《申报数据库》(查询日期:2014 年 4 月 18 日),但该数据库识别错误较多,比如多处识别"祖传""社仓""融会"等为"社会",本表均做了核对。另,"社""会"虽连用而确定非一词时也在统计之列,比如"各社会商"等。

附录二：梁启超论著目录及"群""人群""社会"使用情况（1899—1904）

序号	题名	时间	群	人群	社会	备注
1	《仁学》序	1899 年 1 月 2 日	0	0	0	
2	爱国论	1899 年 2 月 20 日至 7 月 28 日	1	2	0	
3	致李蕙仙	1899 年 3 月 13 日	0	0	0	
4	傀儡说	1899 年 3 月 22 日	0	0	0	
5	论学日本文之益	1899 年 4 月 1 日	2	0	1	
6	商会议	1899 年 4 月 1 日、20 日	5	0	0	
7	动物谈	1899 年 4 月 30 日	0	0	0	
8	大同志学会序	1899 年 4 月 30 日	1	0	0	
9	国家论	1899 年 4 至 10 月	0	0	22	

序号	题名	时间	群	人群	社会	备注
10	致李蕙仙	1899 年 5 月 3 日	0	0	0	
11	瓜分危言	1899 年 5 月 20 日 至 8 月 6 日	0	0	0	
12	纪年公理	1899 年 5 月 30 日	0	0	0	
13	自立会序	1899 年 5 月 30 日	0	0	0	
14	戊戌政变记	1899 年 5 月	4	0	0	1899 年 12 月 10 日即在《东亚时报》上连载,内容不全,1899 年 5 月于横滨出单行本
15	论内地杂居与商务关系	1899 年 6 月 28 日	0	0	0	
16	论中国人种之将来	1899 年 6 月 28 日	2	1	3	
17	论支那宗教改革	1899 年 6 月 28 日、7 月 8 日	0	0	0	
18	中国人杂居内地之利害	1899 年 7 月 8 日	0	0	2	
19	论商业会议所之益	1899 年 7 月 18 日	12	0	0	
20	自由书·叙言	1899 年 8 月 26 日	0	1	0	

序号	题名	时间	群	人群	社会	备注
21	自由书·成败	1899 年 8 月 26 日	0	0	0	
22	自由书·俾斯麦与格兰斯顿	1899 年 8 月 26 日	0	0	0	
23	自由书·文明普及之法	1899 年 9 月 5 日	0	0	0	
24	自由书·最初之自由民	1899 年 9 月 5 日	0	0	0	
25	自由书·地球第一守旧党	1899 年 9 月 5 日	0	0	0	
26	论中国与欧洲国体异同	1899 年 9 月 5 日	0	0	2	
27	论支那独立之实力与日本东方政策	1899 年 9 月 5 日	0	0	3	
28	自由书·文野三界之别	1899 年 9 月 15 日	1	0	0	
29	自由书·英雄与时势	1899 年 9 月 15 日	0	3	0	
30	自由书·近因远因之说	1899 年 9 月 15 日	0	0	0	
31	自由书·草茅危言	1899 年 9 月 15 日	0	0	0	
32	自由书·理想与气力	1899 年 9 月 25 日	0	0	0	

序号	题名	时间	群	人群	社会	备注
33	自由书·自助论序	1899 年 9 月 25 日、10 月 5 日	0	0	0	
34	自由书·伟人讷耳逊轶事	1899 年 10 月 5 日	0	0	0	
35	自由书·放弃自由之罪	1899 年 10 月 15 日	1	0	0	
36	自由书·国权与民权	1899 年 10 月 15 日	0	0	0	
37	自由书·破坏主义	1899 年 10 月 15 日	0	0	0	
38	自由书·自信力	1899 年 10 月 15 日	0	0	0	
39	自由书·善变之豪杰	1899 年 10 月 15 日	0	0	0	
40	自由书·加布儿与诸葛孔明	1899 年 10 月 15 日	0	0	0	
41	论近世国民竞争之大势及中国之前途	1899 年 10 月 15 日	0	1	0	
42	自由书·论强权	1899 年 10 月 25 日	12	3	0	
43	上康有为书	1899 年夏秋间	0	0	0	
44	致孙中山书	1899 年夏秋间	0	0	0	
45	致孙中山书	1899 年夏秋间	0	0	0	
46	自由书·豪杰之公脑	1899 年 12 月 13 日	1	1	0	

续表

序号	题名	时间	群	人群	社会	备注
47	自由书·蒙的斯鸠(今译孟德斯鸠)之学说	1899 年 12 月 13 日	0	0	0	
48	自由书·谭浏阳遗墨	1899 年 12 月 13 日	0	0	0	
49	论美菲、英杜之战事关系于中国	1899 年 12 月 13 日	0	0	0	
50	论刚毅筹款事	1899 年 12 月 13 日	0	0	0	
51	自由书·精神教育者自由教育也	1899 年 12 月 23 日	0	0	0	
52	自由书·祈战死	1899 年 12 月 23 日	0	0	0	
53	自由书·中国魂安在乎	1899 年 12 月 23 日	0	0	0	
54	自由书·答客难	1899 年 12 月 23 日	0	0	0	
55	自由书·忧国与爱国	1899 年 12 月 23 日	0	0	0	
56	自由书·保全支那	1899 年 12 月 23 日	0	0	0	
57	国民十大元气论	1899 年 12 月 23 日	0	0	0	
58	祭六君子文	1899 年	0	0	0	
59	游春杂感	1899 年	0	0	0	
60	读陆放翁集	1899 年	0	0	0	
61	壮别二十六首	1899 年	1	0	0	

序号	题名	时间	群	人群	社会	备注
62	太平洋遇雨	1899 年	0	0	0	
63	蝶恋花	1899 年	0	0	0	
	1899 年合计		43	12	33	
64	致孙中山书	1900 年 1 月 11 日	0	0	0	
65	汗漫录	1900 年 2 月 10 日、2 月 20 日	6	1	0	又名《半九十录》,刊登于《清议报》第 35、36 册。《全集》未收
66	少年中国说	1900 年 2 月 10 日	0	0	0	
67	呵旁观者文	1900 年 2 月 20 日	0	0	0	
68	致汪康年书	1900 年 2 月 28 日	0	0	0	
69	自由书·惟心	1900 年 3 月 1 日	0	0	0	
70	自由书·慧观	1900 年 3 月 1 日	0	1	1	
71	自由书·无名之英雄	1900 年 3 月 1 日	0	0	1	
72	上康有为书	1900 年 3 月 13 日	0	0	0	
73	上康有为书	1900 年 3 月 20 日	0	0	0	
74	致唐绂丞、狄楚青	1900 年 3 月 20 日	0	0	0	
75	复金山中华会馆书	1900 年 3 月 21 日	0	0	0	

序号	题名	时间	群	人群	社会	备注
76	书十二月二十四日伪上谕后	1900 年 3 月 21 日	0	0	0	
77	自由书·志士箴言	1900 年 3 月 21 日	0	0	0	
78	自由书·天下无无价之物	1900 年 3 月 21 日	0	0	0	
79	自由书·舌下无英雄,笔底无奇士	1900 年 3 月 21 日	0	0	0	
80	自由书·列国东洋舰队	1900 年 3 月 21 日	0	0	0	
81	自由书·世界最小之民主国	1900 年 3 月 21 日	0	0	0	
82	上康有为书	1900 年 3 月 28 日	0	0	0	
83	致 XXX、唐绂丞、狄楚青	1900 年 3 月 28 日	0	0	0	
84	致叶惠伯书	1900 年 3 月 28 日	0	0	0	
85	致《知新报》同人	1900 年 3 月 28 日	0	0	0	
86	上粤督李傅相书	1900 年 3 月 31 日	1	0	0	
87	致黄慧之书	1900 年 4 月 4 日	0	0	0	
88	上康有为书	1900 年 4 月 4 日	0	0	0	
89	致唐绂丞、狄楚青	1900 年 4 月 4 日	0	0	0	
90	致叶湘南、麦孺博书	1900 年 4 月 5 日	0	0	0	

序号	题名	时间	群	人群	社会	备注
91	上康有为书	1900 年 4 月 12 日	0	0	0	
92	致唐绂丞、狄楚青	1900 年 4 月 12 日	0	0	0	
93	致叶湘南、麦孺博、麦曼宣	1900 年 4 月 12 日	0	0	0	
94	致总局诸公	1900 年 4 月 13 日	0	0	0	
95	致唐绂丞、狄楚青	1900 年 4 月 20 日	0	0	0	
96	上鄂督张制军书	1900 年 4 月 20 日	0	0	0	
97	致知新同人	1900 年 4 月 20 日	0	0	0	
98	上康有为书	1900 年 4 月 23 日	0	0	0	
99	致孙中山书	1900 年 4 月 28 日	0	0	0	
100	上康有为书	1900 年 4 月 29 日	0	0	0	
101	致徐勤书	1900 年 4 月 29 日	0	0	0	
102	致叶湘南、麦孺博、麦曼宣、罗孝高	1900 年 5 月 19 日	0	0	0	
103	致李蕙仙	1900 年 5 月 20 日	0	0	0	
104	致罗孝高书	1900 年 5 月 25 日	0	0	0	
105	致港、澳同人	1900 年 6 月 17 日	0	0	0	
106	致李蕙仙	1900 年 6 月 30 日	0	0	0	
107	致孙眉书	1900 年 7 月 7 日	0	0	0	
108	致孙眉书	1900 年 7 月 17 日	0	0	0	

序号	题名	时间	群	人群	社会	备注
109	论今日各国待中国之善法	1900 年 8 月 5 日、25 日	0	0	0	
110	上康有为书	1900 年	0	0	0	
111	纪事二十四首	1900 年	0	0	0	
112	奉酬星洲寓公见怀一首,次原韵	1900 年	0	0	0	
113	书感四首寄星洲寓公,仍用前韵	1900 年	0	0	0	
114	东归感怀	1900 年	0	0	0	
115	留别梁任南汉挪路卢	1900 年	0	0	0	
116	刘荆州	1900 年	0	0	0	
117	次韵酬星洲寓公见怀二首并示遯庵	1900 年	0	0	0	
	1900 年合计		7	2	2	
118	上康有为书	1901 年 4 月 17 日	0	0	0	
119	中国积弱溯源论	1901 年 4 月 29 日至 7 月 6 日	27	2	1	
120	广邱菽园诗中八贤歌即效其体	1901 年 5 月 1 日	0	0	0	
121	辞行小启	1901 年 5 月 8 日	0	0	0	

续表

序号	题名	时间	群	人群	社会	备注
122	和吴济川赠行即用其韵	1901 年 5 月 11 日	1	0	0	
123	立宪法议	1901 年 6 月 7 日	0	0	0	
124	致澳洲保皇会诸同志书	1901 年 6 月 13 日	0	0	0	
125	十种德性相反相成义	1901 年 6 月 16 日、7 月 6 日	38	1	1	
126	过渡时代论	1901 年 6 月 26 日	1	1	1	
127	灭国新法论	1901 年 7 月 16 日、26 日,8 月 24 日	0	0	2	
128	中国史叙论	1901 年 9 月 3 日、13 日	4	2	3	
129	致李济骞书	1901 年 9 月 19 日	0	0	0	
130	自由书·维新图说	1901 年 10 月 3 日	0	0	0	
131	自由书·十九世纪之欧洲与二十世纪之中国	1901 年 10 月 3 日	0	0	0	
132	国家思想变迁异同论	1901 年 10 月 12 日、22 日	0	1	1	
133	霍布士(Hobbes)学案	1901 年 11 月 1 日、11 日	0	1	0	
134	自由书·俄人之自由思想	1901 年 11 月 1 日	0	0	5	

序号	题名	时间	群	人群	社会	备注
135	斯片挪莎(Baruch Spinoza)学案	1901年11月11日	0	0	0	
136	卢梭(Jean Jacques Rousseau)学案	1901年11月21日，12月1日、21日	1	0	0	
137	自由书·二十世纪之新鬼	1901年11月21日	0	0	0	
138	自由书·难乎为民上者	1901年11月21日	0	0	1	
139	自由书·烟士披里纯(Inspiration)	1901年12月1日	0	0	0	
140	自由书·无欲与多欲	1901年12月1日	0	0	0	
141	异哉所谓支那教育权者	1901年12月21日	0	0	0	
142	本馆第一百册祝辞并论报馆之责任及本馆之经历	1901年12月21日	0	1	5	
143	南海康先生传	1901年12月21日	6	0	30	
144	尧、舜为中国中央君权滥觞考	1901年12月21日	7	2	0	
145	自由书·说悔	1901年12月21日	1	0	1	
146	自由书·机埃的格言	1901年12月21日	0	0	9	

序号	题名	时间	群	人群	社会	备注
147	自由书·富国强兵	1901 年 12 月 21 日	0	0	0	
148	自由书·世界外之世界	1901 年 12 月 21 日	1	0	0	
149	中国四十年来大事记	1901 年 12 月 26 日	0	0	2	
150	致李福基、董谦泰书	1901 年	0	0	0	
151	赠别郑秋蕃兼谢惠画	1901 年	0	0	0	
152	广诗中八贤歌	1901 年	0	0	0	
153	留别澳洲诸同志六首	1901 年	0	0	0	
154	将去澳洲留别陈寿	1901 年	0	0	0	
155	铁血	1901 年	0	0	0	
156	澳亚归舟杂兴	1901 年	0	0	0	
157	自励二首	1901 年	0	0	0	
158	志未酬	1901 年	0	0	0	
159	举国皆我敌	1901 年	0	0	0	
160	澳亚归舟赠小畔四郎	1901 年	0	0	0	

序号	题名	时间	群	人群	社会	备注
161	二十世纪太平洋歌	1901 年	0	0	0	
	1901 年合计		87	11	62	
162	本馆告白	1902 年 2 月 8 日	0	0	0	
163	本报之特色	1902 年 2 月 8 日	0	0	0	
164	论学术之势力左右世界	1902 年 2 月 8 日	3	3	0	
165	劫灰梦传奇	1902 年 2 月 8 日	0	0	0	
166	近世文明初祖二大家之学说	1902 年 2 月 8 日、22 日	1	0	0	
167	地理与文明之关系	1902 年 2 月 8 日、22 日	3	6	0	
168	论教育当定宗旨	1902 年 2 月 8 日、22 日	1	0	0	
169	新史学	1902 年 2 月 8 日至11 月 14 日	30	9	2	
170	新民说·叙论	1902 年 2 月 8 日	0	0	0	
171	新民说·论新民为今日中国第一急务	1902 年 2 月 8 日	0	0	0	
172	新民说·释新民之义	1902 年 2 月 8 日	0	0	0	
173	自由书·舆论之母与舆论之仆	1902 年 2 月 8 日	0	0	0	

序号	题名	时间	群	人群	社会	备注
174	自由书·文明与英雄之比例	1902年2月8日	0	1	0	
175	论立法权	1902年2月22日	0	0	0	
176	保教非所以尊孔论	1902年2月22日	1	3	0	
177	不缠足会万岁	1902年2月22日	0	0	0	
178	似此遂足以破种界乎	1902年2月22日	0	0	0	
179	英日同盟论	1902年2月22日	0	0	0	
180	俄国之旅顺口、大连湾	1902年2月22日	0	0	0	
181	是诚何心	1902年2月22日	0	0	0	
182	新民说·就优胜劣败之理以证新民之结果而论及取法之所宜	1902年2月22日	1	0	0	
183	论民族竞争之大势	1902年2月22日至4月8日	0	0	0	
184	天演学初祖达尔文之学说及其略传	1902年3月10日	1	0	0	
185	论政府与人民之权限	1902年3月10日	15	2	0	
186	将裨学堂缘起	1902年3月10日	0	0	0	

序号	题名	时间	群	人群	社会	备注
187	媚外奇闻	1902 年 3 月 10 日	0	0	0	
188	新民说·论公德	1902 年 3 月 10 日	55	2	6	
189	论中国学术思想变迁之大势(第一至第六章)	1902 年 3 月 10 日至 1902 年 12 月 14 日	7	7	11	
190	问答	1902 年 3 月 10 日至 12 月 14 日	2	2	13	
191	致汪康年、汪诒年书	1902 年 3 月 24 日	0	0	0	
192	亚洲地理大势论	1902 年 3 月 24 日	0	0	0	
193	新民说·论国家思想	1902 年 3 月 24 日	4	1	0	
194	法理学大家孟德斯鸠之学说	1902 年 3 月 24 日、4 月 8 日	1	0	0	
195	匈加利爱国者噶苏士传	1902 年 3 月 24 日至 5 月 8 日	1	0	4	
196	饮冰室诗话(一至五○)	1902 年 3 月 24 日至 11 月 30 日	1	0	0	
197	崇拜外国者流看者	1902 年 4 月 8 日	0	0	0	
198	行人失辞	1902 年 4 月 8 日	1	0	0	
199	新民说·论进取冒险	1902 年 4 月 8 日	0	0	0	

续表

序号	题名	时间	群	人群	社会	备注
200	泰西学术思想变迁之大势	1902 年 4 月 22 日	0	0	0	
201	《周末学术余议》识语	1902 年 4 月 22 日	0	0	0	
202	新民说·论权利思想	1902 年 4 月 22 日	13	0	2	
203	中国地理大势论	1902 年 4 月 22 日 至 6 月 6 日	1	0	3	
204	现今世界大事论	1902 年 5 月	0	1	0	
205	新民说·论自由	1902 年 5 月 8 日、22 日	12	0	1	
206	生计学(即平准学)学说沿革小史	1902 年 5 月 8 日至 1904 年 8 月 25 日	22	6	3	
207	王元章函附志	1902 年 5 月 22 日	0	0	0	
208	张博望、班定远合传	1902 年 5 月 22 日、12 月 30 日	2	0	0	
209	中国专制政治进化史论(第一至第三章)	1902 年 5 月 22 日 至 10 月 2 日	13	3	4	
210	教育政策私议	1902 年 5 月 22 日	0	0	0	
211	上康有为书	1902 年 5 月	0	0	0	
212	自治? 非(菲)律宾自治?	1902 年 6 月 6 日	0	0	0	

续表

序号	题名	时间	群	人群	社会	备注
213	革命! 俄罗斯革命!	1902年6月6日	0	0	0	
214	张南皮之商务政策	1902年6月6日	0	0	0	
215	宦途冷眼观	1902年6月6日	0	0	0	
216	英、杜和议遂成	1902年6月6日	0	0	0	
217	朝旨深意	1902年6月6日	0	0	0	
218	新民说·论自治	1902年6月6日	19	0	0	
219	东籍月旦	1902年6月6日、7月5日	0	0	5	
220	意大利建国三杰传	1902年6月6日至12月14日	0	0	4	
221	调停良苦	1902年6月20日	0	0	0	
222	赔款财源	1902年6月20日	0	0	0	
223	中俄之内乱外患	1902年6月20日	0	0	0	
224	列国之东方商务政策	1902年6月20日	0	0	0	
225	欧洲地理大势论	1902年6月20日	0	0	1	
226	新民说·论进步	1902年6月20日、7月5日	9	1	3	
227	格致学沿革考略	1902年6月20日、8月18日	2	0	0	

序号	题名	时间	群	人群	社会	备注
228	尺素五千纸	1902 年 7 月 5 日、19 日	0	0	2	
229	《饮冰室师友论学笺》识	1902 年 7 月 19 日	1	0	0	
230	斯巴达小志	1902 年 7 月 19 日、8 月 4 日	10	0	1	
231	新民说·论自尊	1902 年 7 月 19 日、8 月 18 日	12	0	2	
232	论学生公愤事	1902 年 8 月 4 日	0	0	0	
233	《西藏密约》问题	1902 年 8 月 4 日	0	0	0	
234	蔡钧蔑辱国权问题	1902 年 8 月 4 日	0	0	0	
235	檀香山赔款问题	1902 年 8 月 4 日	0	0	0	
236	民选领事问题	1902 年 8 月 4 日	0	0	0	
237	致叶恩、李福基等书	1902 年 8 月 14 日	0	0	0	
238	中国唯一之文学报——《新小说》	1902 年 8 月 18 日	0	1	2	
239	《黄梨洲》绪论	1902 年 8 月 18 日	1	0	0	
240	尺素六千纸	1902 年 8 月 18 日至 10 月 2 日	0	0	0	
241	《近世欧洲四大家政治学说》自序	1902 年 8 月	0	0	0	

序号	题名	时间	群	人群	社会	备注
242	《近世欧洲四大家政治学说》例言	1902 年 8 月	0	0	0	
243	饮冰室主人告白	1902 年 9 月 2 日	0	0	0	
244	敬告留学生诸君	1902 年 9 月 2 日	8	0	3	
245	乐利主义泰斗边沁之学说	1902 年 9 月 2 日、16 日	11	3	2	
246	政治学学理摭言	1902 年 9 月 2 日、10 月 16 日	1	0	0	
247	新民说·论合群	1902 年 9 月 16 日	47	0	1	
248	近世第一女杰罗兰夫人传	1902 年 10 月 2 日、16 日	0	0	1	
249	敬告我同业诸君	1902 年 10 月 2 日	1	0	1	
250	自由书·干涉与放任	1902 年 10 月 2 日	0	1	3	
251	自由书·不婚之伟人	1902 年 10 月 2 日	0	0	0	
252	自由书·嗜报国民	1902 年 10 月 2 日	0	0	0	
253	自由书·奴隶学	1902 年 10 月 2 日	0	0	0	
254	进化论革命者颉德之学说	1902 年 10 月 16 日	9	10	15	
255	西村博士自识录	1902 年 10 月 16 日	0	0	3	
256	敬告当道者	1902 年 10 月 16 日	0	0	2	

续表

序号	题名	时间	群	人群	社会	备注
257	俄皇逊位之风说	1902 年 10 月 16 日	0	0	0	
258	俄罗斯与高丽	1902 年 10 月 16 日	0	0	0	
259	呜呼刘坤一！呜呼陶模！	1902 年 10 月 16 日	0	0	0	
260	奖励欧美游学	1902 年 10 月 16 日	0	0	0	
261	尺素七千纸	1902 年 10 月 31 日	0	0	0	
262	宗教家与哲学家之长短得失	1902 年 10 月 31 日	0	0	2	
263	雅典小志	1902 年 10 月 31 日	0	0	6	
264	新民说·论生利分利	1902 年 10 月 31 日、11 月 14 日	9	1	3	
265	答某君问德国日本裁抑民权事	1902 年 11 月 14 日	0	0	0	
266	论小说与群治之关系	1902 年 11 月 14 日	5	1	4	
267	侠情记传奇	1902 年 11 月 14 日	0	0	0	
268	世界末日记	1902 年 11 月 14 日	16	1	4	
269	亚里士多德之政治学说	1902 年 11 月 14 日、30 日	9	2	12	
270	新中国未来记（上）	1902 年 11 月 14 日至 12 月 14 日	7	2	3	《新小说》第 1 号、第 2 号

序号	题名	时间	群	人群	社会	备注
271	论专制政体有百害于君主而无一利	1902 年 11 月 30 日	1	0	0	
272	匈加利国父百年纪念祭	1902 年 11 月 30 日	0	0	0	
273	南洋公学学生退学事件	1902 年 11 月 30 日	0	1	0	
274	海外志士之义举	1902 年 11 月 30 日	0	0	0	
275	问答·附答不倚庵主	1902 年 11 月 30 日	0	0	0	
276	问答·附答《顺天时报》记者	1902 年 11 月 30 日	0	0	0	
277	新民议	1902 年 11 月 30 日、12 月 30 日	29	0	7	
278	自由书·加藤博士天则百话(一)	1902 年 11 月 30 日	5	2	1	
279	上康有为书	1902 年 11 月	0	0	0	
280	释革	1902 年 12 月 14 日	8	1	0	
281	咄!袁世凯劾张之洞!!	1902 年 12 月 14 日	0	0	0	
282	张之洞借款问题	1902 年 12 月 14 日	0	0	0	
283	咄!张之洞劾梁鼎芬!!	1902 年 12 月 14 日	0	0	1	
284	陶方帅之死状	1902 年 12 月 14 日	0	0	0	

续表

序号	题名	时间	群	人群	社会	备注
285	赌国	1902 年 12 月 14 日	0	0	0	
286	商务可兴乎	1902 年 12 月 14 日	0	0	0	
287	真正奴隶学堂	1902 年 12 月 14 日	0	0	0	
288	委内瑞拉事件	1902 年 12 月 14 日	0	0	0	
289	问答	1902 年 12 月 14 日	0	0	0	
290	俄皇宫中之人鬼	1902 年 12 月 14 日	0	0	2	
291	三十自述	1902 年 12 月	0	0	0	
292	致贵埠保皇会列位同志义兄书	1902 年	0	0	0	
293	致某某书	1902 年	0	0	0	
294	秋夜	1902 年	0	0	0	
295	楚卿至自上海小集旋别赋赠	1902 年	0	0	0	
296	自题新中国未来记	1902 年	0	0	0	
297	题东欧女豪杰代羽衣女士	1902 年	0	0	0	
298	爱国歌四章	1902 年	0	0	0	
299	新罗马传奇	1902 年	1	0	4	
300	贺新郎	1902 年	0	0	0	
301	十五小豪杰	1902 年	2	0	0	
	1902 年合计		414	73	149	

序号	题名	时间	群	人群	社会	备注
302	新民说·论毅力	1903 年 1 月 13 日	0	0	0	
303	新中国未来记(下)	1903 年 1 月 13 日至 1903 年 9 月 6 日	0	0	0	《新小说》第 3 号、第 7 号
304	饮冰室诗话(五一至九一)	1903 年 1 月 13 日至 12 月 2 日	7	0	1	
305	《自由原理》序	1903 年 2 月 7 日	0	0	0	
306	敬告我国民——癸卯元旦所感	1903 年 2 月 11 日	0	0	0	
307	答某君法国禁止民权自由之说	1903 年 2 月 11 日	0	0	0	
308	答某君问办理南洋公学善后事宜	1903 年 2 月 11 日	0	0	0	
309	问答	1903 年 2 月 11 日	0	0	0	
310	近世第一大哲康德之学说(上)	1903 年 2 月 11 日至 3 月 27 日	0	0	1	《新民丛报》第 25、26、28 号
311	新英国巨人克林威尔传	1903 年 2 月 11 日至 2 月 26 日	0	0	2	叙论至第 2 章
312	读《读通鉴论》	1903 年 2 月 26 日	0	0	0	
313	答某君问日本禁止教科书事等	1903 年 2 月 26 日	0	0	1	
314	尚同子《论纪年》书后	1903 年 2 月 26 日	0	0	0	

续表

序号	题名	时间	群	人群	社会	备注
315	问答	1903 年 2 月 26 日	0	0	0	
316	新民说·论义务思想	1903 年 2 月 26 日	19	0	0	
317	论中国国民之品格	1903 年 3 月 12 日	12	0	0	
318	致蒋智由书	1903 年 3 月 23 日	0	0	0	
319	海外殖民调查报告书(一)	1903 年 3 月 27 日	0	0	0	
320	新民说·论尚武	1903 年 3 月 27 日、4 月 11 日	0	0	1	
321	待野蛮人之法	1903 年 4 月 11 日	0	0	0	
322	呜呼荣禄!	1903 年 4 月 11 日	0	0	0	
323	致徐勤书	1903 年 4 月 12 日	0	0	0	
324	致蒋智由书	1903 年 4 月 13 日	0	0	1	
325	致域多利埠列位同志兄书	1903 年 4 月 14 日	0	0	0	
326	致徐勤书	1903 年 4 月 15 日	0	0	0	
327	致徐勤书	1903 年 4 月 18 日	0	0	0	
328	论独立	1903 年 4 月 26 日	5	0	1	
329	说希望	1903 年 5 月 10 日	1	0	0	
330	政治学大家伯伦知理之学说(一)	1903 年 5 月 25 日	1	0	4	

续表

序号	题名	时间	群	人群	社会	备注
331	服从释义	1903 年 5 月 25 日、6 月 9 日	45	2	0	
332	致谭伯笙、黄慧之书	1903 年 7 月 21 日	0	0	0	
333	致蒋智由书	1903 年 8 月 19 日	0	0	0	
334	致何穗田书	1903 年 9 月 1 日	0	0	0	
335	小说丛话	1903 年 9 月 6 日至 1904 年 10 月 23 日	0	0	0	
336	政治学大家伯伦知理之学说(二)	1903 年 10 月 4 日	0	0	25	
337	答某君问张伯伦帝国政略一节	1903 年 10 月 4 日	0	0	1	
338	新民说·论私德(上、中)	1903 年 10 月 4 日、11 月 2 日	12	0	17	《新民丛报》第38、39 号合刊,第40、41 号合刊
339	论俄罗斯虚无党	1903 年 11 月 2 日	0	0	6	
340	黄帝以后第一伟人赵武灵王传(附李牧传)	1903 年 11 月 2 日	0	0	0	
341	自由书·希望与失望	1903 年 11 月 2 日	0	0	0	

序号	题名	时间	群	人群	社会	备注
342	自由书·国民之自杀	1903 年 11 月 2 日	0	0	0	
343	自由书·成败	1903 年 11 月 2 日	0	0	0	
344	自由书·答飞生	1903 年 11 月 2 日	2	0	6	
345	二十世纪之巨灵托辣斯(托拉斯)	1903 年 11 月 2 日、12 月 2 日	4	0	21	
346	上康有为书	1903 年 11 月 18 日	0	0	4	
347	致罗省保皇会列位同志义兄书	1903 年 11 月 21 日	0	0	0	
348	致谭张孝书	1903 年 11 月 24 日	0	0	0	
349	罗省技利保皇会章程	1903 年 11 月	0	0	0	
350	自由书·答和事人	1903 年 12 月 2 日	0	0	2	
351	自由书·记斯宾塞论日本宪法语	1903 年 12 月 2 日	0	0	2	
352	大同同学录题辞四十韵	1903 年	0	0	0	
353	致徐勤书	1903 年	0	0	0	
354	致徐勤书	1903 年	1	0	0	
	1903 年合计		108	2	96	
355	上海《时报》缘起	1904 年 1 月 1 日	0	0	0	
356	《时报》发刊例	1904 年 1 月 1 日	1	0	2	

续表

序号	题名	时间	群	人群	社会	备注
357	辨妄(一)	1904 年 1 月 1 日	0	0	0	
358	辨妄(二)	1904 年 1 月 1 日	0	0	0	
359	致蒋智由书	1904 年 2 月 3 日	0	0	0	
360	中国历史上革命之研究	1904 年 2 月 14 日	0	0	9	
361	中国史上人口之统计	1904 年 2 月 14 日	0	0	0	
362	自由书·中国之社会主义	1904 年 2 月 14 日	0	0	4	
363	新民说·论私德(下)	1904 年 2 月 14 日	0	0	2	《新民丛报》第 46、47、48 号合刊
364	近世第一大哲康德之学说(下)	1904 年 2 月 14 日	1	0	2	《新民丛报》第 46 至 48 号合本
365	明季第一重要人物袁崇焕传	1904 年 2 月 14 日至 7 月 13 日	0	0	0	
366	中国货币问题	1904 年 2 月 14 日至 1905 年 11 月 7 日	0	0	0	
367	饮冰室诗话(九二至一二四)	1904 年 2 月 14 日至 12 月 21 日	0	0	1	

续表

序号	题名	时间	群	人群	社会	备注
368	致蒋智由书	1904 年 2 月	0	0	0	
369	致蒋智由书	1904 年 2 月	0	0	0	
370	新大陆游记节录	1904 年 2 月	17	1	52	
371	致梁启勋	1904 年 4 月 18 日	0	0	0	
372	致蒋智由书	1904 年 5 月 21 日	0	0	0	
373	致谭张孝书	1904 年 6 月 3 日	0	0	0	
374	论胶济铁路与德国权力之关系	1904 年 6 月 28 日	0	0	0	
375	俄国芬兰总督之遇害——俄国内治之前途奈何	1904 年 6 月 28 日	0	0	0	
376	美国大统领选举臆评	1904 年 6 月 28 日	0	0	0	
377	圣路易博览会之各种会议	1904 年 6 月 28 日	0	0	0	
378	辨妄(三)	1904 年 6 月 28 日	0	0	0	
379	《新释名》叙	1904 年 6 月 28 日	0	0	2	
380	新民说·论政治能力(上)	1904 年 6 月 28 日	1	0	2	《新民丛报》第 49 号
381	中国专制政治进化史论(第四章并附录)	1904 年 6 月 28 日	1	0	0	

序号	题名	时间	群	人群	社会	备注
382	墨子之论理学	1904 年 6 月 28 日至 9 月 24 日	0	0	0	
383	子墨子学说	1904 年 6 月 28 日至 12 月 7 日	2	1	37	
384	日俄战役关于国际法上中国之地位及各种问题(附:威海卫租借期限问题)	1904 年 7 月 13 日	0	0	1	
385	致蒋智由书	1904 年 7 月中旬	0	0	0	
386	粤汉铁路交涉之警闻	1904 年 8 月 25 日	0	0	0	
387	俄国虚无党之大活动	1904 年 8 月 25 日	0	0	0	
388	《近世中国秘史》序	1904 年 8 月 26 日	0	0	0	
389	致蒋智由书	1904 年 8 月至 9 月	0	0	0	
390	旅顺逃窜俄舰之国际交涉	1904 年 9 月 10 日	0	0	0	
391	铁路权之转移——俄法之势力遂贯我全国	1904 年 9 月 10 日	0	0	0	
392	外资输入问题	1904 年 9 月 10 日至 11 月 7 日	0	0	13	

序号	题名	时间	群	人群	社会	备注
393	忠告香港《中国日报》及其日本访事员	1904 年 9 月 24 日	0	0	1	
394	澳洲新内阁与二十世纪前途之关系	1904 年 9 月 24 日	0	0	5	
395	朝鲜亡国史略——外交上之经过	1904 年 9 月 24 日至 10 月 9 日	0	0	0	
396	论中国学术思想变迁之大势(第八章)	1904 年 9 月 24 日至 12 月 7 日	1	0	12	
397	英国之西藏	1904 年 10 月 9 日	0	0	0	
398	哀西藏	1904 年 10 月 23 日	0	0	0	
399	呜呼！四川教育界	1904 年 10 月 23 日	0	0	1	
400	新英国巨人克林威尔传	1904 年 10 月 9 日、11 月 7 日	1	0	4	第3—7章
401	东三省自治制度之公布	1904 年 11 月 7 日	0	0	2	
402	比国留学界报告	1904 年 11 月 7 日	0	0	0	
403	俄国新内务大臣	1904 年 11 月 7 日	0	0	0	
404	致蒋智由书	1904 年 11 月上旬	0	0	0	
405	上康有为书	1904 年 11 月 11 日	0	0	0	

序号	题名	时间	群	人群	社会	备注
406	所谓大隈主义	1904年11月21日	0	0	0	
407	俄国立宪政治之动机	1904年12月7日	0	0	0	
408	呜呼!俄国之立宪问题	1904年12月21日	0	0	4	
409	杂评二则	1904年12月21日	0	0	0	
410	余之生死观(上)	1904年12月21日	0	0	9	《新民丛报》第59号
411	自由书·记日本一政党领袖之言	1904年12月21日	0	0	0	
412	中国国债史(附:埃及国债史)	1904年12月22日	0	0	0	
413	中国之武士道(附:中国之武士道自识)	1904年12月28日	4	0	15	
414	致蒋智由书	1904年	0	0	0	
415	舟中作诗呈别南海先生	1904年	0	0	0	
	1904年合计		29	2	180	

说明:本表主要依据汤志钧、汤仁泽编《梁启超全集》(北京:中国人民大学出版社,2018年)而制,"群"字作形容词时(如"群臣""群策"等)不予计入。

参考文献

一、报刊

《大中华》(1915)

《东方杂志》(1904—1922)

《独立周报》(1912—1913)

《湖北学生界》(1903)

《甲寅》(1914—1915)

《进步》(1913—1915)

《民报》(1905—1907)

《强学报》(1896)

《清议报》(1899—1901)

《每周评论》(1918—1919)

《申报》(1873—1922)

《时事新报》(1913)

《时务报》(1896—1898)

《万国公报》(1892)

《新潮》(1918—1919)

《新民丛报》(1902—1907)

《新青年》(1915—1922)

《新世纪》(1907—1908)

《译书汇编》(1901—1903)

《庸言》(1914—1915)

《游学译编》(1902—1903)

《浙江潮》(1903)

《正谊》(1914—1915)

《知新报》(1897—1898)

二、资料、资料集

[意]艾儒略(Giulio Aleni):《西学凡》,《四库全书存目丛书·子部九三》,台南:庄严文化事业有限公司,1995年。

[日]岸本能武太:《社会学》,章炳麟译,上海:广智书局,1902年。

[英]白芝浩(Walter Bagehot):《物理与政治——或"自然选择"与"遗传"原理应用于政治社会之思考》,金自宁译,上海:生活·读书·新知三联书店,2008年。

[德]伯伦知理:《国家学》,吾妻兵治譯,東京:善隣譯書館,国光社,1899年。

蔡和森:《蔡和森文集》,北京:人民出版社,2013年。

陈虬:《治平通议》,据光绪十九年瓯雅堂刻本影印,《续修四库全书》,上海:上海古籍出版社,第952册。

陈荣捷:《近思录详注集评》,台北:学生书局,1992年。

陈义杰整理:《翁同龢日记》,北京:中华书局,1998年。

陈寅恪:《陈寅恪集》,北京:生活·读书·新知三联书店,2009年。

[日]村井知至:《社会主义》,罗大维译,上海:广智书局,1902年。

[美]戴吉礼(Ferdinand Dagenais)、周欣平、赵亚静编:《傅兰雅档案》,桂林:广西师范大学出版社,2010年。

戴震著,杨应芹整理:《东原文集》,合肥:黄山书社,2008年。

[日]東海散士:《佳人之奇遇》,大沼敏男、中丸宣明校注,東京:岩波书店,2006年。

段玉裁:《说文解字注》,上海:上海古籍出版社,1981年。

[日]法贵庆次郎讲,胡庸浩、路黎元、吴阳实、范鸿准合编:《伦理学》,无出版社、出版时间。

[英]法思德(Henry Fawcett):《富国策》,汪凤藻译,北京:同文馆聚珍版,1880年。

冯桂芬:《校邠庐抗议》,上海:上海书店出版社,2002年。

冯自由:《革命逸史》,北京:中华书局,1981年。

[英]傅兰雅(John Fryer)口译,应祖锡笔述:《佐治刍言》,上海:上海书店出版社,2002年。

葛懋春、蒋俊、李兴芝编:《无政府主义思想资料选》,北京:北京大学出版社,1984年。

广东省哲学社会科学研究所历史研究室编:《朱执信集(增订

本)》,北京:中华书局,2013年。

广东省社会科学院历史研究室、中国社会科学院近代史研究所中华民国史研究室、中山大学历史系孙中山研究室合编:《孙中山全集》,北京:中华书局,1981年。

何启、胡礼垣著,郑大华点校:《新政真诠——何启、胡礼垣集》,沈阳:辽宁人民出版社,1994年。

[英]赫胥黎(Thomas Huxley):《天演论》,严复译,北京:商务印书馆,1981年。

湖南人民出版社点校:《郭嵩焘日记》,长沙:湖南人民出版社,1982年。

胡珠生编:《宋恕集》,北京:中华书局,1993年。

黄远庸:《远生遗箸》,北京:商务印书馆,1984年增补影印版。

黄宗羲:《明夷待访录》,北京:中华书局,1981年。

黄遵宪:《日本国志》,光绪十六年羊城富文斋刊版,《续修四库全书》卷745,上海:上海古籍出版社,2002年。

[美]惠顿(Henry Wheaton):《万国公法》,丁韪良译,上海:上海书店出版社,2002年。

姜义华编:《社会主义学说在中国的初期传播》,上海:复旦大学出版社,1984年。

姜义华、张荣华编:《康有为全集》,北京:中国人民大学出版社,2007年。

[英]金克司(Edward Jenks):《政史撮要》,广学会译,[英]华立熙(W. Gilbert Walshe)鉴定,上海:广学会,1903年。

[日]井上哲次郎、[日]高山林次郎:《伦理教科书》,樊炳清

译,武汉:江楚编译局,无出版时间。

康有为:《我史》,南京:江苏人民出版社,1999年。

李良明主编:《恽代英全集》,北京:人民出版社,2014年。

梁启超:《饮冰室合集》,上海:中华书局,1936年。

刘晴波、彭国兴编,饶怀民补订:《陈天华集》,长沙:湖南人民出版社,2008年。

刘师培著、钱玄同整理:《刘申叔遗书》,南京:江苏古籍出版社,1997年。

[法]卢梭(Jean-Jacques Rousseau):《社会契约论》,何兆武译,北京:商务印书馆,2008年。

[法]卢梭(Jean-Jacques Rousseau):《论人类不平等的起源和基础》,李常山译,北京:商务印书馆,1996年。

[法]卢梭(Jean-Jacques Rousseau):《忏悔录》,黎星译,北京:商务印书馆,1986年。

陆费逵编:《伦理学大意讲义》,上海:商务印书馆,1913年。

[英]洛克(John Locke):《政府论》,叶启芳、瞿菊农译,北京:商务印书馆,1996年。

吕实强:《丁日昌与洋务运动》,台北:"中研院"近史所专刊,1987年再版。

吕延勤主编:《马克思主义在中国早期传播史料长编(1917—1927)》,武汉:长江出版社,2020年。

马勇编:《章太炎书信集》,石家庄:河北人民出版社,2003年。

[英]麦肯齐(Robert Mackenzie):《泰西新史揽要》,[英]李提摩太(Timothy Richard)、蔡尔康译,上海:上海书店出版社,

2002 年。

孟元老:《东京梦华录》,上海:商务印书馆,1936 年。

[法]孟德斯鸠(Montesquieu):《法意》,严复译,北京:商务印书馆,1981 年。

[英]穆勒(John Mill):《约翰·穆勒自传》,吴良健、吴衡康译,北京:商务印书馆,1987 年。

莫世祥编:《马君武集》,武汉:华中师范大学出版社,1991 年。

牛仰山、孙鸿霓编:《严复研究资料》,福州:海峡文艺出版社,1990 年。

欧阳哲生主编:《傅斯年全集》,长沙:湖南教育出版社,2003 年。

清华大学历史系编:《戊戌变法文献资料系日》,上海:上海书店出版社,1998 年。

全祖望:《鲒埼亭集外编》,上海:上海世纪出版集团、上海古籍出版社,2010 年(据嘉庆十六年刻本)。

任建树主编:《陈独秀著作选编》,上海:上海人民出版社,2009 年。

人民出版社编辑部编:《回忆恽代英》,北京:人民出版社,2015 年。

上海图书馆编:《汪康年师友书札》,上海:上海古籍出版社,1989 年。

[法]邵可侣(Elisée Reclus):《进化与革命》,毕修勺译,上海:平明书店,1947 年。

[英]斯宾塞(Herbert Spencer):《群学肄言》,严复译,北京:商

务印书馆,1981年。

沈善洪主编:《蔡元培选集》,杭州:浙江教育出版社,1993年。

实社编:《实社自由录》,上海:民声社,1917年。

孙应祥、皮后锋编:《〈严复集〉补编》,福州:福建人民出版社,2004年。

唐才常:《唐才常集》,长沙:岳麓书社,2010年。

唐文权、桑兵编:《戴季陶集》,武汉:华中师范大学出版社,1990年。

汤志钧编:《康有为政论集》,北京:中华书局,1981年。

汤志钧编:《章太炎政论选集》,北京:中华书局,1977年。

汤志钧、汤仁泽编:《梁启超全集》,北京:中国人民大学出版社,2018年。

汤志钧、汤仁泽校注:《仁学》,台北:台湾学生书局,1998年。

万仕国辑校:《刘申叔遗书补遗》,扬州:广陵书社,2008年。

王汎森、潘光哲、吴政上编:《傅斯年遗札》,台北:"中研院"历史语言研究所,2011年。

汪林茂编校:《汪康年文集》,杭州:浙江古籍出版社,2011年。

王栻主编:《严复集》,北京:中华书局,1986年。

[日]乌村满都夫:《社会改良论》,赵必振译,上海:广智书局,1902年(香港自联出版社影印本)。

夏东元编:《郑观应集》,上海:上海人民出版社,1982年。

夏晓虹辑:《〈饮冰室合集〉集外文》,北京:北京大学出版社,2005年。

谢维扬、房鑫亮主编:《王国维全集》,杭州:浙江教育出版社,

2009 年。

[日]幸德秋水:《社会主义神髓》,马采译,北京:商务印书馆,2009 年。

徐继畬:《瀛寰志略》,上海:上海书店出版社,2001 年。

薛福成著、蔡少卿整理:《薛福成日记》,长春:吉林文史出版社,2004 年。

[英]亚当·斯密(Adam Smith):《国民财富的性质和原因的研究》,郭大力、王亚南译,北京:商务印书馆,2020 年。

[英]亚当·斯密(Adam Smith):《原富》,严复译,北京:商务印书馆,1981 年。

杨坚校补:《郭嵩焘奏稿》,长沙:岳麓书社,1983 年。

姚准:《哲学提纲伦理学》,上海:土山湾印书馆,1921 年(重印)。

叶瀚:《块余生自纪》,《中国文化研究集刊》,第 5 辑,1987 年。

[日]有贺长雄:《人群进化论》,麦仲华译,上海:广智书局,1903 年。

[日]有贺长雄:《社会进化论》,萨端译,东京:闽学会,1903 年。

[日]元良勇次郎:《中等教育伦理学》,麦鼎华译,上海:广智书局,1906 年。

章炳麟著、朱维铮编校:《訄书　初刻本　重订本》,香港:生活·读书·新知三联书店,1998 年。

章炳麟著,徐复注:《訄书详注》,上海:上海古籍出版社,2000 年。

章伯锋、李宗一主编:《北洋军阀》,武汉:武汉出版社,1990 年。

张纯一:《伦理学》,上海:广学会,1911年。

章含之、白吉庵主编:《章士钊全集》,上海:文汇出版社,2000年。

张允侯、殷叙彝、洪清祥、王云开编:《五四时期的社团》,北京:生活·读书·新知三联书店,1979年。

张之洞:《劝学篇》,上海:上海书店出版社,2002年。

赵春晨编:《丁日昌集》,上海:上海古籍出版社,2010年。

赵清、郑城编:《吴虞集》,成都:四川人民出版社,1985年。

赵树贵、曾丽雅编:《陈炽集》,北京:中华书局,1997年。

[英]甄克思(Edward Jenks):《社会通诠》,严复译,北京:商务印书馆,1981年。

[日]指原安三编:《明治政史》,東京:冨山房書店,1892年。

中共中央马克思恩格斯列宁斯大林著作编译局:《马克思恩格斯全集》,北京:人民出版社,1965年。

中共中央马克思恩格斯列宁斯大林著作编译局:《马克思恩格斯选集》,北京:人民出版社,2021年。

中共中央马克思恩格斯列宁斯大林著作编译局研究室编:《五四时期期刊介绍》,北京:生活·读书·新知三联书店,1979年。

中共中央文献研究室、中共湖南省委《毛泽东早期文稿》编辑组编:《毛泽东早期文稿》,长沙:湖南出版社,1990年。

中国国民党党史会编:《马君武先生文集》,台北:"中央"文物供应社,1984年。

中国国民党党史会编:《李石曾文集》,台北:"中央"文物供应社,1980年。

中国革命博物馆整理、荣孟源审校:《吴虞日记》,成都:四川人民出版社,1984 年。

中国李大钊研究会编注:《李大钊全集》,北京:人民出版社,2006 年。

中共湖北省委组织部、中共湖北省委党史资料征集编研委员会、湖北省档案馆编:《中国共产党湖北省组织史资料》,武汉:湖北人民出版社,1991 年。

中共一大会址纪念馆编:《中共首次亮相国际政治舞台(档案资料集)》,上海:上海人民出版社,2016 年。

中央档案馆编:《中共中央文件选集》,北京:中共中央党校出版社,1991 年。

朱维铮编校:《康有为大同论二种》,上海:中西书局,2012 年。

朱有瓛主编:《近代学制史资料》,上海:华东师范大学出版社,1987 年。

[美]卓尔基·亨利(Henry George):《富民策》,[加]马林(William Macklin)、李玉书译,上海:美华书馆,1911 年。

左玉河编:《中国近代思想家文库——张东荪卷》,北京:中国人民大学出版社,2015 年。

ブルンチュリー:《國家論》,平田東助、平塚定二郎譯,東京:春陽堂,1899 年 11 月。

ベンジャミン・キッド:《社會の進化》,角田柳作譯,東京:开拓社,1899 年。

フーイェー:《理学沿革史》,中江兆民譯,東京:日本文部省編辑局,1885 年。

HOBBES, Thomas, *Leviathan, or the Matter, Forme and Power of a Commonwealth, Ecclesiastical and Civil*, Oxford: Basil Blackwell, no publication date.

HOOKER, Richard, *Of the Laws of Ecclesiastical Polity*, London: J. M. Dent & Co., 1907.

HUXLEY, Thomas H., *Evolution and Ethics and Other Essays*, London: Macmillan and Co., 1894 [Bristol: Thoemmes Press, 2001].

JENKS, Edward, *A Short History of Politics*, London: J. M. Dent, 1900.

KIDD, Benjamin, *Social Evolution*, New York: Macmillan and Co., 1894.

LOCKE, John, *Two Treatises of Civil Government*, London: J. M. Dent & Sons Ltd, 1962.

MILL, John, *Principles of Political Economy, with Some of Their Applications to Social Philosophy*, Boston: Charles C. Little & James Brown, 1848.

Political Economy, for Use in Schools, and for Private Instruction, Edinburgh: William and Robert Chambers, 1872.

SPENCER, Herbert, *First Principles*, New York: D. Appleton and Company, 1888.

SPENCER, Herbert, *The Principles of Sociology*, New York: D. Appleton and Company, 1890.

SPENCER, Herbert, *The Principles of Ethics*, New York: D. Appleton and Company, 1898.

WATSON, John B., *Behaviorism*, Chicago & London：The University of Chicago Press,1962.

WEISMANN, August, *Essays Upon Heredity and Kindred Biological Problems*, Oxford：Clarendon Press,1891.

WHEATON, Henry, *Elements of International Law*, Boston：Little Brown and Company,1855.

三、专著

[美]埃德加·斯诺(Edgar Snow)：《红星照耀中国》,董乐山译,北京：新华出版社,1984年。

[美]彼得·埃文斯(Peter Evans)等编：《找回国家》,方力维等译,北京：生活·读书·新知三联书店,2009年。

[德]比亚(M.Beer)：《英国社会主义史》,汤澄波译,上海：商务印书馆,1936年。

[美]伯纳尔(Martin Bernal)：《一九〇七年以前中国的社会主义思潮》,丘权政、符致兴译,福州：福建人民出版社,1985年。

[美]查尔斯·蒂利(Charles Tilly)：《强制、资本和欧洲国家》,魏洪忠译,上海：上海人民出版社,2007年。

陈建华：《"革命"的现代性：中国革命话语考论》,上海：上海古籍出版社,2000年。

陈弱水：《公共意识与中国文化》,北京：新星出版社,2006年。

陈少峰：《生命的尊严：中国近代人道主义思潮研究》,上海：上海人民出版社,1994年。

陈锡祺主编：《孙中山年谱长编》,北京：中华书局,1991年。

[日]嵯峨隆:《近代中国の革命幻影——劉師培の思想と生涯》,東京:研文出版,1996年。

[美]德里克(Arif Dirlik):《革命与历史:中国马克思主义历史学的起源,1919—1937》,翁贺凯译,南京:江苏人民出版社,2005年。

[美]德里克(Arif Dirlik):《中国革命中的无政府主义》,孙宜学译,桂林:广西师范大学出版社,2006年。

丁文江、赵丰田编:《梁启超年谱长编》,上海:上海人民出版社,2009年。

方豪:《中西交通史》,台北:中华文化出版事业社,1954年。

方维规:《概念的历史分量》,北京:北京大学出版社,2018年

方维规:《什么是概念史》,北京:生活·读书·新知三联书店,2020年。

[美]弗朗西斯·福山(Francis Fukuyama):《政治秩序的起源:从前人类时代到法国大革命》,毛俊杰译,桂林:广西师范大学出版社,2012年。

[德]弗里德里希·包尔生(Friedrich Paulsen):《伦理学体系》,何怀宏、廖申白译,北京:中国社会科学出版社,1988年。

冯天瑜:《新语探源——中西日文化互动与近代汉字术语生成》,北京:中华书局,2004年。

冯天瑜:《封建考论》,武汉:武汉大学出版社,2006年。

冯天瑜、刘建辉、聂长顺主编:《语义的文化变迁》,武汉:武汉大学出版社,2007年。

高瑞泉:《天命的没落——中国近代唯意志论思潮研究》,上

海：上海人民出版社，1991年。

[美]格里德(Jerome Grieder)：《胡适与中国的文艺复兴——中国革命中的自由主义》，鲁奇译，南京：江苏人民出版社，1989年。

[日]宫永孝：《社会学伝来考—明治·大正·昭和の日本社会学史》，東京：株式会社角川学芸出版，2011年。

[日]沟口雄三：《中国的公与私·公私》，郑静译，北京：生活·读书·新知三联书店，2011年。

桂勤编：《蔡元培学术文化随笔》，北京：中国青年出版社，1996年。

韩华：《民初孔教会与国教运动研究》，北京：北京图书馆出版社，2007年。

郭双林：《西潮激荡下的晚清地理学》，北京：北京大学出版社，2000年。

郭博文：《社会哲学的兴起》，台北：允晨文化实业股份有限公司，2000年。

[美]郭颖颐(Daniel Kwok)：《中国现代思想中的唯科学主义(1900—1950)》，雷颐译，南京：江苏人民出版社，1989年。

胡伟希、高瑞泉、张利民：《十字街头与塔——中国近代自由主义思潮研究》，上海：上海人民出版社，1991年。

[德]哈贝马斯(Jürgen Habermas)：《公共领域的结构转型》，曹卫东、王晓珏、刘北城、宋伟杰译，上海：学林出版社，1999年。

[美]赫茨勒(J.O.Hertzler)：《乌托邦思想史》，张兆麟等译，北京：商务印书馆，1990年。

何绍斌：《越界与想象——晚清新教传教士译介史论》，上海：

生活・读书・新知三联书店,2008 年。

黄进兴:《从理学到伦理学:清末民初道德意识的转化》,台北:允晨文化实业股份有限公司,2013 年。

黄克武:《自由的所以然》,上海:上海书店出版社,2000 年。

黄克武:《惟适之安:严复与近代中国的文化转型》,台北:联经出版事业公司,2010 年。

黄兴涛:《重塑中华:近代中国"中华民族"观念研究》,北京:北京师范大学出版社,2017 年。

黄彰健:《戊戌变法史研究》,台北:"中研院"历史语言研究所专刊,1970 年。

[德]黑格尔(Hegel):《法哲学原理——或自然法和国家学纲要》,范扬、张企泰译,北京:商务印书馆,1961 年。

蒋俊、李兴芝:《中国近代的无政府主义思潮》,济南:山东人民出版社,1991 年。

蒋天枢:《陈寅恪先生编年事辑》(增订本),上海:上海古籍出版社,1997 年。

金观涛、刘青峰:《观念史研究:中国现代重要政治术语的形成》,香港:香港中文大学出版社,2008 年。

[英]克里斯托弗・贝瑞(Christopher J. Berry):《苏格兰启蒙运动的社会理论》,马庆译,杭州:浙江大学出版社,2013 年。

孔祥吉:《康有为变法奏议研究》,沈阳:辽宁教育出版社,1988 年。

孔祥吉:《戊戌维新运动新探》,长沙:湖南人民出版社,1988 年。

孔祥吉编著:《康有为变法奏章辑考》,北京:北京图书馆出版社,2008年。

[英]雷蒙·威廉斯(Raymond Williams):《关键词:文化与社会的词汇》,刘建基译,北京:生活·读书·新知三联书店,2005年。

李国俊编:《梁启超著述系年》,上海:复旦大学出版社,1986年。

李良明、钟德涛主编:《恽代英年谱》,武汉:华中师范大学出版社,2006年。

李向平:《救世与救心:中国近代佛教复兴思潮研究》,上海:上海人民出版社,1993年。

李孝迁:《西方史学在中国的传播(1882—1949)》,上海:华东师范大学出版社,2007年。

李孝悌:《清末的下层社会启蒙运动(1901—1911)》,石家庄:河北教育出版社,2001年。

李志刚:《基督教早期在华传教史》,台北:商务印书馆,1985年。

梁启超:《清代学术概论》,上海:上海世纪出版股份有限公司、上海古籍出版社,2005年。

廖梅:《汪康年:从民权论到文化保守主义》,上海:上海古籍出版社,2001年。

林学忠:《从万国公法到公法外交——晚清国际法的传入、诠释与应用》,上海:上海世纪出版股份有限公司、上海古籍出版社,2009年。

刘广京:《经世思想与新兴企业》,台北:联经出版事业公司,

1990 年。

林毓生:《中国意识的危机》,贵阳:贵州人民出版社,1988 年。

陆宝千:《清代思想史》,上海:华东师范大学出版社,2009 年。

路哲:《中国无政府主义史稿》,福州:福建人民出版社,1990 年。

罗家伦主编、黄季陆增订:《国父年谱》,台北:中国国民党"中央"委员会党史史料编纂委员会,1969 年。

吕芳上:《革命之再起——中国国民党改组前对新思潮的响应(1914—1924)》,台北:"中研院"近代史研究所专刊,1989 年。

[意]马西尼(Federico Masini):《现代汉语词汇的形成——十九世纪汉语外来词研究》,黄河清译,上海:汉语大词典出版社,1997 年。

马勇:《严复学术思想评传》,北京:北京图书馆出版社,2001 年。

茅海建:《从甲午到戊戌:康有为〈我史〉鉴注》,北京:生活·读书·新知三联书店,2009 年。

牛大勇、欧阳哲生主编:《五四的历史与历史中的五四——北京大学纪念五四运动 90 周年国际学术研讨会论文集》,北京:北京大学出版社,2010 年

皮明庥:《近代中国社会主义思潮觅踪》,长春:吉林文史出版社,1991 年。

[美]浦嘉珉(James Pusey):《中国与达尔文》,钟永强译,南京:江苏人民出版社,2008 年。

钱穆:《中国近三百年学术史》,北京:商务印书馆,1997 年。

[日]秋元律郎:《日本社会学史—形成過程と思想構造》,東京:早稲田大学出版部,1979 年。

[美]任达(Douglas Reynolds):《新政革命与日本:中国,1898—1912》,雷颐译,南京:江苏人民出版社,1998 年。

任建树:《陈独秀大传》,上海:上海人民出版社,1999 年。

[美]萨拜因(George Sabine):《政治学说史》,盛葵阳、崔妙因译,北京:商务印书馆,1986 年。

桑兵:《庚子勤王与晚清政局》,北京:北京大学出版社,2004 年。

沈国威:《近代中日词汇交流研究:汉字新词的创制、容受与共享》,北京:中华书局,2010 年。

沈善洪、王凤贤:《中国伦理思想史》,北京:人民出版社,2005 年。

[美]史扶邻(Harold Zvi-Schifferin):《孙中山与中国革命的起源》,丘权政、符致兴译,北京:中国社会科学出版社,1981 年。

[美]史华兹(Benjamin Schwarz):《寻求富强:严复与西方》,叶凤美译,南京:江苏人民出版社,1996 年。

[日]实藤惠秀:《中国人留学日本史》,谭汝谦、林启彦译,北京:生活·读书·新知三联书店,1983 年。

孙常叙:《汉语词汇》,长春:吉林人民出版社,1956 年。

孙青:《晚清之"西政"东渐及本土回应》,上海:上海世纪出版集团、上海书店出版社,2009 年。

孙应祥:《严复年谱》,福州:福建人民出版社,2003 年。

唐宝林、林茂生编:《陈独秀年谱》,上海:上海人民出版社,

1988 年。

唐文权:《觉醒与迷误——中国近代民族主义思潮研究》,上海:上海人民出版社,1993 年。

汤志钧:《戊戌变法史》,北京:人民出版社,1984 年。

汤志钧:《戊戌时期的学会和报刊》,台北:商务印书馆,1993 年。

汤志钧:《康有为传》,台北:商务印书馆,1997 年。

陶大镛:《亨利·乔治经济思想述评》,北京:中国社会科学出版社,1982 年。

[美]特纳(Jonathan H. Turner)、[美]比利(Leonard Beeghley)、[美]帕沃斯(Charles H. Powers):《社会学理论的产生》,韦本译,台北:洪叶文化事业有限公司,2000 年。

万仕国:《刘师培年谱》,扬州:广陵书社,2003 年。

王德昭:《国父革命思想研究》,台北:中国文化研究所,1962 年。

王尔敏:《晚清思想史论》,台北:学生书局,1969 年。

王尔敏:《中国近代思想史论》,北京:社会科学出版社,2003 年。

王汎森:《思想是生活的一种方式:中国近代思想史的再思考》,北京:北京大学出版社,2018 年。

王汎森:《中国近代思想与学术的系谱》,台北:联经出版公司,2003 年。

王汎森:《中国近代思想与学术的系谱》,石家庄:河北教育出版社,2001 年。

王汎森等:《中国近代思想史的转型时代》,台北:联经出版公司,2007 年。

王力:《汉语史稿》,北京:中华书局,2004 年。

汪荣祖:《晚清变法思想论丛》,台北:联经出版事业公司,1983 年。

汪荣祖:《康有为论》,北京:中华书局,2006 年。

王栻:《严复传》,上海:上海人民出版社,1957 年。

王宪明:《语言、翻译与政治——严复译〈社会通诠〉研究》,北京:北京大学出版社,2005 年。

汪诒年:《汪穰卿先生传记》,台北:文海出版社,1966 年。

王中江:《严复》,香港:海啸出版事业有限公司,1997 年。

[奥地利]维特根斯坦(Ludwig Wittgenstein):《哲学研究》,汤潮、范光棣译,北京:生活·读书·新知三联书店,1992 年。

[奥地利]维特根斯坦(Ludwig Wittgenstein):《逻辑哲学论》,陈启伟译,石家庄:河北教育出版社,2002 年。

吴丕:《进化论与中国激进主义》,北京:北京大学出版社,2005 年。

吴天任:《康有为先生年谱》,台北:艺文印书馆,1994 年。

吴相湘编纂:《孙逸仙先生传》,台北:远东图书公司,1982 年。

吴雁南、冯祖贻、苏中立、郭汉民主编:《中国近代社会思潮(1840—1949)》,长沙:湖南教育出版社,1998 年。

[日]狭间直树编:《梁启超·明治日本·西方》,北京:社会科学文献出版社,2001 年。

[美]萧公权:《近代中国与新世界:康有为变法与大同思想研

究》,汪荣祖译,南京:江苏人民出版社,2007 年。

邢福增:《冲突与融合——近代中国基督教史研究论集》,台北:基督教宇宙光全人关怀机构,2006 年。

熊月之:《中国近代民主思想史》,上海:上海社会科学院出版社,2002 年。

熊月之:《西学东渐与晚清社会》,北京:中国人民大学出版社,2011 年。

徐顺教、季甄馥主编:《中国近代伦理思想研究》,上海:华东师范大学出版社,1993 年。

杨奎松、董士伟:《海市蜃楼与大漠绿洲——中国近代社会主义思潮研究》,上海:上海人民出版社,1991 年。

杨念群:《"五四"九十周年祭——一个"问题史"的回溯与反思》,北京:世界图书出版公司,2009 年。

杨念群:《五四的另一面:"社会"观念的形成与新型组织的诞生》,上海:上海人民出版社,2019 年。

杨恺龄:《民国李石曾先生煜瀛年谱》,台北:商务印书馆,1987 年。

俞政:《严复著译研究》,苏州:苏州大学出版社,2003 年。

曾业英主编:《五十年来的中国近代史研究》,上海:上海书店出版社,2000 年。

[日]斋藤毅:《明治のことば—东から西への架け桥》,東京:講談社,1977 年。

张岱年:《中国伦理思想研究》,上海:上海人民出版社,1989 年。

张海林:《王韬评传》,南京:南京大学出版社,1993 年。

张灏:《时代的探索》,台北:联经出版事业股份有限公司,2004 年。

张灏:《幽暗意识与民主传统》,北京:新星出版社,2006 年。

张灏:《梁启超与中国思想的过渡(1890—1907)》,崔志海、葛夫平译,北京:新星出版社,2006 年。

张灏:《危机中的中国知识分子:寻求秩序与意义》,高力克、王跃译,北京:新星出版社,2006 年。

张朋园:《梁启超与清季革命》,台北:"中研院"近代史研究所,1982 年。

张岂之、陈国庆:《近代伦理思想的变迁》,北京:中华书局,1993 年。

张锡勤:《中国近现代伦理思想史》,哈尔滨:黑龙江人民出版社,1984 年。

张永:《民国初年的进步党与议会政党政治》,北京:北京大学出版社,2008 年。

张玉法:《民国初年的政党》,台北:"中研院"近代史研究所,1985 年。

赵丰田:《晚清五十年经济思想史》,北平:哈佛燕京学社,1939 年。

郑师渠:《晚清国粹派》,北京:北京师范大学出版社,1993 年。

郑匡民:《西学的中介:清末民初的中日文化交流》,成都:四川人民出版社,2008 年。

周振甫:《严复思想述评》,台北:中华书局,1964 年。

中研院近史所编:《六十年来的中国近代史研究》,台北:"中研院"近代史研究所,1988 年。

朱维铮:《走出中世纪》,上海:复旦大学出版社,2009 年。

朱贻庭主编:《中国传统伦理思想史(增订本)》,上海:华东师范大学出版社,2003 年。

邹振环:《影响中国近代社会的一百种译作》,北京:中国对外翻译出版公司,1996 年。

AMES, Roger T., *Confucian Role Ethics: A Vocabulary*, Hong Kong: The Chinese University Press, 2011.

BENNETT, Adrian Arthur, *John Fryer: The Introduction of Western Science and Technology into Nineteenth-Century China*, Cambridge: East Asian Research Center, 1967.

BERMAN, Harold, *Law and Revolution: The Formation of the Western Legal Tradition*, Cambridge: Harvard University Press, 1983.

CROOK, D. P., *Benjamin Kidd: Portrait of a Social Darwinist*, Cambridge: Cambridge University Press, 1984.

DUNCAN, David, ed., *The Life and Letters of Herbert Spencer*, New York: D. Appleton and Company, 1908.

GOUDSBLOM, Johan, *Sociology in the Balance: A Critical Essay*, New York: Columbia University Press, 1977.

GRUNDMANN, Reiner and STEHR, Nico, eds., *Society: Critical Concepts in Sociology*, London: Routledge, 2009.

HAMOWY, Ronald, *The Scottish Enlightenment and the Theory of Spontaneous Order*, Carbondale and Edwardsville: Southern Illinois University Press, 1987.

HEILBRON, Johan, *The Rise of Social Theory*, Sheila Gogol trans.,
Cambridge: Polity Press, 1995.

HUXLEY, Leonard, ed., *Life and Letters of T. H. Huxley*, London:
Macmillan and Co., 1908.

MUNZ, Peter, *The Place of Hooker in the History of Thought*, London: Routledge & Kegan Paul Ltd., 1952.

POCOCK, John, *The Machiavellian Moment: Florentine Political
Thought and the Italian Republican Tradition*, New Jersey: Princeton University Press, 1975.

RICHTER, Melvin, *The History of Political and Social Concepts: A
Critical Introduction*, Oxford: Oxford University Press, 1995.

SHIRLEY, F.J., *Richard Hooker and Contemporary Political Ideas*,
London: S. P. C. K., 1949.

ZARROW, Peter, *After Empire: The Conceptual Transformation of
the Chinese State*, 1885-1924, Stanford: Stanford University, 2012.

四、论文

[法]巴斯蒂(M. Basid-Bruguière):《李石曾与中法文化关系》,
陈三井译,《近代中国》第 126 期,1998 年。

陈定闳:《严复群学述评》,《重庆师范大学学报(哲学社会科学
版)》1990 年第 3 期。

陈红娟:《〈共产党宣言〉汉译本中"阶级"概念的源起、语义与
理解(1900—1920)》,《中共党史研究》2017 年第 8 期。

陈红娟:《中共革命话语体系中"阶级"概念的演变、理解与塑造(1921—1937)》,《中共党史研究》2018 年第 4 期。

陈奇:《信仰支撑的崩坍——刘师培堕落原因再探》,《史学月刊》2002 年第 6 期。

陈树德:《"群学"译名考析》,《社会学研究》1988 年第 6 期。

陈旭麓:《戊戌时期维新派的社会观——群学》,《近代史研究》1984 年第 2 期。

承红磊:《严复〈民约平议〉文本来源及其撰文目的再议——兼论赫胥黎在严复思想中的位置》,《中国文化研究所学报》第 58 期,2014 年 1 月。

崔应令:《中国近代"社会"观念的生成》,《社会》第 35 卷,2015 年第 2 期。

崔志海:《论汪康年与〈时务报〉——兼谈汪梁之争的性质》,《广东社会科学》1993 年第 3 期。

邓丽兰:《阶级话语的形成、论争与近代中国社会》,《历史教学(高校版)》2009 年第 4 期。

东方朔:《毛泽东早期社会改造思想的逻辑发展》,《齐鲁学刊》1995 年第 4 期。

方维规:《"经济"译名溯源考——是"政治"还是"经济"》,《中国社会科学》2003 年第 3 期。

方维规:《概念史研究方法要旨》,《新史学》第 3 卷,2009 年。

傅德元:《丁韪良〈万国公法〉翻译蓝本及意图新探》,《安徽史学》2008 年第 1 期。

韩承桦:《当"社会"变为一门"知识":近代中国社会学的形成

及发展(1890—1949)》,台湾大学博士学位论文,2017 年。

韩玉霞:《清末民初的军国民教育》,《史学月刊》1987 年第
5 期。

黄碧云:《清末民初知识分子的"社会"观念》,台湾"清华大
学"历史研究所硕士学位论文,1996 年。

黄俊杰:《东亚文化交流史中的"去脉络化"与"再脉络化"现
象及其研究方法论问题》,《东亚观念史集刊》第 2 期,2012 年 6 月。

黄兴涛:《清末民初新名词新概念的"现代性"问题——兼论
"思想现代性"与"社会"概念的中国认同》,《天津社会科学》2005
年第 4 期。

黄兴涛、王峰:《民国时期"中华民族复兴"观念之历史考察》,
《中国人民大学学报》2006 年第 3 期。

黄兴涛:《晚清民初现代"文明"和"文化"概念的形成及其历
史实践》,《近代史研究》2006 年第 6 期。

黄兴涛:《"话语"分析与中国近代思想文化史研究》,《历史研
究》2007 年第 2 期。

黄兴涛、曾建立:《清末新式学堂的伦理教育与伦理教科书探
论——兼论现代伦理学学科在中国的兴起》,《清史研究》2008 年
第 1 期。

黄兴涛、陈鹏:《近代中国"黄色"词义变异考析》,《历史研究》
2010 年第 6 期。

黄彰健:《读康有为日本变政考》,《大陆杂志》第 40 卷第 1 期。

金观涛、刘青峰:《从"群"到"社会"、"社会主义"——中国近
代公共领域变迁的思想史研究》,《"中央研究院"近代史研究所集

刊》2001 年第 35 期。

经盛鸿:《论刘师培的三次思想变化》,《东南文化》1988 年第
2 期。

李恭忠:《Society 与"社会"的早期相遇:一项概念史的考察》,
《近代史研究》2020 年第 3 期。

李明:《"社会"一词的语义流动与新陈代谢》,《中国社会历史
评论》第 17 卷(下),2016 年。

李林:《米勒博士与他的〈论中国的社会理论:二十世纪阶级概
念的形成〉》,《近代史研究》1988 年第 3 期。

栗荣:《"阶级"概念的起源与中共早期的理论认知》,《党史研
究与教学》2012 年第 2 期。

梁裕康:《语境与典范——论 John Pocock 之方法论中的一些
问题》,《政治与社会哲学评论》第 20 期,2007 年 3 月。

廖梅:《浅论戊戌时期的两套改革方案》,《学术月刊》1998 年
第 11 期。

罗福惠、袁咏红:《一百年前由译介西书产生的一场歧见——
关于严复译〈社会通诠〉所引发的〈民报〉上的批评》,《学术月刊》
2005 年第 10 期。

马建标:《学生与国家:五四学生的集体认同及政治转向》,《近
代史研究》2010 年第 3 期。

马忠文:《戊戌保国会解散原因新探——汪大燮致汪康年函札
考》,《东北师大学报(哲学社会科学版)》1995 年第 6 期。

欧阳军喜:《国民党与新文化运动——以〈星期评论〉、〈建设〉
为中心》,《南京大学学报(哲学·人文科学·社会科学)》2009 年

第 1 期。

潘大礼:《恽代英入党问题再考》,《兰台世界》2005 年第 7 期。

全汉昇:《清末的"西学源出中国"说》,《岭南学报》第 4 卷第 2 期。

桑兵:《解释一词即是作一部文化史》,《学术研究》2009 年第 12 期。

桑兵:《求其是与求其古:傅斯年〈性命古训辨证〉的方法启示》,《中国文化》第 29 期,2009 年。

桑兵:《〈新青年〉与新文化运动》,《学术月刊》2020 年第 5 期。

桑兵:《"新文化运动"的缘起》,《澳门理工学报(人文社会科学版)》2015 年第 4 期。

[日]山田敬三:《汉译〈佳人奇遇〉纵横谈——中国政治小说研究札记》,汪建译,见赵景深主编《中国古典小说戏曲论集》,上海:上海古籍出版社,1985 年。

童伟鹤(报告),西川俊作补笔:『『西洋事情外编』と『佐治刍言』——バートン経済学の翻訳书に関する比较研究》,《福沢谕吉年鉴》26,1999 年。

王汎森:《刘师培与清末的无政府主义运动》,《大陆杂志》第 90 卷第 6 期,1994 年。

王汎森:《傅斯年早期的"造社会"论——从两份未刊残稿谈起》,《中国文化》第 14 期,1996 年。

王汎森:《近代中国的线性历史观——以社会进化论为中心的讨论》,《新史学》第 19 卷第 2 期,2008 年 6 月。

王贵仁:《20 世纪早期中国社会的阶级观念论析》,《史学月刊》2011 年第 7 期。

王宏斌:《戊戌维新时期的"群学"》,《近代史研究》1985 年第
2 期。

王宏斌:《二十世纪初年的"群学"》,《史学月刊》1985 年第
5 期。

王红霞:《傅兰雅的西书中译事业》,复旦大学博士学位论文,
2006 年。

王奇生:《从"泛阶级化"到"去阶级化":阶级话语在中国的兴
衰》,《苏区研究》2017 年第 4 期。

王维俭:《林则徐翻译西方国际法著作考略》,《中山大学学报
(社会科学版)》1985 年第 1 期。

王先俊:《"五四"先进知识分子由"文化革命"到"社会改造"
的转变》,《中共党史研究》2009 年第 6 期。

王扬宗:《江南制造局翻译馆史略》,《中国科技史料》1988 年
第 3 期。

王扬宗:《江南制造局翻译书目新考》,《中国科技史料》1995
年第 2 期。

吴承仕:《吴承仕文录》,北京:北京师范大学出版社,1984 年。

姚纯安:《清末群学辨证——以康有为、梁启超、严复为中心》,
《历史研究》2003 年第 5 期。

元青:《晚清汉英、英汉双语词典编纂出版的兴起与发展》,《近
代史研究》2013 年第 1 期。

赵利栋:《"五四"前后中国马克思主义传播中的阶级与阶级斗
争观念》,见中国社会科学院近代史研究所编《中国社会科学院近

代史研究所青年学术论坛 2001 年卷》,北京:社会科学文献出版社,2002 年。

周月峰:《错位的"战场":孙中山与胡适的新文化运动》,《广东社会科学》2021 年第 1 期。

周月峰:《五四后"新文化运动"一词的流行与早期含义演变》,《近代史研究》2017 年第 1 期。

朱至刚:《人脉与资金的聚合——从汪康年、黄遵宪合作看〈时务报〉的创立》,《近代史研究》2011 年第 5 期。

邹小站:《民初思想与新文化运动的关联》,《湖南科技大学学报(社会科学版)》2019 年第 4 期。

CRAIG, Albert M., "John Hill Burton and Fukuzawa Yukichi," 《近代日本研究》1984 年第 1 卷。

SKINNER, Quentin, "Meaning and Understanding in the History of Ideas," *History and Theory*, Vol.8, No.1(1969), pp.3-53.

WANG, Fan-shen, "Evolving Prescriptions for Social Life in the Late Qing and Early Republic: From Qunxue to Society," in Joshua A. Fogel and Peter G.Zarrow, eds., *Imagining the People: Chinese Intellectuals and the Concept of Citizenship*, 1890-1920, New York: M. E. Sharpe, 1997.

五、工具书

《辞海》,上海:上海辞书出版社,1979 年。

方毅等编:《辞源》,上海:商务印书馆,1915 年。

[英]马礼逊编:《华英字典》(*A Dictionary of the Chinese Lan-*

guage),郑州:大象出版社,2008年。

[日]内田庆市、沈国威编:《邝其照〈字典集成〉影印与解题》,大阪:关西大学东亚文化交涉学会,2013年。

汪荣宝、叶澜编纂:《新尔雅》,上海:文明书局,1906年4月,第3版。

[美]卫三畏(Samuel Williams)鉴定:《英华韵府历阶》(*An English and Chinese Vocabulary, in the Court Dialect*),澳门:香山书院,1844年。

邢墨卿编:《新名词辞典》,上海:新生命书局,1934年。

许慎:《说文解字》,徐铉校订,北京:中华书局,2003年。

[美]亚当·库珀、[美]杰西卡·库珀主编:《社会科学百科全书》,上海:上海译文出版社,1989年。

International Encyclopedia of the Social Sciences, 1968. http://www.encyclopedia.com/topic/Society.aspx.

LOBSCHEID, *English and Chinese Dictionary, with the Punti and Mandarin Pronunciation* (《英华字典》), Hong Kong: Daily Press Office, 1866-1868.

SIMPSON, J. A., WEINER, E. S. C., *The Oxford English Dictionary*, Oxford: Clarendon Press, 1989.

后　记

　　时光荏苒。书稿再改一遍，不觉离初稿完成，已近十年。本书是以笔者的博士学位论文为基础修改而成的。首先想感谢我的硕士生导师金光耀师和复旦大学姜义华教授，感谢他们在2008年、2010年分别推荐我赴港访学和读博。自复旦毕业后，金师这些年仍继续在学习和生活上时时加以指导，学生永远感铭于心。

　　2010年重赴香港，蒙梁元生师收留，并在之后的几年中，在研究上得到指导，在生活上得到帮助，永远铭记于心。数年间虽未能经常追随梁师左右，而片言只语，若反复咀嚼，皆已受益无穷，这是几年间一大心得。

　　在港印象最深的是分别在2008、2012年从朱鸿林先生研读《明儒学案》。朱先生学问渊博谨严，又教人得法。虽仅及先生学问之皮毛，已觉受益无穷。何威萱、陈冠华、谭为华诸同学要皆各有所长，从朱先生相与论学，实乃一大快事。

　　当年选做思想史，既因读已故史华兹先生著作而有所感触，也因在复旦听葛兆光先生课程而目睹学者之风。赴港后参加史华兹弟子李欧梵先生"人文重构"课程，仿佛见到史先生的广博视野和深邃关怀。无意中听李先生讲到中国古代"有江湖而无社会"，虽当时未做深思，但大概在其后无形中影响了本文题目的选择。

在港期间，或蒙梁师介绍，或冒昧联系，得以拜访莅港讲学之张灏、王汎森、欧阳哲生诸先生，在论文写作和为学上多得指教。王先生和欧阳先生且在之后屡有教诲，十分感激。而张灏先生已于去年驾鹤西去。遥想当年向先生问学之场景，好不令人伤神！

读博期间，两次蒙湖南师大相邀参加学术会议，并在会上结识郑匡民、黄兴涛、左玉河、郑大华诸先生，十分荣幸。在京期间及之后在秦皇岛，得以两次拜访匡民老师，并畅谈数时。匡民老师为人坦荡磊落、心怀天下，为学博通中外、心思绵密，为后学楷模。其他几位老师也在其后续有指教，十分感谢！

蒙香港中文大学中国文化研究所"洽蕙"短期研究赞助金资助，并蒙张寿安、黄克武两位老师俯允邀请和叶汉明老师相助，得于2011年到台湾"中研院"近史所访学一月，受益匪浅。其间，参加近史所几次小型讲座，并得以拜访史语所王汎森，近史所黄克武、潘光哲、张力、张启雄、沈松侨、沙培德诸先生，在论文及为学方面多有收获，十分感谢。张启雄先生并在其后帮忙从日本友人处收集资料，感激不尽。

蒙中文大学历史系"利希慎"研究赞助金和中文大学研究院海外学术活动基金资助，得以前往英国牛津、爱丁堡、伦敦等处收集论文资料，并得以对英国风土人情稍有体会，受益匪浅。在牛津期间蒙牛津大学图书馆中国图书部负责人 David Helliwell 协助，十分感谢。

在中大学习期间，或因上课关系，或因课程助教关系，得以向叶汉明、张学明、刘义章、科大卫、蔡志祥、郑会欣、蒲慕洲、卜永坚诸位老师请教学问,言传身教,皆受益无穷。同窗贺江枫兄博学多识,得以相互切磋学问,受益良多。同学廖小菁、陈冠妃屡次帮忙从台湾复印资料,皆感激不尽。

2013 年至 2014 年,蒙中国文化研究所当代中国文化研究中心叶子菁小姐相邀,到中心兼职,解决了家庭生计问题,十分感谢。

2014 年博士论文初稿完成后,姜义华老师趁赴港之便,通读全稿,提出了很有价值的修改意见。论文答辩时,答辩老师叶汉明老师、邱澎生老师、麦劲生教授和梁师也提出了极为宝贵的修改意见,由衷感谢。

学位论文完成后,2017 年,有幸得到国家社科基金资助,使论文有机会进一步修改并扩展。2022 年,在结项评审中,五位匿名评审人提出了极为宝贵的修改意见,谨致谢忱。在修改过程中,对绝大部分意见均已吸收。不过一部分意见,本文尚未能够做到。研究过程中,深感相关问题之复杂,本书只能算是一项初步探索。

本书第二章第二节曾以《康有为与"社会"一词的再使用》为题发表在《东亚观念史集刊》(台北)第 7 期(2014 年);第四章内容曾以《从"宗法社会"到"军国社会":中国近代思想史上的严译社会阶段论》为题发表在《中国文化研究所学报》(香港)第 61 期(2015 年);第一章部分内容曾以《"Society"的早期翻译及其时代关联——以〈万国公法〉和〈佐治刍言〉中的翻译为例》发表在《近代中国研究集刊》第 7 辑(2019 年);第三章内容经聂利帮助修改后,以《梁启超与庚子前后"社会"话语的形成》为题发表在《亚洲概念史集刊》第 10 卷(2023 年)。

本书第三章主要内容曾以《从"群"到"社会"——梁启超与庚

子前后"社会"话语的形成》为题参加东亚交涉学会第六届年会(2014年);第七章部分内容曾在华中师范大学历史文化学院20世纪中国革命研究群内部讨论会上宣读。与会老师及革命群群友就文章结构和许多具体问题提出了宝贵的修改意见,特此致谢。

本书定稿前,我指导的几位研究生任文倩、袁一珊、严俊昊、陈章阳、周子涵、陈煜明通读全稿,提出了不少修改意见;本书出版前,任文倩、严俊昊、袁一珊又帮助校对全稿,减少了书中的错误,谢谢他们。

虽然本书在写作过程中得到了众多师友的帮助,但毫无疑问,书中的错误或不当之处只能由我自己负责。

2013年本文写作之际,小儿出生;2022年本文修改之际,小女出生。贤妻聂利承担了大部分家务和照料小儿、小女的重任,使我得以有较多时间从事研究。本书得以最终完成,最应感谢的就是她了。在小儿、小女出生之后,母亲均从家乡来帮忙照顾,甚为辛劳。对父母这些年来支持与帮助的感激之情,非三言两语所能表达。

不过,本书却要献给慈爱勤劳却于本文初成时(2014年初)辞世的奶奶,虽然她未必能明白书中都写了些什么。儿时的记忆,充满了奶奶陪伴的场景。求学异乡而不能在奶奶病时侍奉榻前,已成终生愧疚。

河南商水承红磊
2014年7月初草于
香港碧湖花园
2023年9月改定于
牛津基德灵顿